规划理论与实践丛书 熊国平/主编

大城市近郊山区保护与发展规划

熊国平 等 著

东南大学出版社
SOUTHEAST UNIVERSITY PRESS
·南京·

内容提要

本书研究回顾了国内外关于大城市近郊山区的保护和发展研究成果,梳理了相关学科理论与研究方法,以济南南部山区保护和发展规划为研究案例,分析了大城市近郊山区发展特征,揭示了动力机制,并总结发展模式,提出了对策措施。

本书可供从事城乡规划等人员使用,亦可供相关高等院校师生阅读和参考。

图书在版编目(CIP)数据

大城市近郊山区保护与发展规划 / 熊国平著.
南京:东南大学出版社,2020.1
ISBN 978-7-5641-8628-9

Ⅰ.①大… Ⅱ.①熊… Ⅲ.①山区经济-区域经济发展-研究-中国 Ⅳ.①F127

中国版本图书馆 CIP 数据核字(2019)第 256721 号

大城市近郊山区保护与发展规划
Dachengshi Jinjiao Shanqu Baohu Yu Fazhan Guihua

著　　者	熊国平 等
出版发行	东南大学出版社
出版人	江建中
网　　址	http://www.seupress.com
电子邮箱	press@seupress.com
社　　址	南京市四牌楼 2 号
邮　　编	210096
电　　话	025-83793191(发行)　025-57711295(传真)
经　　销	全国各地新华书店
印　　刷	江苏扬中印刷有限公司
开　　本	787mm×1092mm　1/16
印　　张	12.75
字　　数	302 千
版　　次	2020 年 1 月第 1 版
印　　次	2020 年 1 月第 1 次印刷
书　　号	ISBN 978-7-5641-8628-9
定　　价	58.00 元

本社图书若有印装质量问题,请直接与营销部联系。电话(传真):025-83791830

丛书引言

城市规划实践是城市规划理论的源泉，城市规划理论是城市规划实践的升华，二者相辅相成。1980年代以来，中国进入快速城市化时期，做大做强是城市规划实践的主要工作，新区建设如火如荼。从深圳到上海浦东，到天津滨海，再到雄安新区，城市发展日新月异，新空间不断涌现，中心商务区、保税区、出口加工区、奥体中心、大学城、自由贸易区等不断建成。加班加点、只争朝夕的城市规划实践是城市规划工作者的常态。城市规划理论跟随欧美，以引进吸收为主，很少有时间总结和升华本土的城市规划实践，形成系统化城市规划理论。经历30年的快速扩展，中国城镇化率超过50%的拐点，进入城市社会，城镇化速度开始由加速增长时期进入减速高质增长阶段。长期快速城镇化所掩盖的一些深层次矛盾逐步凸显，表现为交通拥堵问题严重，大气、水、土壤等环境污染加剧，建设用地粗放低效，自然历史文化遗产保护不力，城乡建设缺乏特色等。预防和治理"城市病"要求城市规划者从繁重的城市规划实践中抽身，思考和总结城市发展的得与失。在出版社同仁的帮助下，我们策划了"规划理论与实践丛书"，希望通过这套丛书分享学术思想，深化研究成果。

在文化生态保护区规划理论与实践方面，结合高淳村俗文化生态保护实验区总体规划、洪泽湖渔文化生态保护实验区总体规划、黔东南民族文化生态保护实验区总体规划实践进行理论提升；在国家自然科学基金和江苏省科技支撑计划的资助下，在东南大学出版社出版著作《村俗文化生态保护区规划》《渔文化生态保护区规划》，在中国建筑工业出版社出版著作《民族文化生态保护区规划》。

在大城市规划理论与实践方面，结合北京、南京、济南、石家庄、郑州的规划实践进行理论提升；在高等学校博士学科点专项科研基金的资助下，在中国建筑工业出版社出版著作《当代中国城市形态演变》《新转型背景下城市空间结构优化》，出版译作《塑造城市》，在东南大学出版社出版著作《大城市绿带规划》《大城市近郊山区保护与发展规划》。

在乡村规划方面，结合汶川灾后重建、南京国际慢城、石梁河集中连片贫困地区扶贫开发规划的规划实践进行理论提升；在国家科技支撑计划的资助下，在中国建筑工业出版社出版著作《集中连片贫困地区扶贫开发规划》。

希望通过我们的努力，围绕我国城市发展面临的机遇与挑战，用系列著作的方式，为我国城市规划实践和城市规划理论的发展尽绵薄之力，抛砖引玉；期望同行批评和指正，更盼望同行的帮助和支持，一同加入我国城市规划理论和实践的探索中。

前 言

随着大城市的不断扩张,大城市近郊山区的城市化水平也在快速推进,导致郊区景观生态环境迅速恶化。现如今,我国迈入生态文明发展新时代,山区保护与发展规划工作逐渐得到重视,作为大城市重要的生态屏障的近郊山区亟须得到科学的发展与保护规划。

国内外针对近郊山区相关研究普遍缺乏,本书从生态、土地利用、产业等方面对国内外大城市近郊山区研究进展进行梳理,结合城市规划学、城市社会学、城市经济学、生态学、地理学相关理论研究,运用3S技术、土地利用检测评价法、计量统计预测法、因子分析法、空间分析法、层次分析法、系统综合建模法等研究方法,从生态环境、资源利用、社会结构、城镇化水平、产业布局与经济开发、规划及实施等方面对近郊山区系统进行多角度、跨学科研究。通过对国内外大城市近郊山区发展的对比、分析与总结,借鉴它们成功的规划经验;分析大城市近郊山区的社会、经济、生态、空间特征,究其动力机制;总结出由经济发展、政策导向、技术进步、文化环境等构成的外在因素以及由自然环境、地理位置、人口构成、文化习俗等构成的内在因素,提出空间演变模式、产业发展模式、政府治理模式,得出大城市近郊山区保护与发展的原则和对策,对城乡建设发展的空间进行引导和限制,力图提出适合于我国大城市近郊山区的发展办法与控制方针。本书是对近郊山区研究的重要探索。

本书以济南南部山区保护与发展规划作为实证,总结其社会、经济、生态、空间发展特征,探究其空间演变动力机制及发展模式,提出保护与发展对策,最后得出保护与发展规划方案。

Preface

With the continuous expansion of metropolises, suburban mountainous areas are also undergoing rapid urbanization, thus leading to the rapid deterioration of the landscape ecological environment in these areas. Nowadays, China is ushering in a new era of ecological civilization development. The protection and development planning of mountainous areas has gradually attracted more attention. As important ecological barriers for metropolises, there is an urgent need for the scientific development and protection of these suburban mountainous areas.

There is a general lack of research on suburban mountainous areas in China and overseas. This book has collated research on suburban mountainous areas in major Chinese and international cities from the aspects of ecology, land use and industry, etc. In addition, multi-perspective and interdisciplinary research on suburban mountainous systems has been conducted in terms of ecological environment, resource utilization, social structure, urbanization level, industrial distribution and economic development, planning and implementation. Relevant theoretical research on urban planning, urban sociology, urban economics, ecology and geography has been combined using methods such as 3S technology, land use detection and evaluation method, measurement statistical forecasting method, factor analysis method, spatial analysis method, analytic hierarchy process and systematic comprehensive modeling method. The objective is to learn from successful planning experience through comparison, analysis and summarization of the development in suburban mountainous areas in major Chinese and international cities. At the same time, the book aims to summarize the social, economic, ecological and spatial characteristics of suburban mountainous areas in metropolises, and study their mechanisms. Having summed up external factors, such as economic development, policy orientation, technological progress and cultural environment, etc., as well as internal factors, such as natural environment, geographical location, population composition and cultural customs, etc., the book proposes a range of modes, including the spatial evolution mode, industrial development mode, and government governance mode. Based on the research and analysis, principles and measures for the protection and development of suburban mountainous areas in metropolises have been determined, and they serve to guide and restrict the space for urban and rural construction and development. In addition, the book proposes development methods and control guidelines that are suitable for suburban mountainous areas in Chinese metropolises. It is an important exploration in the research on suburban mountainous areas.

　　This book has adopted the protection and development planning of mountainous areas in the south of Jinan as empirical evidence, summarized its social, economic, ecological and spatial development characteristics, and explored its mechanism for spatial evolution and development mode. By proposing protection and development measures, this book has formulated a protection and development plan.

目 录

前言
1 绪论 …………………………………………………………………………… 1
　1.1 研究背景 ………………………………………………………………… 1
　　1.1.1 大城市近郊山区发展失衡 ……………………………………… 1
　　1.1.2 大城市近郊山区景观生态恶化 ………………………………… 1
　　1.1.3 大城市近郊山区环境退化 ……………………………………… 2
　1.2 研究目的与意义 ………………………………………………………… 2
　　1.2.1 促进大城市近郊山区协调发展 ………………………………… 3
　　1.2.2 促进大城市近郊山区可持续发展 ……………………………… 3
　1.3 研究方法 ………………………………………………………………… 3
　　1.3.1 因子分析法 ……………………………………………………… 3
　　1.3.2 空间分析法 ……………………………………………………… 4
　　1.3.3 层次分析法 ……………………………………………………… 4
　　1.3.4 系统综合建模法 ………………………………………………… 4
2 近郊山区保护和发展 ………………………………………………………… 5
　2.1 相关概念与研究范畴限定 ……………………………………………… 6
　　2.1.1 大城市 …………………………………………………………… 6
　　2.1.2 郊区 ……………………………………………………………… 6
　　2.1.3 山区 ……………………………………………………………… 7
　　2.1.4 大城市近郊山区 ………………………………………………… 7
　2.2 国内外研究综述 ………………………………………………………… 8
　　2.2.1 国外研究综述 …………………………………………………… 8
　　2.2.2 国内研究综述 …………………………………………………… 10
　2.3 相关理论 ………………………………………………………………… 14
　　2.3.1 地理学理论 ……………………………………………………… 14
　　2.3.2 城市规划学理论 ………………………………………………… 16
　　2.3.3 生态学理论 ……………………………………………………… 19
　　2.3.4 经济学理论 ……………………………………………………… 22
　　2.3.5 社会学理论 ……………………………………………………… 24
　2.4 发展特征 ………………………………………………………………… 25
　　2.4.1 大城市近郊山区的社会特征 …………………………………… 26
　　2.4.2 大城市近郊山区的经济特征 …………………………………… 26

        2.4.3　大城市近郊山区的生态特征 …………………………………………… 29
        2.4.4　大城市近郊山区的空间特征 …………………………………………… 31
　　2.5　动力机制 ……………………………………………………………………… 34
        2.5.1　外在因素 ………………………………………………………………… 34
        2.5.2　内在因素 ………………………………………………………………… 39
　　2.6　发展模式 ……………………………………………………………………… 40
        2.6.1　空间演变模式 …………………………………………………………… 40
        2.6.2　产业发展模式 …………………………………………………………… 42
        2.6.3　政府治理模式 …………………………………………………………… 45
        2.6.4　小结 ……………………………………………………………………… 47
　　2.7　保护与发展原则 ……………………………………………………………… 47
        2.7.1　协调性原则 ……………………………………………………………… 47
        2.7.2　层次性原则 ……………………………………………………………… 47
        2.7.3　综合性原则 ……………………………………………………………… 48
        2.7.4　可持续原则 ……………………………………………………………… 48
        2.7.5　公共参与原则 …………………………………………………………… 48
　　2.8　保护与发展的对策 …………………………………………………………… 49
        2.8.1　大城市近郊山区发展与保护的内部对策 ……………………………… 49
        2.8.2　大城市近郊山区发展与保护的外部对策 ……………………………… 56

3　近郊山区的保护和发展实证研究 …………………………………………………… 61
　　3.1　国外近郊山区的保护和发展实证 …………………………………………… 61
        3.1.1　巴黎近郊山区实证 ……………………………………………………… 61
        3.1.2　洛杉矶近郊山区实证 …………………………………………………… 64
        3.1.3　赫尔辛基近郊山区实证 ………………………………………………… 68
        3.1.4　巴塞罗那近郊山区实证 ………………………………………………… 71
        3.1.5　苏黎世近郊山区实证 …………………………………………………… 81
　　3.2　国内近郊山区的保护和发展实证 …………………………………………… 85
        3.2.1　杭州近郊生态带实证 …………………………………………………… 85
        3.2.2　昆明近郊山区实证 ……………………………………………………… 88
        3.2.3　北京近郊山区实证 ……………………………………………………… 92

4　济南近郊山区的实证研究 …………………………………………………………… 122
　　4.1　济南南部山区概况 …………………………………………………………… 122
        4.1.1　济南城市概况 …………………………………………………………… 122
        4.1.2　南部山区概况 …………………………………………………………… 124
        4.1.3　南部山区区域划分 ……………………………………………………… 124
　　4.2　济南南部山区的发展特征 …………………………………………………… 125
        4.2.1　社会特征 ………………………………………………………………… 125
        4.2.2　经济特征 ………………………………………………………………… 130
        4.2.3　生态特征 ………………………………………………………………… 133

4.2.4 空间特征 ·· 137
4.3 济南南部山区空间演变动力机制 ·································· 146
　　4.3.1 外在因素 ·· 146
　　4.3.2 内在因素 ·· 149
4.4 济南南部山区的发展模式 ···································· 151
　　4.4.1 组团扩展与轴向扩展结合的城镇空间演变模式 ······················· 151
　　4.4.2 总体分散、局部集中的乡村空间演进模式 ·························· 154
　　4.4.3 系统、整体的生态空间整合模式 ······························ 154
　　4.4.4 总量控制、区域整合的休闲空间演化模式 ·························· 155
　　4.4.5 绿色产业为主体的产业空间优化模式 ···························· 156
4.5 济南南部山区保护与发展对策 ·································· 158
　　4.5.1 适度调整行政边界 ·· 158
　　4.5.2 建立统一规划管理机构 ····································· 158
　　4.5.3 逐步调整村庄布局 ·· 160
　　4.5.4 积极发展生态旅游产业 ····································· 163
　　4.5.5 完善生态环境保护机制 ····································· 164
　　4.5.6 制定生态补偿机制 ·· 165
4.6 济南南部山区保护与发展规划 ·································· 168
　　4.6.1 规划背景 ·· 168
　　4.6.2 功能定位 ·· 168
　　4.6.3 发展战略 ·· 168
　　4.6.4 规划原则 ·· 170
　　4.6.5 土地利用规划 ·· 171
　　4.6.6 综合交通规划 ·· 173
　　4.6.7 旅游业规划 ··· 174
　　4.6.8 自然资源与历史文化保护规划 ·································· 176
4.7 小结 ··· 178
　　4.7.1 研究的主要结论 ·· 178
　　4.7.2 思考与展望 ··· 179

5 结语 ··· 180

参考文献 ··· 181

Contents

Preface
1 Introduction ·· 1
  1.1 Research Background ·· 1
    1.1.1 Uneven Development in Suburban Mountainous Areas in metropolises ············· 1
    1.1.2 Landscape Ecological Deterioration in Suburban Mountainous Areas in metropolises ·· 1
    1.1.3 Environmental Degradation in Suburban Mountainous Areas in metropolises ·· 2
  1.2 Research Purposes and Significance ··· 2
    1.2.1 Promote Coordinated Development in Suburban Mountainous Areas in metropolises ··· 3
    1.2.2 Promote Sustainable Development in Suburban Mountainous Areas in metropolises ··· 3
  1.3 Research Methods ··· 3
    1.3.1 Factor Analysis Method ·· 3
    1.3.2 Spatial Analysis Method ··· 4
    1.3.3 Analytic Hierarchy Process ··· 4
    1.3.4 Systematic Comprehensive Modeling Method ·································· 4
2 Protection and Development of Suburban Mountainous Areas ······················· 5
  2.1 Related Concepts and Research Scopes ··· 6
    2.1.1 Metropolises ··· 6
    2.1.2 Suburbs ··· 6
    2.1.3 Mountainous Areas ·· 7
    2.1.4 Suburban Mountainous Areas in metropolises ·································· 7
  2.2 Overview of Research in China and Overseas ··· 8
    2.2.1 Overview of Research Overseas ··· 8
    2.2.2 Overview of Research in China ·· 10
  2.3 Related Theories ··· 14
    2.3.1 Geographic Theory ·· 14
    2.3.2 Urban Planning Theory ·· 16
    2.3.3 Ecological Theory ··· 19
    2.3.4 Economic Theory ··· 22

2.3.5 Sociological Theory ... 24
2.4 Development Characteristics ... 25
2.4.1 Social Characteristics of Suburban Mountainous Areas in metropolises ... 26
2.4.2 Economic Characteristics of Suburban Mountainous Areas in metropolises ... 26
2.4.3 Ecological Characteristics of Suburban Mountainous Areas in metropolises ... 29
2.4.4 Spatial Characteristics of Suburban Mountainous Areas in metropolises ... 31
2.5 Dynamic Mechanism ... 34
2.5.1 External Factors ... 34
2.5.2 Internal Factors ... 39
2.6 Development Modes ... 40
2.6.1 Spatial Evolution Mode ... 40
2.6.2 Industrial Development Mode ... 42
2.6.3 Government Governance Mode ... 45
2.6.4 Summary ... 47
2.7 Principles of Protection and Development ... 47
2.7.1 Coordination Principle ... 47
2.7.2 Hierarchical Principle ... 47
2.7.3 Comprehensive Principle ... 48
2.7.4 Sustainability Principle ... 48
2.7.5 Principle of Public Participation ... 48
2.8 Measures for Protection and Development ... 49
2.8.1 Internal Measures for the Development and Protection of Suburban Mountainous Areas in metropolises ... 49
2.8.2 External Measures for the Development and Protection of Suburban Mountainous Areas in metropolises ... 56

3 Empirical Research on the Development and Protection of Suburban Mountainous Areas ... 61
3.1 Case of the Development and Protection of Overseas Suburban Mountainous Areas ... 61
3.1.1 Case of Suburban Mountainous Areas in Paris ... 61
3.1.2 Case of Suburban Mountainous Areas in Los Angeles ... 64
3.1.3 Case of Suburban Mountainous Areas in Helsinki ... 68
3.1.4 Case of Suburban Mountainous Areas in Barcelona ... 71
3.1.5 Case of Suburban Mountainous Areas in Zurich ... 81
3.2 Case of the Development and Protection of Suburban Mountainous Areas in China ... 85

	3.2.1	Case of the Suburban Ecological Zone in Hangzhou	85
	3.2.2	Case of Suburban Mountainous Areas in Kunming	88
	3.2.3	Case of Suburban Mountainous Areas in Beijing	92

4 Empirical Research on Suburban Mountainous Areas in Jinan ... 122
  4.1 Overview of Mountainous Areas in the South of Jinan ... 122
    4.1.1 Overview of Jinan City ... 122
    4.1.2 Overview of Mountainous Areas in the South ... 124
    4.1.3 Regional Division of Mountainous Areas in the South ... 124
  4.2 Development Characteristics of Mountainous Areas in the South of Jinan ... 125
    4.2.1 Social Characteristics ... 125
    4.2.2 Economic Characteristics ... 130
    4.2.3 Ecological Characteristics ... 133
    4.2.4 Spatial Characteristics ... 137
  4.3 Dynamic Mechanism for Spatial Evolution of Mountainous Areas in the South of Jinan ... 146
    4.3.1 External Factors ... 146
    4.3.2 Internal Factors ... 149
  4.4 Development Modes for Mountainous Areas in the South of Jinan ... 151
    4.4.1 Urban Spatial Evolution Mode Combining Group Expansion and Axial Expansion ... 151
    4.4.2 Rural Spatial Evolution Mode with Overall Decentralization and Local Concentration ... 154
    4.4.3 Systemic and Overall Ecological Space Integration Mode ... 154
    4.4.4 Recreational Space Evolution Mode with Total Control and Regional Integration ... 155
    4.4.5 Industrial Space Optimization Mode Focusing on Green Industries ... 156
  4.5 Measures for the Protection and Development of Mountainous Areas in the South of Jinan ... 158
    4.5.1 Moderate Adjustment of Administrative Boundaries ... 158
    4.5.2 Establishment of Unified Planning and Administrative Agencies ... 158
    4.5.3 Gradual Adjustment of the Village Layout ... 160
    4.5.4 Development of Eco-tourism Industry ... 163
    4.5.5 Improvement of the Ecological Environment Protection Mechanism ... 164
    4.5.6 Formulation of the Ecological Compensation Mechanism ... 165
  4.6 Protection and Development Planning of Mountainous Areas in the South of Jinan ... 168
    4.6.1 Planning Background ... 168
    4.6.2 Functional Orientation ... 168
    4.6.3 Development Strategy ... 168

    4.6.4 Planning Principles ·· 170
    4.6.5 Planning for Land Use ·· 171
    4.6.6 Planning for Integrated Transportation ··· 173
    4.6.7 Planning for Tourism ·· 174
    4.6.8 Planning for the Protection of Natural Resources and Historical and Cultural Heritage ·· 176
  4.7 Summary ·· 178
    4.7.1 Key Conclusions in Research ··· 179
    4.7.2 Thoughts and Prospect ··· 179
5 Conclusion ·· 180
References ·· 181

1 绪 论

1.1 研究背景

21世纪是城市发展和竞争的世纪,面对共同的机遇和普遍的问题,中国许多城市政府纷纷制定了新的城市发展战略,以促进城市竞争力的迅速提升,保障城市更好更快发展。作为人口大省和经济强省,山东一直位居我国经济发展前列。作为山东省省会的济南,在新世纪的城市发展过程中,面临着如何科学发展、和谐发展等重大问题。

济南市自然地理条件特殊,南部有泰山山脉组成的群山,北部有黄河这一天然屏障。在环渤海经济圈崛起、济南都市圈成形、济南城市发展面临阶段性转型的宏观背景下,济南市提出了"东拓、西进、南控、北跨、中疏"的"十字方针"城市发展战略。其中"南控"作为济南市积极参与新一轮区域整合、提升城市综合竞争力、优化城市发展空间格局的重要战略举措被提上日程。

1.1.1 大城市近郊山区发展失衡

在过去几十年的全球城市化进程中,中国的城市与乡村发生了翻天覆地的变化。大城市迅速增长、乡村城镇化、城乡联系的增多以及随之而来的城乡矛盾加剧,城市化相关问题已经成为当下最广泛也最紧迫的社会、经济、政治论题之一。与西方发达国家相比,我国尚处于城市化中期阶段,这一时期大城市无序膨胀、郊区乡村城市化以及郊区化等多重动力的驱动,使得城郊成为城市发展中不可忽视的关键地带。能否协调城市扩张、郊区发展与环境保护之间的关系,解决城乡发展失衡、城市无序扩展、生态环境恶化等问题,进而实现大城市的协调发展,是当前城市化工作面临的重大挑战。

我国是山地大国,山地、丘陵超过国土面积的2/3,其间分布了全国一半以上的人口。由于地形限制和军事、防御需要,历史上许多城市依山而建。随着城市扩张,许多城市逐渐靠近郊区山地。近郊山区一方面从建设条件上"限制"了城市的进一步扩张,另一方面也从自然资源、生态服务功能角度为城市发展提供了支持与动力。然而,由于山区自身条件以及历史、社会的积存原因,我国山区发展水平大多落后于平原地区,山区乡镇普遍贫困,反映在近郊山区中则体现为城乡发展的严重失衡。而城市经济的发展又往往忽视了郊区环境保护与资源可持续利用,因而造成山区生态系统的破坏,更加剧了山区发展的负担。关注近郊山区贫困现象与环境问题,加强山区规划与政策调控,已成为大城市近郊山区研究的当务之急。

1.1.2 大城市近郊山区景观生态恶化

据统计,我国人均GDP突破1 000美元,相当数量的大城市人均GDP已经达到或超过

3 000美元,按世界城市发展的一般规律,这标志着中国城镇化进入快速建设期和发展期。在人口城镇化的大前提下,城镇建设用地的面积更是逐年扩大,尤其是大城市正在以难以想象的速度向郊区蔓延,其带来的直接影响是城镇向郊区扩展。空间利用不当,导致城市郊区优质耕地大量减少、自然生态环境严重退化。仅以耕地为例,从1996年至2006年的11年中已减少了整整1亿公顷耕地,仅2003年全国净减的耕地面积就达253.74万公顷,其中生态退耕223.73万公顷,而新增的建设用地为42.78万公顷,占当年耕地净减少量的16.86%。

郊区是一个人文自然多层次的综合景观生态系统,是人工与自然相交的一个动态平衡点。虽然自然环境良好,土地资源富足,但同时又是一个脆弱的系统,任何一方面因素的改变都将打破原有的平衡,只有在一定变化范围内,系统才能依靠自己的力量逐渐回到平衡状态。如果对郊区的开发超过了一定的度,超出系统自身的恢复能力,那么整个系统将被破坏,并被城市系统所替代。大城市周边的郊区,面对城市巨大的发展潜力,所面临的威胁将更大。

1.1.3 大城市近郊山区环境退化

大城市近郊山区地处城市边缘区,环境问题突出,是城乡建设比较敏感的区域。随着城市建设用地的不断蔓延,大城市近郊山区环境出现退化。

建设用地的增长对大城市近郊山区的环境影响很大。由于建设用地不断增长,占用了原有的生态用地,对本就基础脆弱的山区生态环境造成了较大影响,坡地开垦增加了水土流失,破坏了自然植被。还有的地区由于过度采矿及探矿,地表采挖严重,对环境和地质环境造成了严重破坏,增加了泥石流、滑坡等地质灾害发生的概率。某些旅游景点过度兴建旅游项目,建筑密度高,对生态环境破坏较为严重。此外,大城市近郊山区靠近城市,居民的生产和生活方式接近城市,生产和生活垃圾较多,且基础设施相对落后,土地利用变化强烈,耕地和生态用地保护压力大。

面对资源约束趋紧、环境污染严重、生态系统退化的严峻形势,必须树立尊重自然、顺应自然、保护自然的生态文明理念,把生态文明建设放在突出地位,融入经济建设、政治建设、文化建设、社会建设各方面和全过程。我国迈入生态文明的新时代,这是人类文明的一种先进形态,它以尊重和维护自然为前提,构建了人与人、人与自然、人与社会和谐共生的整体框架。作为保护和建设美好生态环境而取得的物质成果、精神成果和制度成果的总和,生态文明贯穿于经济建设、政治建设、文化建设、社会建设全过程和各方面的系统工程,反映了一个社会的文明进步状态。

近郊山区是生态文明建设的重要组成部分,也是大城市重要的生态屏障。通过构建城市生态安全格局,守护城市安全、应对全球气候变化、建设韧性城市,不断优化近郊山区的生态品质,提高城市自然承载能力,增强城市弹性,形成人与自然和谐共生的可持续发展的生态之城。通过绿楔、绿道、绿廊、绿心等形式加强城市绿地与河湖水系、山体丘陵、农田林网等自然生态要素衔接联通,构成"绿色斑块—绿色廊道—生态基质"格局,为城市的空气质量、水安全、微气候改善提供持续保障。

1.2 研究目的与意义

研究就是以济南都市区空间重构为切入点,以济南市南部山区为核心,充分考虑城市周边地域发展的有利条件和制约性因素,依据区域协调、城乡统筹、资源保护、和谐发展的原则,重点讨论大城市周边地区的产业发展、总体布局、空间支撑、生态安全、新农村建设、实施调控等内容,为大城市地区协调发展提供战略指引,为地方政府管理决策提供科学依据和技术性平台。通过研究,分别提炼出新世纪大城市地区协调发展的机制、模式、途径以及构建和谐化大城市发展的理论框架,这不仅对建立大城市近郊山区规划与发展治理方针具有重要的科学意义和应用价值,更为其他大城市进行地区空间整合提供借鉴意义。

1.2.1 促进大城市近郊山区协调发展

研究将通过对国内外大城市近郊山区发展特征、发展模式、演变机制与保护性发展决策的对比、分析与总结,力图提出适合于我国大城市近郊山区的发展办法与控制方针,从而改善水源涵养、城市气候、环境污染等城市环境问题,协调城乡关系与产业分工、协同合作,促进城市经济、社会、生态的全面、协调、健康发展,对社会发展具有重要的现实意义。

文化传统、经济水平与自然环境等特殊条件使得近郊山区的发展及与城市联系呈现不同于平原地区的特征和机制,而国内外相关研究普遍缺乏。这也正是本研究的理论意义与价值所在。以可持续发展为导向,从生态环境、资源利用、社会结构、城镇化水平、产业布局与经济开发、规划及其实施等方面对近郊山区系统进行多角度、跨学科研究,是对大城市近郊山区发展范例的重要探索。

1.2.2 促进大城市近郊山区可持续发展

大城市的发展如果是以大量占有和取代郊区为代价,而不能解决构筑区域和大城市周边地区自然生态体系,控制生态敏感区,确定永久性保护区等问题的话,其城市的发展会因为缺乏必要的基础而走向末路。

城市向郊区发展,本质上是城市内部发展压力作用于郊区和郊区本身的城市化发展需要共同作用的结果,但单纯地控制城市规模、限制郊区发展显然是不符合城市内部原动力的,通过绿地系统建立外围绿带限制发展的方法也并不有效。因而需要研究面对城市的巨大发展潜力,在保持郊区基本属性的前提下,如何有效地进行城郊生态化建设。本书通过研究城郊生态系统中各个元素的相互关系,分析城郊的承载力与发展潜力来确定合理的发展方式和适合区域经济与环境现状的技术方法,最终保持区域活力与可持续发展。

1.3 研究方法

此次的研究方法,除了文献研究法、实地调研法、比较分析法、历史地理分析法、案例分析法等,出现了与现代统计方法与计算机辅助技术相融合的趋势。这个趋势可分为两个类别:以3S技术进行土地利用的检测与评价,用计量统计方法进行预测、优化与评价。

1.3.1 因子分析法

利用因子分析方法,对聚类结果村庄因地制宜制定分类方法和配套指标体系,同时结合可持续发展的思想,提出了分类建设指导原则和近远期目标的实施办法。

1.3.2 空间分析法

GIS空间分析技术实现了对大量空间数据的管理和分析功能,可以用于对郊区发展的各种自然、经济、社会资源的空间数据进行空间分析,得出各自的空间分布结构,并通过空间叠加分析,得到各城市包括自然、经济、社会等要素在内的综合空间结构。

1.3.3 层次分析法

在研究过程中,借助RS现代信息技术手段,采用层次分析方法,选取合理的评价指标体系对各城郊综合发展条件进行综合评价,以作为论证城市正确发展方向的重要依据。

1.3.4 系统综合建模法

通过系统综合建模方法对各项空间要素的相互作用机制进行深入分析,对其相互作用过程进行模拟,形成城市开发的空间增长模拟和效益预期模型,为城市可持续发展决策提供科学依据。

2 近郊山区保护和发展

在过去几十年的全球城市化进程中,中国的城市与乡村发生了翻天覆地的变化。大城市迅速增长、乡村城镇化、城乡联系的增多以及随之而来的城乡矛盾加剧,城市化相关问题已经成为当下最广泛也最紧迫的社会、经济、政治论题之一。与西方发达国家相比,我国尚处于城市化中期阶段,这一时期大城市无序膨胀、郊区乡村城市化以及郊区化等多重动力的驱动,使得城郊成为城市发展中不可忽视的关键地带。能否协调城市扩张、郊区发展与环境保护之间的关系,解决城乡发展失衡、城市无序扩展、生态环境恶化等问题,进而实现大城市的协调发展,是当前城市规划工作面临的重大挑战。

在这样的背景下,大城市近郊山区的保护和发展研究日益显得重要与迫切:山地是生态环境中的重要一环,地球至少1/5的陆地表面为山峦覆盖,大约10%的世界人口居住在包括高山在内的多山区域,且超过10%的世界人口的生活完全依赖山区资源;山地生态环境对维护全球生态起着十分重要的作用。

我国是山地大国,山地、丘陵超过国土面积的2/3,其间分布了全国一半以上的人口。出于各方面的考虑,历史上许多城市依山而建。春秋时管仲总结道:"凡立国都,非于大山之下,必于广川之上①。"而民间也一直有着"背山面水"的择址标准,这些古代的城市规划思

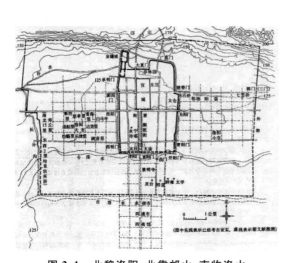

图2.1 北魏洛阳:北靠邙山、南临洛水

图片来源:董鉴泓,2004.中国城市建设史[M].3版.北京:中国建筑工业出版社.

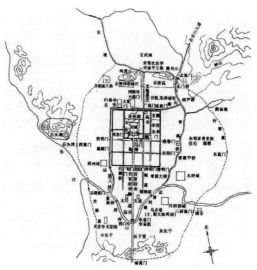

图2.2 南朝建康:东依钟山、西临长江

图片来源:董鉴泓,2004.中国城市建设史[M].3版.北京:中国建筑工业出版社.

---

① 载于《管子·乘马》。

想,一方面源自传统的风水理论,古人认为宇宙间山为最大,山能通气,故城市都要依靠高大的山峰来充实城市的浩然之气;另一方面,则是古人基于自然环境条件的理性选择,依靠山脉,能获取建设所需的木材,毗邻河流,则能取得水源。加之其他诸如地形限制、军事防御需要的考量,"山河拱戴"成为很多城市所具有的布局特征。(图2.1,图2.2)

而如今随着城市扩展,许多城市逐渐靠近郊区山地。近郊山区一方面从建设条件上"限制"了城市的进一步扩张,另一方面也从自然资源、生态服务功能角度为城市发展提供了支持与动力。然而,由于山区自身条件以及历史、社会的积存原因,我国山区发展水平大多落后于平原地区,山区乡镇普遍贫困,反映在近郊山区中则体现为城乡发展的严重失衡。而城市经济的发展又往往忽视了郊区环境保护与资源可持续利用,因而造成山区生态系统的破坏,更加剧了山区发展的负担。关注近郊山区贫困现象与环境问题,加强山区规划与政策调控,已成为大城市近郊山区研究的当务之急。

2.1 相关概念与研究范畴限定

鉴于城市规划对郊区的概念并无一致定义,而大城市郊区研究与大城市区、城市边缘区等研究范畴较为相近,在此不妨借用以下几个相关概念对大城市近郊山区这一研究范畴做出限定。

2.1.1 大城市

大城市区(Metropolitan District)是一个大的城市人口核心以及与其有着密切社会经济联系、具有一体化倾向的邻接地域的组合;它是国际上进行城市统计和研究的基本地域单元之一,是城市化发展到较高阶段时产生的城市空间组织形式,反映巨型城市的地域景观形态。这一概念产生于美国,源于20世纪美国一些大城市扩张过程中与周边地区紧密联系、融为一体的现象。1910年美国人口普查局首次采用大城市区概念进行人口统计,将上述地区作为一个整体进行考察,以客观衡量城市化发展水平。按照这一概念的原始定义,中国城市化进程中尚未形成典型、普遍的大城市区现象。自大城市区概念引入我国以来,由于政治、经济、社会背景的不同,其内涵发生了延伸与变化,更多地融入了人为的划定及行政区划因素。目前中国的"大城市区"一般指具有整合行政体制的特大城市,如北京、上海、天津等直辖市及规模较大的省会城市。

根据我国通用的城市划分标准,人口介于50万～100万之间的为大城市,100万以上为特大城市。随着城市化过程中大城市规模的生长,人口超过100万的"特大城市"已经越来越多。本研究着眼于城市化水平达到一定程度、趋于大城市区形成的中心城市,故将研究对象大城市标准确定为市区人口300万以上。

2.1.2 郊区

郊区(Suburb)是一个相对于城区的地域概念,原指城市外围地区。中国古代即有"邑外为郊,离城五十里为近郊,百里为远郊"的记载①。时至今日,郊区的概念及范围仍无一致

---

① 载于《周礼·地官·载师》。

的限定,美国、加拿大及西欧部分地区将郊区定义为中心城市以外的自治区域,而在英国、澳大利亚,其则指市中心附近的人口聚集区。日本的郊区定义略同于我国早期的朴素认识,概指大城市城区与外围地区之间、绿化较多且居住密度较低的区域。

在长期的城郊二分法划分下,中国的郊区概念与大城市区一样成为行政区划意义上的名词,即指"城市辖区内除城区之外的地域,是城市周围在政治、经济、文化和国防事业上与城区有密切联系的区域,是城市不可分割的重要组成部分"。狭义的郊区一般包含在广义的城区范围内、中心城区之外,其行政管理体制与市辖县、旗等存在明显区别;广义的郊区则包括郊县,即指城市行政区域内城区之外的所有地域。

除上述以行政界线划定的郊区概念外,"近郊区"同样是国内常用而未有明确界定的概念。其在日常生活中亦被称为郊区,指紧邻城区、与建成区犬牙交错的城市边缘地区,与城区有密切的社会、经济、通勤关系,往往是城市蔬菜、园林生产基地及部分工业、仓储、生态绿地、对外交通用地聚集的区域。对"近郊区"范围的界定或以城市化水平(如农业人口不超过20%~30%)为标准,或以物质、资金、通勤流(如30%~50%通勤圈)为标准,尚无定论。

为便于论述,近郊区的界定则酌情采用行政边界与半小时通勤圈范围,即约相当于距城市中心区10~30 km的外围地域。针对规模不同的城市,可依"10倍面积法"确定近郊区范围。

2.1.3 山区

山区(Mountainous Area)指以山地这种特殊自然综合体为基础,并包括一部分与人类社会经济活动有内在联系的相邻非山地,由自然、经济、社会各个互为环境子系统复合而成的动态大系统。

山区包括山地、丘陵和崎岖的高原,面积广大,约占全国面积的2/3,即山区是所有崎岖起伏地表的统称。山区是一个广义的地形概念。对于近郊山区的划定则取决于海拔高度、坡度、土地、气候等条件之综合;一般而言,相对高度大于200米或坡度10%以上的区域面积超过60%则可认定为山区。

2.1.4 大城市近郊山区

综上所述,大城市近郊山区可以界定为城区人口300万以上的大城市的中心区外围10~30千米范围内坡度在10%以上或相对高度大于200米地形占到60%以上的区域。(图2.3)

结合以上概念的界定与辨析,鉴于我国城市化水平、城市规划体制及城乡关系的特殊性,研究范畴确定为针对中国特大城市近郊山区的保护与发展研究。研究重点关注

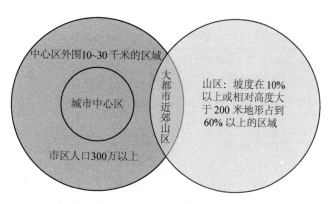

图 2.3　大城市与近郊山区图示关系

图片来源:自绘

北京、广州、济南、南京、杭州等国内特大城市,并兼顾国外城市近郊山区发展实例,为我国城市化中期阶段所面临的城市规划与管理工作提供借鉴。

2.2 国内外研究综述

2.2.1 国外研究综述

国外针对大城市近郊山区的专门研究较为少见,而在城市、地理、社会、经济、生态等诸多学科的专门性研究中均涉及这一综合性的研究课题,其相关研究成果与技术方法将为本研究提供坚实的理论与实践基础。

(1) 郊区发展研究

在对城市化、郊区化、逆城市化、郊区城镇化等现象的探索与研究基础上,来自城市学的郊区发展研究大体分为城市中心论、小城镇发展论、农村发展论、城乡一体化与城乡融合等几方面内容,研究趋势由中心城市转而关注郊区、乡村的发展,由城市辐射扩散、带动郊区转向城乡协调、统筹发展。

20世纪中叶,西方发达国家大城市的急剧膨胀引起了学界对于郊区发展的广泛关注。以美国大城市为代表的郊区发展多呈现城市蔓延发展的趋势,低密度的郊区开发造成了土地资源的巨大浪费和空间距离上的不经济(Mitchell, John G., 2001; Jackson, Kenneth T., 2004)。大量描述城市边缘区域的理论、概念随之涌现。奎恩(Queen)和托马斯(Thomas)将大城市区划分为内城区(Inner City)、城市边缘区(Urban Fringe)与城市腹地(Urban Hinterland)三个部分,开创了城市边缘区研究的先河;普里沃(R. J. Pryor, 1968)根据土地利用构成将城市郊区分为半城市化地区(Peri-Urban Regions)与农村城市边缘区(Rurban Periphery),前者的居住、商业和工业用地密度及人口增长率、土地转变动态性较高,是郊区城市化的生长点;而后者人口密度较低,空地、农田比重大,整体仍处于乡村状态。这一时期城市地理学对城市边缘地带的研究奠定了城市郊区研究的重要理论基础,但基于中心地理论的城市边缘区研究多从城市出发注重城市向周边的辐射、扩散效应,而忽略郊区发展、区域协调、乡村城镇化,从某种程度上更加剧了城乡的分化。

城市边缘区理论与构建在大城市理论上的半城市化地区研究,则更为关注郊区、乡村及城乡联系。其理论源于杜能(Johann Heinrich von Thünen)的"独立国"农业区位论,并在伯吉斯(E. W. Burges)的圈层结构理论、狄更生(Peter Dickens)的三地带论,以及托马斯和奎恩的城市地域结构中发展完善。城市边缘区理论研究强调城乡关系的变化,关注在经济发展与文化融合中消减城乡差异的同时,促使城市与乡村协调发展,以及城乡一体化的最终实现。

(2) 城市社会学相关研究

美国学者索罗金(P. Sorokin)认为,城市化就是农村意识、行为方式和生活方式向城市意识、行为方式与生活方式转变的全部过程。日本社会学家矶村英一则认为,城市化概念应包括社会结构和社会关系角度上的定义。在城市向郊区蔓延及乡村城市化的过程中,城乡关系、文化冲突与社会结构的变革受到社会学领域的广泛关注。大城市近郊山区的城镇乡村在不断城市化过程中也面临着种种社会学问题。

早在16世纪,空想社会主义者倡导的乌托邦思想就已经提出城市与乡村协调发展的理想社会组织结构,并成为后来田园城市、卫星城市等理论构想的重要来源。田园城市理论倡议"用城乡一体化的新社会结构形态来取代城乡对立的旧社会形态",首次较为系统地提出了城乡一体化的思想(E. Howard, 1898)。马克思主义的城乡融合理论则用历史的、发展的唯物主义辩证思想来认识城乡关系,认为城乡关系是影响整个社会经济生活的关键因素,而城乡对立走向城乡融合则是历史、社会发展的必然。马克思主义认为,城市的发展加剧了城乡之间的对立,一切发达的以商品交换为媒介的分工基础都是城乡的分离。随着经济的进一步发展,这种城乡失衡的不协调现象终将成为社会进步的障碍。社会主义条件下的新型城乡关系并非抹杀城乡之间的差别,而是意味着城市与乡村享有同等的社会福利、公共保障与良好的生活条件,实现城乡一体化的协同发展。

城乡交互作用理论关注城乡之间的物质、人口等元素的流动与联系,以及现代经济、社会、文化变革对这种相互作用的影响,并就此构建积极的和消极的"城乡相互作用与区域发展"关联模式。肯尼斯·林奇(K. Lynch)从"食物流、资源流、人流、观念流、资金流"五方面对发展中国家的城乡相互作用进行了论述:"城乡相互作用通过'流'体现,'流'跨越空间和部门,在城乡间的任一方发生。"他以此提出了"城乡动力学(Rural-urban Dynamics)"的概念,建议从生计战略与资源分配角度揭示城乡联系的复杂性。

来自乡村社会学的研究则关注乡村城市化过程中的社会结构演变、社区发展、家庭与邻里关系变革等内容。早期的乡村社会学研究主要集中于农村聚落的起源、结构、类型、土地利用,包括对一些乡村社会现象的研究等。20世纪的城市化浪潮推动了城市地理学的发展,忽视了乡村社会地理的研究,而大城市的蔓延、环境压力、郊区化等论题则引致了1970~1990年代乡村社会地理研究的复兴。相关研究则扩展到乡村社区及其变迁、人口结构、迁移与就业、居住问题、乡村管理、社会分层与社会问题、乡村城市化、城乡关系及相互作用、乡村规划等诸多方面,并在与地理学、经济学等学科的交叉融合中继续探索。

(3) 城市经济学相关研究

从古典区位论到中心地理论、核心—边缘理论、区域梯度发展理论,传统区域经济学中不乏对城市与郊区之间经济关系的论述。提出增长极理论的法国经济学家佩鲁(Francois Perroux)认为,经济增长首先按照不同强度出现在大城市或中心区,而后向周边区域扩散。结合城市化过程的阶段性,区域经济增长同样可分为生产要素的聚集与扩散两个阶段。正因为各种生产要素的集中或优化配置,促进了大城市的发展,使其成为区域经济的增长极,进而带动周边城市与地区的发展。

对于城市化及其相伴的工业集聚与城郊分化在社会经济发展中的作用,西方经济学家存在两种对立的观点。20世纪50~60年代,持乐观主义态度的现代化理论代表人物取得了主流地位,这些学者认为工业与城市的发展是社会现代化的必要条件(Hudson, 1969),因而政策应当优先保障城市发展。1970年代以来日益严重的城市问题与危机则带来了对城市偏向政策的尖锐批评,或将其看作发展中国家持续贫困的主要原因(M. Lipton, 1970)。发展中国家的过度城市化与乡村贫困、环境恶化被看作"公地悲剧"的典型例证,持此论点的发展经济学家认为农村人口大量迁入城市是城市问题的重要原因。

随着信息化与经济全球化趋势下的知识经济形态在西方发达国家兴起,城市产业布局有序化与城市功能的变革使得发展经济学家对于城市化有了更为理性的认识。观察研究表明大部分农村人口并非盲目地迁入城市,而是对于经济增长劳动力需求的正常反应(Asian Development Bank,1996)。城市化不但意味着巨大的产业集聚效益,在吸纳农村地区剩余劳动力、带动农村经济发展方面同样起着关键作用。而伴随着城市结构与功能的转变,城乡一体化产业布局与可持续发展的前景也将指日可待。

从经济学角度来说,城市化是各种非农产业发展的经济要素向城市聚集的过程,它不仅包括农村劳动力向城市第二、三产业的转移,还包括非农产业投资及其技术、生产能力在城市的聚集。英国学者科林·克拉克认为,城市化是第一产业人口不断减少、第二、三产业人口逐渐增加的过程(C. Clark,1940)。而郊区乡村的城镇化,同样与产业结构的非农化同向发展。相关的农村及山区经济发展研究偏重于实践层面,其研究内容主要包括山区产业布局及结构转换、生态农业、观光旅游、资源利用与规划等。

(4) 生态学相关研究

作为自然生态环境中的一种特殊类型,多样化与垂直分异的气候、土壤、地貌、生物,丰富的自然资源与相对敏感脆弱的生态环境使得山地生态系统一向在生态学研究中占有重要的地位。1973年11月,挪威Lillehammer国际联合会议对人与生物圈计划(MAB)中人类活动对山地和苔原生态系统影响的实施草案的讨论,促进了世界各国山地生态系统研究者的交流合作与山地生态系统研究的系统架构。1980年,国际山地学会成立,随后建立于尼泊尔加德满都的国际山地综合发展中心(ICIMOD),标志着山地科学系统研究的兴起。其三十几年来的研究注重人类活动与山地生态系统的相互作用。第一个较为系统的人与山地生态系统作用理论模型是由休闲需求、人口与经济发展、种植业和生态变化、土地利用与发展四部分因素组成的阿尔卑斯山奥贝格尔(Obergurgl)模型(Himamowa,1974),后经Messerli等人发展修正,建立了更为完善的区域社会经济生态系统模型。ICIMOD则采用旅游—山地环境链、旅游—文化链、旅游—经济链、贫困与山地生态退化关系等相关研究探索社会经济活动与山地生态环境的关系。另一些学者则通过历史生态途径、航片拍摄等手段研究人类活动作用于山地生态系统的演变过程。其他相关研究包括山地景观与游憩规划、旅游的生态效应、生态区划、生态产业开发、生态恢复与重建等。

2.2.2 国内研究综述

1992年,中国山地城市与区域环境研究中心建立,使中国的山地城市研究进入了一个快速、健康发展的新阶段。近年来,国内对山区城镇发展也有了较为丰富的研究成果。

大城市近郊山区的保护与发展是一个经济效益、生态效益和社会效益综合的话题,研究动力来自大城市的急速扩张与山区生态保护意识崛起两方面;在这方面的相关研究开始于2003年,并在2006年以来取得较多成果。现有的大城市近郊山区研究大致可分为三方面:近郊山区生态研究、土地利用研究和产业研究。研究方法大量引用地理学与经济学方法,3S技术与计量技术使得研究由孤立走向系统,由静态走向动态。

(1) 大城市近郊山区的生态研究

大城市近郊山区的生态研究揭示了山区保护的必要性和可行性,内容包括三方面:近郊山区土地利用的生态效益评价、生态友好型土地利用模式以及山区与中心城市的生态协调机制。

近郊山区的生态效益是在不断下降的,随着人口的增加和经济的发展,人类对土地的干预程度也越来越大,引发了一系列生态环境问题。杨凯等人(2007)以张家界市永定区为例,对山区土地利用变化状况以及其生态环境效应进行了研究,发现居民、工矿和交通等建设用地持续扩大,耕地面积减少,耕地质量下降,天然林破坏严重,生态功能减弱,土地利用/土地覆盖变化导致了诸多生态环境问题,如水土流失加剧、水质恶化、生物多样性降低等,使该区生态环境质量下降。孙久文等(2007)以北京市七个山区县作为分析的目标区域,应用生态足迹分析法计算了该区域资源环境的生态足迹,计算结果揭示了北京市七个山区县人均生态赤字情况,并且生态赤字有扩大的趋势。符素华等人(2002)对房山蒲洼的坡面径流研究表明北京市山区存在较为严重的土壤侵蚀,不同土地利用方式下的水土保持效益值不同,其中人工草地、荒草地和林地水土保持效益显著。周超等人(2006)提出应用景观生态学评价方法对山区土地利用生态效益进行评价。

为应对近郊山区生态效益不断下降的现状,学者们提出生态友好型土地利用,其强调土地利用对生态环境的友善化,突出强调土地利用可持续性中的"生态可持续性"。储胜金、许刚(2004)通过对浙北天目山地区生态保护与其他土地利用冲突及其协调的机理分析,试图寻找山区生态友好型土地利用的可选途径,包括调整保护政策、建立补偿机制、功能区政策、生态旅游、社区共管模式等。包广静等人(2008)以江川为实证,分析土地现有的利用模式对周边环境的影响,提出生态友好型的土地利用对策。李良厚等人(2007)进一步提出生态友好型土地利用的优化模型,以鹤壁市郊区为研究对象,采用不同类型植被经济产值和水土流失强度2个指标,建立经济收入最大模型和水土流失量最小模型,然后将2个模型合并为1个综合模型,应用线性规划进行计算分析,以此确定出鹤壁市郊区土地生态利用优化结构。

要真正保护近郊山区,必须协调城市中心区与近郊山区之间的关系。甘敬(2007)发现北京山区由于长期开采矿区资源,对首都的生态安全构成严重威胁。王伟、郑新奇(2003)针对济南市南部近郊山地开发现状,结合运用 O.杨提斯基(O. Yanistky)提出的"生态城"模式,分析预测了南部山区开发可能带来的自然地理、社会功能层、文化—意识层3个层次变化及其对构建济南生态城市潜在的影响。因此,城市中心区向城郊山区的生态补偿是可行的协调机制。北京是率先实行山区生态补偿的城市,因此,学者对它的研究成果较多。刘晶岚等人(2006)从管理的角度,指出北京山区生态林补偿机制存在管护效率低、基础设施缺乏等问题,提出了加强社区建设能力,提高基层管理组织的机构能力建设等相关建议。甘敬(2007)在对北京市山区公益林生态补偿机制的研究中提出应当采取多样化补偿方式与补偿途径,完善补偿的组织体系与现金流通网络,建立补偿机制的配套措施,建全补偿机制的立法与保险制度。

(2) 大城市近郊山区的土地利用研究

大城市近郊山区的土地利用研究是以地理学研究为核心的内容,主要包括三个方面:近郊山区土地利用变化、近郊山区土地的可持续利用以及近郊山区的土地统筹规划。

山区土地利用最明显的变化表现于建设用地的扩展上,姜广辉等人(2006)根据目前描述建设用地扩展空间分异所用各种指数,提出了扩展程度指数的概念,基于土地利用详查和变更数据,分析了北京山区不同类型建设用地的扩展特征及其空间差异;研究结果表明,20世纪90年代以来,北京山区的建设用地发生了剧烈变化,建设用地扩展程度逐年增强,扩展存在不规则性,区域差异明显。姜广辉等人(2006)还分析比较了北京山区建设用地空间变化历史形态及其与耕地变化的相关关系;研究结果表明,山区建设用地扩展程度逐年增强,圈层性与不规则性并存,并对耕地保护产生巨大压力。姜广辉等人(2006)还立足建设用地扩展的景观表现,重点测算了山区建设用地景观镶嵌体以及单一景观要素2个水平下的景观形状和分布指数变化;研究结果表明,建设用地景观的碎裂化特征也很显著,独立工矿用地则更趋于不规则和破碎,应结合山区实际采取科学有效的规划措施引导建设用地的扩展。对山区土地利用变化机制,曹娜、葛京凤(2007)从土地利用动态变化入手,结合社会经济因素,在定量分析基础上,从人口、经济、科技和政策等4个层面揭示其社会经济驱动机制。

近郊山区建设用地的扩展引起了对土地可持续利用性研究的关注,学者围绕近郊山区土地可持续利用的原则、模式、途径等方面有众多论述。邓玮皓、孙向阳(2006)提出山区土地资源的可持续利用是指生态效益、经济效益与社会效益的统一,并提出5点原则:强化山区生态服务功能,培育山区特色经济,提高土地综合生产能力,优化土地利用布局,统筹山区和平原的土地利用。洪惠坤等人(2006)在探索重庆璧山县土地资源可持续利用与生态环境协调发展的方法时,提出地质友好型、地貌友好型、生态移民型三种山区土地可持续利用模式。邱国锋(2002)以粤东北山区梅州市为例,提出促进山区土地可持续利用与区域经济社会协调持续发展的有效措施。蒙吉军、蔡运龙(2002)提出了实现其土地持续利用的对策措施:控制人口增长,协调人地关系;发展生态农业,集约利用土地;开展多种经营,促进土地的持续利用;保护热带雨林,重建森林生态;扩大农业用地,开发荒山荒地。黎景良等人(2007)利用土地利用/土地覆盖变化的研究方法得出山区土地可持续利用需进一步因地制宜,结合高程、坡度和坡向等影响因素优化土地利用类型和改善地表覆盖。

在近郊山区土地可持续利用研究的基础上,学者对其他的土地统筹规划也进行了一些探索。杜红亮(2007)认为近郊山区作为中国用地情况复杂、人地矛盾非常突出的区域,研究其土地利用统筹问题具有典型意义,以北京市山区为例,提出以流域和集中发展区域为切入点,统筹山区土地利用的必要性和可行性,用水滴模型和其他ArcGIS方法将北京山区划分为八大流域,并用逐步筛选法选出13个集中发展区域,最后分别从空间模式和组织模式两方面探讨统筹山区土地利用的途径。

(3) 大城市近郊山区的产业研究

大城市近郊山区的发展需要以产业为原动力,什么产业适合山区发展是一个重要的论题。农业、林业与旅游业是山区产业发展中被讨论最多的,被认为最能支持山区的可持续发展。

① 山区农地

目前大城市近郊农业作业方式存在很多问题,田志会等人(2006)对北京农户土地利用行为进行了调查分析,结果显示山区人均耕地面积少,耕地细碎化程度高,生产效益低,农业收入在农户家庭收入中所占比例小。针对这些问题,学者提出发展休闲农业、生态农业、循环农业等对策。曹子剑等人(2007)以北京市门头沟区为例,认为都市山区耕地资源可持续利用的途径是发展观光休闲农业与体验农业,既能使农民增收又能有效保护耕地。刘薇等人(2007)认为在山区探索循环农业对于促进山区农业资源的持续利用具有重要的意义,并提出应把加强舆论宣传,发挥山区资源优势,建立管理体制和运行机制三方面作为促进北京循环农业发展的关键环节。李兴稼(2005)以北京为例,将山区生态农业模式归纳为农户生态园式的生态农业模式和产业化经营式的生态农业模式。朱连奇等人(2004)强调都市山区农业土地利用模式设计必须遵循自然地带规律性、与农业经济多样化和规模经营相结合、与开拓产品市场相结合的原则。徐文荣等人(2003)综合地提出山区发展都市型农业的五个途径：利用生态优势,发展优势产业;利用传统品牌,发展特色产业;利用自然资源,进行技术改造;增加科技投入,提高农业效益;立足本地资源,实现加工增值;以及四大对策,即保护生态环境,改善生产条件,抓好基地建设,推广农业科技,推进农业产业化经营。

② 山区林地

大城市近郊山区的林业产业研究并不如农业丰富,但也有一定成果。张克锋等人(2006)通过分析北京山区近10年来林地变更转化趋势的时空特征,借助土地利用/土地覆盖变化(Land-Use and Land-Cover Change)驱动力分析方法,研究了大城市山区林地转化过程与驱动力。其研究结果表明北京山区林地转化主要是林地转化为园地、未利用土地、建设用地和耕地,投资水平、经济发展(尤其是第三产业)和人口因素(总人口和外来人口)是最主要的驱动力因子。除了林地的空间变化趋势与动力研究外,张成军等人(2001)通过对兰州市近郊山区发展经济林条件的分析,提出了在不同海拔区适种的树种,即海拔1 700 m地带宜种植油橄榄,海拔1 600 m地带宜种植银杏、山楂、玫瑰、金银花,海拔1 500 m地带宜种植核桃、樱桃等。

大城市近郊山区往往担负着生态屏障功能,其生态多样性与丰富自然景观是发展生态旅游业的宝贵资源,学者对大城市近郊山区发展旅游业的利弊、模式与途径也有诸多讨论。学者倾向于认为发展山区旅游业是大城市居民旅游取向与乡村聚落保护、生态资源保护的统一。李祥妹等人(2004)在问卷调查的基础上分析了武汉市民的旅游倾向,结果显示大城市市民日益重视假日(周末)休闲旅游,回归自然的热情高,对都市人最具吸引力的旅游产品是具有较大乡村性、消费相对较低(200元以下)、能够满足市民返璞归真、亲近自然的近郊乡村旅游。王云才等人(2006)将山区发展中的传统村落保护问题与旅游开发结合,以北京西部山区为例,那里保留有许多传统村落,这些传统村落经过历史的积淀而具有典型的地域特征和深厚的文化底蕴,成为京西独特的景观旅游资源,在此基础上探讨了传统村落旅游开发利用的模式和途径。宋晓华(2006)以北京为例,认为只有将北京山区森林资源的旅游开发利用与保护有效地结合在一起,才能产生最大的生态效益、社会效益和经济效益;并提出要增强旅游者、农民和公园管理部门的环保意识,以"森林为本",统一规划,要建立森林资源利用补偿机制,保护农民利益,激发农民养林、护林的积极性,要健全森林旅游保护法律体系。

(4) 大城市近郊山区的研究方法

对大城市近郊山区的研究方法,除了文献法、实地调查法、数据分析法等,还出现了与现代统计方法与计算机辅助技术相融合的趋势。这个趋势可分为两个类别:以3S技术进行土地利用的检测与评价;用计量统计方法进行预测、优化与评价。

山区地势高,坡度大,地块分割,因此3S技术对山区土地利用进行监测评价是重要手段。遥感(RS)、全球定位系统(GPS)和地理信息系统(GIS)三大技术在山区土地利用中如山区土地资源监测、土壤侵蚀及退化防治、山地自然灾害监控与评估等方面发挥巨大作用。张本昀等人(2008)就利用了3S技术对北京山区进行生态监测,利用北京市的LandsatMSS和TM影像,采用基于归一化差分植被指数(NDVI)的像元二分模型,计算了两个时期的植被覆盖度,并对北京山区1979~2005年间植被覆盖的变化情况进行了遥感监测和定量分析。范海生等人(2000)总结了山地GPS野外测量方法和经验,如何在保证测量数据质量的前提下提高工作效率、减少工作强度。赵东娟等人(2008)构建了县域数字高程模型(DEM),应用地理信息系统(GIS)和遥感(RS)技术得到土地利用空间布局、坡度和坡向,结合生态因子进行了主体功能区规划。高伟明等人(2006)利用TM影像数据,借助GIS软件对石家庄西部山区的土地利用/土地覆盖变化进行了研究。

在建立预测模型,进行可持续评价和驱动力分析方面,定量统计方法显示了强大的功能,并且与GIS技术结合利用时,可以得到更系统的解释。王秀兰、包玉海(1999)概括分析了土地利用变化研究的方法、土地利用变化模型的建立,阐述了各类模型的含义及在土地利用变化研究中的意义;并重点介绍了定量研究土地利用动态变化的几种模型,即土地资源数量变化模型、土地资源生态背景质量变化模型、土地利用程度变化模型、土地利用变化区域差异模型、土地利用空间变化模型、土地需求量预测模型。陈军伟等人(2006)基于北京山区各区县土地利用现状数据应用经济学洛伦茨曲线以及基尼系数的概念进行北京山区土地利用结构的定量化研究。黎景良、后斌(2008)以粤北山区的韶关市作为研究区域,利用遥感(RS)和地理信息系统(GIS)技术,构建一套适合研究山区的土地可持续利用评价指标体系,并提出一个土地可持续利用定量评价模型;然后对评价指标数据进行标准化和空间化处理,对研究区域进行基于栅格空间数据的土地可持续利用评价。

2.3 相关理论

大城市近郊山区的发展与保护是一个涉及多学科理论的课题,有关城市近郊的研究在城市规划学、地理学等学科中产生了许多成果;山区在城市生态系统中的重要性由生态理论阐释评价,在处理城市与近郊山区之间的利益协调时涉及经济理论,近郊山区的社会发展则以社会学理论为基础。所以这是城市规划学、地理学、生态学、经济学与社会学理论相互交叉、共同支撑的课题。

2.3.1 地理学理论

地理学理论是大城市近郊山区研究的理论核心,其中区域空间理论为大城市近郊山区在区域范围内的总体定位提供了参考;城市边缘区理论为大城市近郊山区的研究提供了原理与方法两方面的支持,因为大城市近郊山区往往同时具备大城市边缘区的特性;人地关系理论为"保护"与"发展"的权衡提供了价值判断。

(1) 城市与郊区理论

从区域空间的角度来看,城市及其近郊山区承担着不同的功能角色。

其一,近郊山区通常是"城市山水"的结构要素;山水城市是一种较为理想的城市形态。正确理解山水城市内涵应该从哲学、文化、自然环境三方面入手。从哲学上讲,它是人与自然高度和谐的城市;从文化上讲,它立足于中国传统文化,特别是与中国传统哲学、山水文化和风水学关系紧密;从自然环境特征上讲,它具有优美的山水景观和高生态环境。山水城市是一个文化包容性很强的概念,它应该积极从西方文化中吸收营养成分,西方关于"田园城市""生态城市"的思想都应该是它重要的理论来源。

其二,近郊山区是城市的生态屏障,重要的水源涵养地,现代城市理想的旅游、休闲场所;近郊山区对城市环境有重要的养护作用,同时山区优美的自然风光和众多的历史文化遗迹成为城市居民闲时休闲度假的理想场所。北京在《北京市国民经济和社会发展第十个五年计划纲要》中提出建设"山区生态圈"的概念。

其三,近郊山区是城市的农副产品生产基地。近郊区地处城乡接合部,市场信息灵敏,要加强批发市场和信息服务基础设施建设,完善流通服务设施,把近郊区建设成面向城市的农产品生产基地。局部发展设施农业,引进推广适宜设施栽培的优良品种和成套技术,加强农业生产标准化综合示范区建设,提高农业科技含量和附加值。积极发展观光生态农业,发挥农业在教育、观光、生态等方面的功能。

其四,近郊山区的开发建设,有利于山区土地的统筹和整合利用。山区的生态屏障和水源涵养作用的保证,限制了它自身经济的发展;适度的开发建设,有利于改变山区无序散乱的建设状况,利于空间统筹。

(2) 城市边缘区理论

城市边缘区的空间结构、空间过程、演化机制与规划研究,对于大城市近郊山区的研究有着很强的指导意义。

城市边缘区(Urban Fringe)是"一种在土地利用、社会和人口特征等方面发生变化的地带,它位于连片建成区和郊区以及具有几乎完全没有非农业住宅、非农业占地和非农业土地利用的纯农业腹地之间的土地利用转换地区"。在中国,城市边缘区的研究意义在于解决快速城市化阶段大城市空间蔓延所引起的一系列问题。魏竹琴(2002)认为如今城市边缘区存在着开发无序、空间结构布局杂乱、生态环境日益恶化、城市建设征地过程中社会矛盾大等一系列的社会问题。

空间结构是城市边缘区研究的重点内容。顾朝林(1995)研究发现,北京城市边缘区大致形成三个分异带:①内环带宽约 5 km,城市与农村交错地区是精细蔬菜、花卉、苗圃等园艺农业分布带;②近郊环带宽约 10~15 km,以蔬菜、畜牧蛋为主的农业分布为主;③远郊环带为粮、经、果、牧综合农业分布带。

城市边缘区的演化机制研究同样重要,其空间过程和结构演变是城市经济活动、自然、技术等多因素作用的结果;其中工业活动是边缘区发展的直接动力,工业活动的内容和方式决定了大城市边缘区空间结构和用地特征。崔功豪、武进(1990)研究发现,苏南地区城市边缘区的空间扩展随着经济发展的周期性波动而变化,经济的扩张—过热—收缩—再扩张导致了边缘区的扩展速度也表现出典型的周期性特征,存在着加速期、减速期和稳定期三种变化状态。武进,马清亮(1990)认为我国工业用地的扩展是我国大城市边缘区推进的先导因素;他推断,尽管我国城市边缘区的空间过程是经济、自然等多因素作用的结果,但当我国的国民生产总值达到一定水平后,文化的作用将是影响城市边缘区空间结构的主要影响因素。

1990年代中后期以来,由于大城市空间向四周扩张迅速,对城市边缘区的规划研究引起了政府部门和学术界的关注。李和平、李金龙(2004)认为城市边缘区应采取有秩序的集中和疏散相结合的发展模式,提出了间隙式用地布局、混合用途的城市用地控制等规划手段;邢忠、魏皓严(2003)认为城市边缘区的分期拓展的思路,应按照自然资源特定的生态价值和不允许建设的次序进行土地使用与控制,从而使城市边缘区的扩张循序渐进,始终处于城市发展的目标控制之中;郭春娥、陈新(2005)对天津中心城区边缘区的空间发展提出了圈层控制、均衡布局、适度集中的规划策略;徐坚、周鸿(2005)以昆明市为例,通过城市边缘区的住环境、绿环境和水环境研究,比较系统地研究了城市边缘区的生态规划问题。

(3) 人地关系理论

人地关系理论可以说是人文地理学的研究核心,为以可持续发展为代表的现代人地关系思想在近郊山区保护与发展的课题中提供价值伦理的判断。

人地关系指人类活动与地理环境的关系。人地关系论是人们对人地关系的认识论,即在认识论层次上对人地关系问题的总的看法,是人们对人地关系进行价值评判的理论依据,对人类的实践活动起指导作用。

西方从古希腊、罗马时代起,许多杰出的科学家都曾有过关于人地关系的论述。但直到19世纪,人地关系论才又继续向前发展,特别是李特尔(Ritter)创立了人文地理学以后,学者们才开始有目的地探讨人地关系的问题,并将其作为人文地理研究的核心问题。西方近代的人地关系理论主要有地理环境决定论、人类决定论(绝对人类中心论)、可能论、适应论和人类生态学以及文化景观论。

在现代文明时代,人类对自然界掠夺、破坏的规模与深度都是原始时代所无法比拟的。人们对自己生活的环境也越来越给予密切的关注,"拯救地球""拯救人类"的呼声日益高涨,于是谋求人地关系协调的观点便应运而生。1962年,美国学者卡逊(Rachel Carson)的《寂静的春天》(*Silent Spring*)和1968年以佩切伊(Aurelio Peccei)博士为首的罗马俱乐部(Club of Rome)的研究报告,在世界上产生了广泛而深刻的影响,其中,以丹尼斯·梅多斯(D. L. Meadows)等人的《增长的极限》(*The Limits to Growth*)最为引人关注。1974年美国的Edward J. Taaffe在一篇文章中称:"人地观点已经令人瞩目地复兴了,部分是由于公众对环境问题的关心所掀起的一股巨浪,部分是由于各类研究成果与公共政策密切结合。"1980年8月在东京召开的第24届国际地理大会上提出,在当今世界人口日增、环境变化急剧、资源匮乏和自然灾害频繁的情况下,人类活动和自然环境得到和谐应该成为地理学的当务之急。在联合国世界自然保护大纲里,1972、1979年在斯德哥尔摩举行的联合国人类环境会议和资源、环境、人口相互关系座谈会上都发出了相应的呼吁。于是,以可持续发展为代表的现代人地关系思想彻底确立了在地理学研究中的主导地位。

人多、地少、山地多、耕地少,是中国社会与国民经济发展中的一个突出矛盾,如中国民间有"八山、一水、一分田"、重庆市有"三分丘陵七分山,真正平地三厘三"的说法。中国的山地城市分布广、类型多。近年来,随着城市化的加速和西部大开发战略的推进,山地资源的消耗和山地环境所承受的压力不断加大,山区和山地城市的人—地关系矛盾更为突出。不少地区由于不顾生态条件而进行的"破坏性建设",造成了山地民俗文化、生物多样性、景观多样性和山地住区建筑风貌等方面的巨大损失。这种状况如果继续下去,不仅会造成山地人居环境的不可持续性,而且还会导致山地文化遗产损失殆尽,以及山区各族人民群众生活质量的下降。

2.3.2 城市规划学理论

(1) 大城市区空间理论

大城市区的空间结构、规划研究与可持续发展研究都对大城市近郊山区的保护与发展研究提供重要理论基础。大城市区(Metropolitan Area/Region)的概念在不少西方发达国家有权威的阐释,虽然彼此之间在界定的标准上存在一定的差别,但概念的核心内涵是一致的,可以划分为:中心城、近郊区、远郊区和乡村四个圈层。

所谓城市结构,是指一个城市在经济与社会发展过程中形成的人流、物流和信息流在不同城市区位上(主要是城市中心区与边缘区之间)的空间分布与功能联系。合理的城市结构能够最大限度和最经济地分配、疏导与调节人流、物流和信息流在城市中心区内部、中心区和边缘区之间的空间布局与功能互动。

近郊区是受城市影响最深的地域,城市经济结构的转换和向外扩散无疑也最先影响到近郊区。城市工业、第三产业和住宅不断向近郊区扩散,各种交通、通信设施不断向郊区延伸,不仅导致土地利用集约化、产业结构高级化,而且重新塑造了城郊地区的网络结构,使之朝着网络化方向发展。所谓城市网络化,是指由各种现代交通网、通信网、管道和河流、绿地等为载体(网),各类不同功能单元、不同规模的城镇为基础(络)组成的,具有高度人流、物流、信息流、资金流和能量流交换的城乡地域生态系统。

近郊区作为城市的直接腹地,主要承担以下功能:①为中心城区发展提供空间。由单一中心结构向多中心结构转变,是国际大城市发展的特征之一。在早期,单一中心结构造成中心城区集多种功能于一体,导致人口、交通、环境等多方面的问题,各城市通过在郊区设立副中心,疏解中心城区过于拥挤的状况。在近郊山区虽未形成副中心规模,但已开始承担类似功能。②疏解中心城区过于密集的人口与工业。从城市功能来看,大城市区的中心城区多以金融服务业为主,因此,各城市都经历了一、二产业向郊区转移,城市完成从工业中心向政治、经济金融中心的转型。而工业的迁出,也带来人口向郊区的转移。近郊山区考虑到其交通条件和生态要求,工业的迁入较少,但其优越的自然环境条件使不少居住和度假等房地产业得以兴起。③平衡地区经济发展,增强区域竞争力。各大城市发展的历程中,都曾依托其周边地区,与其周边地区共同形成都市区,促进其国际化的进程。如日本就是一个典型的例子。日本构建东京圈的目的,是要通过东京圈的运作实现中心城市(东京)的功能疏导与重新组合,扩大城市功能调整的空间幅度,减轻首都由于高密度发展带来的压力,同时促进周边地区的发展。中心城市的发展不是以自身绝对规模的增长来实现的,而是通过与周边城市的一体化发展而获得的。④提供良好的居住与生态环境。相对于中心城区的拥挤和由于快速城市化造成的中心城区生态环境恶化,近郊山区具有较丰富的自然资源和良好的生态环境;中心区展现给人们繁华的商业气氛和现代高密度的城市空间,而近郊山区则提供了更为舒适、人性的居住环境和绿地森林。各国在新城建设中,都很注重新城住区的生态环境建设。

(2) 山区城乡空间统筹理论

城乡关系研究主要涉及"重点"发展与"平衡"发展两大理论,其中前者又有乡村中心发展与城市中心发展两大理论。17世纪初的"重农主义"学者鲍泰罗(Botero)、18世纪的亚当·斯密(Adam Smith)都曾以剩余的农产品是城市增设的前提来推崇农业地位;苏格兰委员会1942年的乡村土地使用报告和1947年的农业条令的产生,更是促进了"乡村增长中心"理论的发展。以后,随着农村城市化的充分发展,城市为中心的"增长极""核心"等理论便成了城乡关系研究的主体。我国1950～1960年代的"重工抑农、重城轻乡"思想与"乡村建设派"的兴起实际上正是这两种偏向的体现。但正如李普顿(Michael Lipton)所言,城市人的力量使他们能进行不均衡的资源分配,农村地区的不平等也大部分归因于发展政策的偏向;瑞格(Jonathan Kigg)也指出,竞争的农业渴望重新谈判;工业依靠着较多的农业劳动力,城乡相互作用导致人们在城乡间迁移。于是,城乡协调发展的"均衡"模式应运而生。我国从1980年代开始,就有许多学者涉足城乡关系与城乡作用的研究。城乡统筹更是这种思想的发展。

我国许多学者定义城乡统筹的角度存有差异,但城乡统筹本质上不是把城乡经济社会水平拉平,也不是把城市资源转移到农村,而是弱化城乡二元结构,实现城乡机会均等。根据今天的农村也许就是明天的城市,城乡统筹和规划得以区域的眼光、区域的角度、区域的层次来理解。这是21世纪中国城乡发展的关键。

党的十六届三中全会在《中共中央关于完善社会主义市场经济体制若干问题的决定》中提出了"五个统筹"的新理念,并把"城乡统筹"放在首位。党的"十七大"进一步提出"要建立以工促农、以城带乡长效机制,形成城乡经济社会发展一体化新格局",这是对统筹城乡发展提出的新方针、新要求,而统筹城乡发展规划和布局是形成城乡经济社会发展一体化新格局的前提。

我国大城市郊区迅速崛起,深刻地改变了城乡空间的演化格局。建设用地的无序蔓延,造成这些地区人地关系紧张、城乡空间交错。因此,统筹城乡发展、统筹区域发展、落实新的发展观成为快速城市化地区城乡空间规划的重要内容。近郊山区城乡空间统筹就是对近郊山区城乡空间进行统一筹划,重构城乡空间关系,淡化城乡概念,实现城乡空间有机联系,引导城镇村空间上合理布局,更好地保护和利用山区空间资源,实现城乡协调持续发展。这对于近郊山区及其所依托的城市的发展都有极其重要的现实意义。

近郊区在我国城乡一体化中作用很大。一是我国城乡差异巨大,近郊区对差异缩小起很大作用。中国城乡二元结构非常明显,城乡差别很大。尽管城市近郊区并不是纯粹的乡村,但中国的城乡差距反映了城市与近郊区的差距,这种差距在近郊山区中反映得更加明显。二是近郊区是率先接受反哺的地区。我国已进入工业反哺农业、城市反哺乡村的发展阶段,而城市近郊区处于反哺的中间地带、过渡地带,处于城乡融合的核心部位,自然应该率先得到反哺。三是近郊区对城市郊区化意义重大。我国大城市已进入郊区化时期,居住郊区化、企业郊区化开始显现,而郊区化的落脚点就是城市近郊区。

近郊区属城乡接合部,因此近郊区是城乡统筹的首选之地、核心部位,是城乡统筹、城乡一体化最集中和最有效之处;城乡统筹、城乡一体化首先要在近郊区得到体现。一系列城乡统筹变革可以率先从近郊区开始。城乡统筹、城乡一体化是分阶段的。城乡统筹应该首先是城市建成区与近郊区统筹,城乡一体化应该首先是城市建成区与近郊区一体化,然后再过渡到整个的城乡统筹、城乡一体化。城市的各项规划、建设,比如基础设施、工业布局、服务业布点、公用设施建设、生态建设、社会保障等都要把边缘区看作城市的有机组成部分进行考虑。

近郊区发展是一系列因素综合作用的结果。郊区化是近郊区发展的主要动力,满足城市农副产品需求、旅游需求、居住需求和自身工业发展等是重要原因。此外,外来投资的进入也是近郊区发展的重要因素。

近郊区的城乡统筹呈现圈层式的城乡一体化特征。一是基础设施一体化。有向外延伸的道路,也有包围建成区的道路。近郊区基础设施与建成区统筹考虑,近郊区道路定为城市道路,远郊区道路定为边缘区道路。二是公用设施一体化。近郊区公用设施与建成区统筹考虑,近郊区建筑密集度远低于建成区,但高于远郊区。三是产业布局一体化。近郊区产业发展与建成区通盘考虑,城市新的购物中心选择布局在近郊区,工业集群布局在近郊区。四是旅游观光一体化。城市旅游观光走向一体化,建成区有公园,近郊区也有休闲、观光之地,各有特色,相互补充。五是居住小区一体化。城市居住区通盘考虑布局,随着人口郊区化,可以在近郊区布局居住区。近郊区居住区规划建设必须社区化,成为社区居住区。

过去很长时间内对山区在地形复杂、可建设用地少、自然资源相对丰富、生态环境脆弱等的认识不足,导致山区过度或无序开发、资源衰竭、环境恶化、人民生活困难。因此,山区城乡空间统筹至关重要。

杜红亮(2007)认为统筹以流域和集中发展区域的确定为切入点,而后确定统筹的层次和目标。大城市近郊山区的城乡空间统筹主要从用地的分区和功能定位两方面出发,先将流域内部划分为中等及以上强度、低等强度和禁止开发三个级别的功能区域;再按照流域内部具体条件进行统筹规划。

2.3.3 生态学理论

近郊山区生态系统既有其相对独立性,亦在某种角度上是整个城市生态系统的一部分。郊区山地植被覆盖率高,自然资源丰富,生态系统成熟程度、物种多样性介于城市生态系统与自然生态系统之间。因此,近郊山区往往成为城市的"绿肺"、水源、土地及其他自然资源储备地。然而在大城市发展过程中,近郊山区往往承载了大量的城市垃圾、掠夺性资源开发与污染性工业,而使得脆弱的山区生态系统遭到破坏,从而丧失在城市生态系统中的保护性服务功能,甚至威胁到城市的环境安全,限制城市发展。

(1) 山区生态产业理论

生态产业是以生态学基本原理为指导,以生态系统中物质循环与能量转化的规律为依据,以"自然—社会—经济"生态系统的动态平衡为目标,以生物为劳动对象,以农业生物自然资源为劳动资料,以生物科学技术为劳动手段的经济部门。它是包含工业、农业、居民区等的生态环境和生存状况的一个有机系统,横跨初级生产部门、次级生产部门、服务部门。其实质是利用生态技术体系,通过物质和能量多层多级利用或循环,把投入生态系统的资源尽可能地转化为生态产品,实现废物最少化,从而保证生态产品能够创造更多的物质和能量,促进生态与经济良性循环,实现生态环境与经济社会相互协调和可持续发展。

山区生态产业是依赖于山区丰富的自然资源,按照生态学原理组织形成的生态与经济有机统一的产业发展模式。随着工业文明向生态文明的过渡与转换,山区对产业经济的影响烙印愈加深刻。山区不仅是传统农业与现代农业的重要生产地,是旅游胜地的聚集地,更是现代工业重要的能源、原料与原材料的供应地。自然资源的赋存状况在很大程度上决定了山区生态产业发展方向、发展类型、发展方式、发展途径和发展模式。

从社会进步意义上说,生态产业是以人与自然的协调发展为目标,以现代科学技术的综合应用为手段的生产事业。人类已基本上达成共识:发展生态产业是从根本上解决环境、资源与人口问题的最佳选择。

在以往我国区域经济的发展中缺乏生态意识,往往只被动地注重生态环境的治理,将生态环境治理和农业生产分开来,缺乏先入为主的生态产业建构,导致了农业生态环境恶化,甚至出现了农业生态环境和农业经济非持续发展的局面。这说明,要实施可持续发展战略,生态环境是根本。这迫切要求我们在发展农业和农村经济的同时,要搞好生态环境建设,否则就会失去发展的基础。可见,发展生态产业对于保护我国较为脆弱的生态环境具有重要的现实意义。生态产业的发展是科技革命与产业结构调整的必然结果,生态文明是当代生态环境形势下物质文明和精神文明的生态化形式,生态产业将是21世纪的主导产业。

作为城市生态系统中既相对独立又不可或缺的一部分,近郊山区往往承担着城市生态系统中的相当一部分服务功能,包括大面积城市植被、农产品提供、剩余劳动力、处理城市垃圾等,以及间接的生态系统服务,如洁净空气、水资源、缓解城市生态问题等。另外,城市的快速发展往往是以牺牲近郊山区为代价的,城市与乡村的不协调发展、日益显著的城乡差异、自然资源的过度开发和污染工业迁移,让近郊山区承担了过多的城市污染与环境问题。近郊山区乡村的农林业、畜牧业本身已对山区自然生态系统形成了一定的影响,在对工业化、城市化提供支持的同时,公路、铁路建设,矿业开采则进一步破坏了山体和植被。在我国,山地面积约占国土面积的66%,而其中大部分地区正面临着森林面积缩减、野生动物消失、地质灾害、水土流失甚至酸雨、沙漠化等环境问题。随着生态系统的破坏加剧,近郊山区对城市热岛、粉尘、水污染等环境问题的调节功能已日渐减弱,并受到城市效应的波及,进一步影响了郊县乡村的发展。尽管城市生态系统依赖外部系统的支持而生存,但"外部系统"的承载量同样是有限的,在城市系统的过度膨胀和盲目发展下,郊区山地生态系统的危机已悄然扼住了城市发展的咽喉。

20世纪中后叶,随着全世界范围内的生态环境问题逐渐引起人类的关注与焦虑,环境保护、生态城市、可持续发展等论题被提上日程。城市的生态规划、水资源涵养、环境整治同样成为城市工作中的重要课题。这使得城市与乡村的协调发展、近郊山区生态服务的可持续化成为可能。加强山区管理、土地生态规划与环境综合治理,提高农民收入,适度发展生态产业如生态农业、观光旅游产业等在西方一些发达国家已收效显著,可被中国城市所借鉴。

生态农业是模拟自然生态系统,促进物质在系统内部的多次重复利用和循环利用,以尽可能减少系统外部物质的投入,提高系统的经济、社会和生态效益。生态工业就是借鉴自然生态系统物质与能量流动的规律与方式,实现工业系统内物质封闭循环,强调企业和部门的协作和共生关系,打破传统工业企业轻视废物资源化的思想和将废物管理、处理和环境问题割裂化的低级陈旧运作方式。生态旅游具有自然性、参与性、环保性特征,对环境资源进行非损耗利用,是一种无污染、无破坏、生态安全性强的游览方式。

无论是生态农业、生态工业还是生态旅游业都是产业活动的重要组成部分,只要是产业活动都会产生或多或少的废弃物和环境污染。问题的关键在于如何掌握产业活动的规律,分解产业活动的各个环节,按照生态学理论,利用生态科学技术手段尽力去模拟自然生态系统,使产业活动在产前、产中和产后的每一个环节实现资源减量化、污染最低化,实现物质能量的封闭循环。

(2) 生态足迹理论

大城市近郊山区无一例外地面临着"生态"与"经济"协调发展的两难选择。因此,如何测度和调控生态经济协调状况将是本类地区持续发展的首要任务。而测度、实现"生态"与"经济"协调发展是区域可持续发展的永恒命题。生态足迹模型(Ecological Footprint Model)恰恰从生态供给与经济需求两方面,对区域生态经济系统供需平衡状况进行了综合测度,并以此作为衡量区域生态经济协调程度的重要标志。

生态足迹(Ecological Footprint)是由著名生态经济学家 Rees 教授等在 1992 年提出的概念,并在 1996 年由其学生 Wackernagel 教授进一步发展为计算和衡量人类对自然资源利用程度以及自然界为人类提供服务功能大小的一种新方法。该方法通过跟踪人类利用的大多数消费品和产生的大部分废弃物,估算生产和维持这些消费品的资源以及同化废弃物所需要的生物性生产面积(陆地或海洋)。依据不同尺度(个人、城市、区域、国家和全球)的消费确定其生态空间占用,并与其实际的生物承载力进行比较。这既可从不同尺度范围确定人类对自然资产利用的程度,也可测度某个区域或国家的可持续发展状况。该方法提出以来在世界各国引起强烈反响,并在短时间内就不同的地域空间尺度、不同的社会领域进行了模型的运用和实践。

目前已有的研究主要从 3 个空间尺度开展:①全球尺度。Wackernagel 等人(1997)率先应用该方法对全球人类的生态足迹及可利用的生态空间进行计算。②国家尺度。最早也是 Wackernagel 等人(1997)在 *Ecological Footprints of Nations* 中计算了 52 个国家和地区的生态足迹。③区域和城市尺度。Folke 等人(1997)计算欧洲波罗的海流域的 29 个大城市的生态足迹,Wackernagel 等人则利用改进后的算法对丹麦及其亚区进行了生态足迹的计算。生态足迹概念在 1999 年被引进国内,区域生态足迹研究的实践成果最早见于 2000 年,并且较多地集中在对中国西部和台湾的地区级尺度的研究上,最近两年才开始关注东部省份,如对辽宁、广东等省的实证分析和对江苏省的生态足迹研究。更小尺度的研究工作和关于山区生态足迹的计算研究较少,李红等人(2005)对北京西部山区进行了生态足迹计算与可持续性分析。

在对大城市近郊山区及城市的消费、生产的统计调查的基础上,计算其居民人均生态足迹。这两者之间的差别可反映出农村居民和城镇居民消费方式的差异和对生态资源的占用差别,如城镇化发展、城市将进一步扩大对近郊山区生态资源的需求。

近郊山区生态容量反映了近郊山区的资源供给能力,近郊山区人均生态足迹则反映了全区的资源消耗总量。通过这两者之间的比较,可以得到近郊山区生态赤字状况;通过加强对生态环境的治理和管护以及加大科技投入改善生产中存在的问题,来提高资源的产出率,以加大近郊山区的生态容量,降低生态赤字。

但是,生态足迹模型只是在静态数据的基础上度量现实情况,得出的结论是瞬时的,并不能预测未来的变化和变化的趋势。针对生态足迹分析方法的这一缺点,近些年人们通过计算各指标的时间序列值来追踪各个时刻的可持续发展程度,尽管还是不能预测未来,但能够描述过去的发展变化过程,在一定程度上弥补了指标静态性的缺憾。Helmut Haberl 等用 3 种不同的方法对奥地利 1926~1995 年间的生态足迹进行了度量及比较,*Living Planet Report* 2002 中对 1961~1997 年间全球生态足迹进行了动态分析,以及对我国的苏锡常地区 1991~1999 年间生态足迹动态进行研究;郭秀锐等(2003)对 1995~2000 年间广州生态足迹动态变化过程进行了研究;徐长春等(2004)利用新疆 1991~2000 年间经济发展断面资料计算并分析了近 10 年的生态足迹变化;岳东霞等对甘肃省

1991~2001年间的生态足迹和生态承载力发展趋势进行研究,并在假设甘肃省未来10年内的人口增长率、消费模式、土地和贸易状况仍保持1991~2001年间发展态势的基础上,预测未来10年内的生态足迹、生态承载力的发展趋势。可见,生态足迹分析为区域可持续评价提供了一个较好的指标。

为了实现大城市近郊山区的理性发展,要引用生态足迹模型估算其生态容量,进行在生态容量内的适度建设。这样既能促进其经济发展,又能保证其生态效益及生态屏障功能,对实现近郊山区的可持续发展具有现实意义。

2.3.4 经济学理论

大城市近郊山区保护的生态效益具有生态资本、公共物品以及外部性等经济学特性,因此具有建立生态补偿机制的必要性。

根据生态资本理论,大城市近郊山区所提供的生态效益(生态服务)的价值是一种生态资本。学术界在论证生态效益价值时,大体形成了4种不同的观点:①效用价值论。认为价值的本质是效用,其大小由稀缺和供求状况决定。②劳动价值论。认为保护山区生态系统是人类为生态资源的保护和发展所付出的劳动,构成了价值实体。③将劳动价值论与效用价值论相结合形成的综合价值论。认为生态效益价值以劳动价值论为基础,以稀缺理论为补充。④总经济价值论。认为总经济价值由使用价值和非使用价值两部分组成,其中非使用价值又包括选择价值和存在价值;而整个生态系统是通过各环境要素对人类社会生存及发展的效用总和体现它的整体价值的。不管是土地、矿藏还是森林、水体,作为资源,它们现在都可以通过级差地租或者影子价格来反映其经济价值,从而实现生态资源资本化。

按照微观经济学理论,社会产品可以分为公共物品和私人物品两大类,且公共物品是与私人物品相对而言的。根据萨缪尔森的定义(1954),纯粹的公共物品是指这样的物品,即每个人消费这种物品不会导致别人对该物品消费的减少,其根本特性是非排他性和消费上的非竞争性。非排他性是指在技术上不易于排斥众多的受益者,即不可能阻止不付费者对公共物品的消费。消费上的非竞争性是指某个人对公共物品的消费不会影响其他人从对该公共物品消费中获得的效用,即增加额外一个人消费该公共物品不会引起产品任何成本的增加,也可以说公共物品的边际生产成本为零。消费中的非排他性往往导致"搭便车"现象的产生,即供给不足;消费中的非竞争性往往导致"公地的悲剧",即过度使用。有研究普遍认为,生态产品和生态服务在很大程度上属于公共物品。

经济学理论认为,经济外部性是指在实际经济活动中,生产者(或消费者)的活动对其他消费者和生产者产生的超越于活动主体范围的严重影响,是一种成本或效益外溢的现象。无论是纯粹的公共物品还是准公共物品,都会在其供给和消费过程中产生外部性。成本或者收益对于决策者而言是外在的,即潜在的成本或者利润不是由决策单位来承担或享有,而是转化到其他主体上。也可以将经济外部性理解为成本和收益在时间和主体上具有不对称性。许多经济学家对外部性的产生原因及解决办法产生了不同的认识,其中最著名的有福利经济学创始人庇古(Pigou)提出的"庇古税"和由罗纳德·科斯(Ronald Coase)提出的"科斯定理"。目前,经济外部性研究已发展成一个较为完善的体系,并被广泛深入地应用于生态建设和生态保护领域。

(1) 城郊经济学理论

城郊经济就是指人们在城市郊区这个具有过渡性质的地域空间载体上的经济活动,泛指城市郊区物质资料的生产、分配、交换和消费等全部经济活动,是一种介于城市经济和乡村经济之间的区域经济;它既是城市经济和农村经济的结合,又是多种部门经济在城郊的结合。城郊经济是城市经济的基础,是农村经济发展的先导。其主要特点是:综合性强、密集性强、商品性强、效益性强。城郊经济包括近郊经济和远郊经济,近郊经济与远郊经济没有明确的界限,它们之间呈现渐变过渡的特点。前阶段的中国城郊经济,更接近农村经济,农业在一定程度上还是基础产业,但以乡镇企业为主体的非农产业正在迅速发展。目前,城郊经济正呈现明显的城镇化趋势,并随着城镇化过程的加深,日益具有更多的城市经济特征。

城郊经济发展是带动农村外向型经济发展的主要渠道。我们要充分利用城郊在城乡经济网络中的"网结"作用和毗邻城市及交通干道的有利区位,抓住对内对外全方位开放机遇,通过理论创新、科技创新、体制创新和营造最佳的发展环境,以有利于区位和独特而无法替代的多种功能(腹地功能、基地功能、屏障功能、枢纽功能)为基础,重塑带有时代特征、城郊特色的新优势,吸引跨地域流动的多种生产要素、经济要素、信息要素到城郊落户,与当地资源条件实行新的优化组合,实现资源重组,形成城郊经济发展新的增长极和经济结构。

城郊经济发展是推进农村城镇化的主要阵地。城郊经济发展既有利于增长城市经济实力,完善城市功能,又有利于带动农村城镇化进程,是推动城市现代化、农村城镇化和统筹城乡发展的重要途径。目前,我们要扭转城乡收入差距不断扩大的趋势,加快农村城镇化进程,就要重视发挥城郊经济的示范、带动作用,采取需求拉动和供给拉动兼容,加快城镇化进程的步伐。

城郊经济发展是城市经济完善的主要补充。随着城市经济的综合发展及其作为区域经济中心的地位基本形成,依托城市的城郊经济也成为城市的生态屏障与社会屏障,绿色无公害鲜活商品,观赏产品及其前沿、后续产品的重要生产基地;区域性对外经济技术合作窗口;城市重要的物流平台;旅游与休闲胜地;城市辅助生活基地。

(2) 山区经济理论

山区经济是指在山区范围内并受生产方式制约而形成的一种包括山区农业、工业、交通运输业、商业、建筑业等方面在内的地域性、综合型的整体动态经济大系统。从这一概念的表述中,可见它包括5个层次的内容:①有一定的地域范围,即指前述由静态的山地为主和动态的相邻非山地为辅所构成的山地区域。②其经济的形成和发展受一定社会的生产力和生产关系交错的制约。因此,在不同的社会、国家或同一社会、国家的不同时期,具有不同的山区经济性质和发展水平。如社会主义初级阶段的中国山区经济性质和发展水平是不同于资本主义体制下的美国山区经济性质和发展水平的,新中国成立初期的山区经济发展水平同现时期的山区经济发展水平也是各不相同的,而这些差异都是受不同国家的不同时期的社会生产方式所制约而导致的结果。③属于地域性经济并具有区别于平原经济、农村经济和城市经济的明显标志。地域性是由不同地域所具有的不同地理条件、自然条件及不同的经济运行依托和条件等因素的相互作用而形成的。由于山区不同于平原、农村或城市,在上述因素的各个方面山区经济均具有自己的特征。因此,山区经济在具有自己特征的因素作用下,必然形成特色的地域性经济。④无论何时何地的山区经济,都是由山区农业、工业、交通运输业、商业、建筑业诸方面所构成的有机整体,从而必然形成貌似国民经济缩影的综合型经济。⑤山区经济是一个整体经济大系统。由于它是一个相对独立的地域经济,因此,它有着自己独特的经济运行系统,既有发展山区各方面的内在要求,又有发展山区各方面的条件。通过这样多方面结合、内外渗透,山区经济必然形成一个整体经济大系统。

2.3.5 社会学理论

中国山区的贫困问题、城乡差距与文化冲突由来已久,是社会、文化、历史、政策长期积累演化的结果。大城市近郊山区则因其特殊的地理和行政区位,成了城市与乡村、现代与传统两种文化的复合区与过渡地带。文化的两面性与兼容性、社会结构的复合性与异质性概括了近郊山区社会形态的主要特点,并催化了这一地区多元化的社区发展。

自德国地理学家科尔(J. G. Kohl)1841年的《交通殖民地与地形之关系》(*Transportation and Settlement of People and Their Dependence on Surface Terrain*)一书中比较了大城市直到农村的村落和集镇等聚落以来,研究乡村聚落的地理学家大多关注农村房屋的建筑形式,及其所代表的人类居所与自然环境之依赖关系。自"中心地理论"提出以来,乡村聚落研究开始与实际问题相结合,并涉及了聚落社会形态变化、经济发展、聚落功能等一些方面的研究。乡村的发展过程早期是聚落居民对周围环境的不断适应和改造过程,近现代以来则加入了明显的政策导向因素和与邻近城市的互动,对近郊区县而言尤其如此。世界各国的发展差距可在乡村中得到最有力的体现。早期被作为"共有资源"大加取用的森林、草地多位于乡村聚落周围,而其不合理的资源利用、生态功能退化可危及整个国家的城市化进程与发展。随着农村社会学、区域经济等理论的发展,社会、经济、城市学者将目光投向乡村,谋求人地关系、城乡关系的协调发展与生态经济的可持续增长。

中国是有着悠久历史传统的农业大国,时至今日,在高速发展的城市化背景下,仍不能忽略乡村人口占全国人口大多数的事实。国内的乡村聚落研究则历来为社会学、人类学、经济学等领域所关注,相关研究涉及社会结构变迁、管理制度构建、产业结构发展、乡村生态环境、民居建筑与居住方式等多个方面。

乡村聚落源自封闭、自给、内向型的地缘、血缘维系型农业氏族部落,其社会组织由家庭发育而来。与城市不同,其人际关系相对密切、稳定,人口流动性低,邻里之间多为"熟人"或"亲戚"关系。早期乡村聚落以农业为经济基础,因而土地是其最重要的自然资源,聚落规模、形态多依耕地面积及分布状况而定。庭院是乡村聚落房屋建筑的标志形式,不但是生活起居、家庭与邻里交往的空间,也是重要的生产、劳作场所。乡村聚落的功能除原始的居住、保护、防御、生产外,还在居民之间具有协调、稳定、约束、管理功能,且村落的沿袭与发展同样是部族、文化的延续、传承过程。现代区域地理环境中,乡村聚落则具有相应的农业、加工、贸易、旅游等生产服务功能。

我国是一个多山的国家,山区聚落更是乡土中国传统社会的典型写照。"靠山吃山",与平原地区、河湖水域相比,山区耕地稀少、土地肥力低,加之交通不便,因而山区聚落普遍较为贫困、城镇化水平低,居民生活封闭自给,对自然环境依赖很强。山区聚落一般规模较小,且与破碎的耕地资源趋同分布,游牧居民则居无定所,活动高度在耕地海拔之上。山区聚落的分布体现了人类活动对自然环境的长期探索与适应,对坡度、坡向、村址的选择无不饱含着早期居民的经验与智慧。此外,山区聚落的封闭性和保守性也保留了许多奇特的人文景观和历史遗产,形成了独具地域、民族特色的古村落。

山区社会在中国历史中起过举足轻重的作用。一方面,自古以来,分散、偏远、生产力低下的山区聚落往往不在历代朝廷的统化之内,进而成为战乱离民、流亡文化的庇护所,也常是社会动乱、农民起义的发源地。另一方面,封闭的社会环境和长久不变的生活方式形成了传统的乡土社会特征和单一同质的社会结构,居民交往范围很小,甚至婚嫁都在同族内进行。聚落人口来源单一,亦即所谓的"熟人社会"。由于山高皇帝远,山区聚落往往由族长或当地宗教领袖实行非正规组织的自治性管理,政治、文化上与主流社会相比具有边缘化特征。这种非正规的管理组织带有浓厚的血缘宗法关系特点,它使得聚落居民极为紧密地联系在一起,其行为准则(亦即"家规")对聚落成员的约束作用甚至比法律更为严格。约定俗成的规范和维护这种规范的宗族、信仰组织共同维系着聚落内部微型生态环境的平衡与稳定,对此聚落成员往往有着很强的服从性和认同性。而当外来人口或文化意欲打破这种平衡时,便反映为强烈的保守性和排他性。这种各自为政的地方观念和狭隘心理也使得山区聚落虽然内部凝聚力强,彼此之间却很难形成自发的组织和互助关系。

山地特殊的地理环境与生态系统决定了山区独特的自然资源与物种多样性,这对于邻近城市而言是宝贵的有利条件,却未能全面地促进山区聚落的发展和居民收入的提高。随着过度开发和环境污染对山地生态系统的侵蚀,高度依赖自然资源的山区聚落经济往往受到毁灭性的影响。山区的贫困和盲目发展经济的短视心理反映为对自然资源和环境的进一步掠夺性开发,进而导致贫困—环境问题—资源耗竭—更加贫困的恶性循环。普遍的贫困和脱贫难,成了我国山区广泛存在的棘手难题。

授人以鱼不如授人以渔。单纯采用投入资金、生态补偿、产业引进等方式扶持山区发展,难以起到期望的效果。只有正确对待保护与发展之间的关系,在山区聚落可持续发展分析的基础上,衡量区域优势与贫困原因,通过参与式发展等手段调动当地生态潜力与居民的能动性,辅以政策支持,方能引导山区人民走出贫困,完成山区聚落的产业置换与生态重建。

2.4 发展特征

随着经济发展与社会进步,城市与乡村之间的交流与联系日益紧密,文化与景观边界也渐趋模糊。在城市扩展与大城市区化进程中,郊区城乡交错地带受到国内外研究者的广泛重视,大量实证研究与理论探索随之展开。我国的城市化进程尚处于中期阶段,郊区化现象及郊区发展与西方发达国家大城市相比还有差距。而近郊山区作为大城市郊区的一种特殊类型,也以其独特的地理、经济、社会属性而呈现与平原为主的郊区相区别的发展特征与空间演化规律。两种郊区的发展差异体现在社会、经济、生态和空间上。与平原地区为主的郊区不同,大城市近郊山区往往在城市发展中起制约作用,形成城市边缘扩散的门槛。由于山区地形地貌限制以及相对困难的交通条件,近郊山区发展受城市郊区化影响较少,经济水平与城市化程度普遍低于近郊平原地区。本章主要就从社会、经济、生态、空间四个方面,阐述中国大城市近郊山区发展的普遍特征。(图 2.4)

大城市近郊山区保护与发展规划

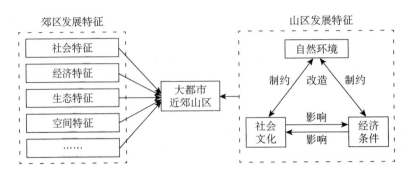

图 2.4 大城市近郊山区发展的双重特征
图片来源：自绘

2.4.1 大城市近郊山区的社会特征

近郊山区往往相对封闭、独立，与城市的联系不若平原郊区紧密，得不到中心城市充分的产业带动与辐射作用，因而发展速度偏慢。

几千年来山区偏远、封闭的自然条件形成了自给自足的内向型城镇体系与发展模式，而相对艰难的生存环境、贫瘠的土地资源更造成了山区普遍贫困的经济状况。虽然现代工程技术的进步解决了山里山外的交通不便与信息闭锁的问题，但大多数山区仍存在不同程度的交通困难与文化落后状况，山区乡镇的贫困现象比比皆是。大城市近郊山区发展水平优于边远山区，但与同等区位的平原地区相比，仍存在相对封闭、保守、落后等情况，与城市间的物资、资金、人口流动相对较少，由于通勤困难，更难以形成郊区化居住组团。大城市近郊山区的经济发展主要依靠地方自然资源与旅游景观，现代化程度仍处于较低水平。

社会文化心理与经济基础双方面的因素，造成山区乡村与城市间的差距更大于一般郊区乡村。社会经济水平与市区的巨大差距、山区生活服务设施建设的严重滞后，造成山区人才技术流失，青壮年生产力纷纷涌入城市，使得山区空心村、老龄化等现象加剧。从深层文化上分析，近郊山区劳动力以非农产业的较高收入做对照，强烈感受到经营土地亏本，同时又因于农村生活保障体系而不想放弃土地。山区居民既依附土地又不将其作为增加财富的资本，这种心理影响了农业生产率的提高，也是山区城镇化、农业现代化进程难以推进的主要因素。

2.4.2 大城市近郊山区的经济特征

近郊山区的地质、地貌、气候条件并不适合大部分工业园区的建设，而交通条件、基础设施、地方文化水平等方面的不足也限制了人才、资金与高新产业的注入。山区低密度住宅在我国房地产市场尚不成熟，而山区特殊的自然环境与山地景观却往往蕴含着丰富的动植物特产、人文与自然旅游资源，使得生态农业与旅游业的开发成为多数大城市近郊山区发展的主导产业。

当前我国大部分农村地区发展仍处于传统农业水平，尚未实现在现代科学技术基础上、以现代工业大机器生产为依托、在现代市场条件下进行的现代工业。而大城市近郊山区的农业水平也多处于传统农业向现代农业、城郊型农业向都市型农业发展的转变阶段。

从商业网点建设、产品出售的比例、市场交易额以及商品拥有水平和区域密度来比较，近郊山区经济形态还处于自然经济向商品经济转型阶段。

城郊山区农业是依托城市、以城市市场需求为导向、以生产多种鲜活农副产品为主、具有城郊山区地方特色的商品性农业，在为城市经济服务的同时得到城市科技、信息、资金等方面支持，随着旧有传统农业内部结构的调整逐步完善起来，与城市优势互补、相互服务地协调发展。

休闲、观光旅游业则是大城市近郊山区发展的另一主导产业。随着交通条件的改善，城市环境与气候因素更刺激了现代人回归山野、亲近自然的休闲旅游需求。除山区本身的历史文化遗迹、自然旅游资源外，观光、休闲、体验型农业也往往与山区旅游产业相结合，成为大城市近郊山区发展的重要动力。

观光农业经营形式多种多样，从成都近郊山区观光农业的发展现状看，主要有以下几种模式：

(1) 传统"农家乐"模式

这种模式以农民（企业）自发经营为主、政府少量扶持为辅，农民自发分散经营，以生产适合当地特色的产品为载体，并围绕载体的生产经营提供与之配套的食、游、乐等系列服务。成都近郊郫都区友爱镇农科村的花木园艺业是这种经营模式的典型代表。郫都区友爱镇农科村，原有农户310户，总人口650人，总耕地面积674公顷，人均耕地面积约1.04公顷，辖3个农业社，后因产业发展需要进行占地调整，调整后的占地面积达3 700公顷，辖12个农业社。全村花卉种植面积达2 840公顷，年销售收入4 500万元。

优点：因经营主体也是投入主体，可在很大程度上减轻当地政府的财政负担；同时还可体现不同经营主体的经营特色，能做到经营品种多样化、个性化，满足不同消费者的消费需求。

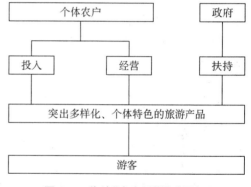

图 2.5 传统"农家乐"模式图解

图片来源：自绘

缺点：这种模式主要靠自发经营为主，各自为政的现象比较突出。总体而言，郫都区农科村全村缺乏完整、科学的观光农业发展规划，更没有一套产业发展的整体推进计划，导致作为"农家乐"最早发源地的农科村在观光农业发展日益激烈的市场竞争中的旅游优势和独特魅力的逐渐弱化（图2.5）。

(2) 现代观光农业模式

政府推动市场带动型的现代观光农业发展模式以政府投入为主，建设基础设施，带动农民集中连片开发。这种模式主要以政府为主打造基础设施，完善水、电、气、路、卫生等基础设施的配套；农民则根据市场需求结合当地优势开发各种农业观光项目，供城市居民到农业观光园区参观、休闲与娱乐。

例如，位于成都锦江区三圣乡红砂村的"花乡农居"，即由当地政府牵头，利用举办四川省首届花博会的契机，按照城乡政策一体化、农业生产工业化、农村发展城市化、农民生活市民化的"四化"要求，以及工业进园区、农业进基地、住宅进社区的"三进"统筹思路，采用"一户一策"和"农户出资、政府补贴"的方式，对原有农居按川西民居风格进行改造，共改造涉及308户农户的3.2万平方米农房。同时,通过加快土地合理流转,引进了28家花卉龙头企业从事现代盆花生产,年产小盆花1 600万盆,鲜切花3亿枝,成功打造出"花乡农居"的品牌优势,使农民收入大幅度提高,也促进了农民生活方式的改变。

优点:有助于经营项目的整体包装和宣传,并因政府的主动参与和支持,能快速为农村居民营造一个融入城乡一体化的平台,缩短农民参与城乡一体化的时间,较快地提升农民收入水平。

缺点:该种模式的基础设施在试点前期一般要依靠当地政府的大量财力投入,这无疑会给当地政府财政以极大的压力。因此,在政府财力有限的地区,采用这种模式较为困难。(图2.6)

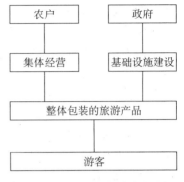

图2.6　现代观光农业模式图解

图片来源:自绘

(3) 体验、参与模式

通过农民承包地合理流转集中后,以认种方式让城市居民委托农民代种或亲自种植花草、蔬菜、果树或经营家庭农艺,使消费者共同参与农业投资、生产、管理和营销等各环,与农民结成紧密联结关系的体验式或参与式观光农业经营模式。

地处成都市锦江区三圣乡江家堰村的"江家菜地",是继当地政府成功推出由政府主导、市场带动农民连片经营农业发展模式外的另一新型观光农业经营发展模式。

当地政府通过大力支持和积极引导,将农民单家独户的零散种植,通过土地合理流转,集中到专业公司,再由专业公司与城市居民签订认种协议,认种人可自主决定土地种植的农作物品种,也可按菜地合作社提供的"四季常规蔬菜种植指南"进行选择;农民为认种人提供蔬菜种子、种苗、肥料、农药、农具并负责日常的耕作与管护。认种人在农民的指导下,可以自己耕作播种,体验种植和收获的喜悦,体验吃农家饭、干农家活、住农家房的田园生活;也可等收获时节再来采摘或委托农民代为出售,但出售所得归认种人。从"江家菜地"前期1 000公顷运作规模分析,仅在刚推出的2个月时间内就已认种出菜地200多公顷,市场前景看好。

优点:这种观光农业发展模式,既为当地农村居民提供了一个多途径增加收入的新平台,同时也为城市市民搭建了一个参与城乡一体化的新平台,使参与双方都能达到在参与中休闲、互动中促进、实践中收获的目的。另外,这种方式还使农民经营的市场风险降低到了最低程度,起到了稳定农民收入水平、改变农民生活方式、缩小城乡"二元"结构差距的重要作用。

缺点:这种模式在前期也需要政府财力的大量投入(尽管这种投入今后会以其他方式进行回收),同样在前期会增加政府财政压力。因此,寻求有效方式解决前期配套投入问题是这种模式能普遍推广的关键所在。(图2.7)

又如山区旅游业已成为北京西北郊发展经济、改变贫困

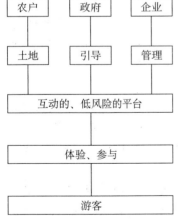

图2.7　体验、参与模式图解

图片来源:自绘

面貌的经济增长点。1997年,北京西北郊的山区旅游业收入总计20亿元左右,旅游业直接和间接安排就业人员在20万左右。京郊民俗旅游的客源市场主要是北京的城市居民。以北京市昌平区为例,昌平区位于北京城西北35千米,全区有三分之二的面积属于山区、半山区,拥有丰富的旅游资源。1998年,昌平区第一个民俗旅游度假村——长陵镇麻峪房民俗旅游度假村正式开业。仅4个月,全村民俗旅游收入就达46万元,人均收入由原来的不足800元达到了6 000元,村集体收入由原来的22万元增长到160多万元。民俗旅游的发展,不仅促进农村产业结构发生了重大转变,而且也促成了扶贫由输血型向造血型的转变。与此同时,由贫困变为富裕,也使干部和农民的思想观念、经营理念发生巨大的变化,农民的生活质量和生活水平大大提高了。

杭州西郊山区的临安市在"经济生态化"理念的引领下,老百姓经历了从"卖山头"到"卖山货"再到"卖生态"的发展历程,"靠山吃山"的传统观念转变成了"靠山养山、养山致富"的生态观念,更加注重了经济效益、社会效益和生态效益的有机统一。"经济生态化"——就是经济发展与生态建设良性循环,最终实现经济的全面、协调、可持续发展。临安市大力发展生态效益农业,竹林面积从3 000公顷增加到100多万公顷,成为江南最大的"菜竹园";山核桃林面积从原来的25万公顷增加到40多万公顷,山核桃年产量超过8 000吨,面积和产量均为全国第一,逐步形成了"东竹西果"的农业生产格局。通过两次旅游创业,生态旅游实现了从无到有、从弱到强、从小到大的历史性跨越,形成了以天目山、浙西大峡谷、大明山、太湖源、青山湖为代表的生态旅游景区。旅游接待总人次从2002年的167万人次,提高到了2007年的423万人次,增长153%;旅游景点门票收入从2002年的3 623万元,提高到了2007年的7 012万元,增长94%。

2.4.3 大城市近郊山区的生态特征

山区生态环境相对脆弱,环境问题也更为突出。郊区山地有着多样化的生态系统与丰富的自然资源,但在资源开采、旅游业开发与城市废物处理等过程中也极易受到破坏。山地环境退化主要表现为森林面积锐减、荒漠化和水土流失,以及与之相伴的环境污染、生物多样性消失和地质灾害。除城市发展的需要外,山区乡镇自身的贫困问题也加剧了山区环境的破坏与资源耗竭。

森林植被是极易被过度开发以致破坏的自然条件之一。西方工业革命时期,工业原料、燃料、建筑材料中木材的大量使用一度毁灭了80%以上的森林。在我国,无林化趋势由黄河中下游地区向北、西、南扩展,过度采伐的森林与仓促更新的防护林、速生林造成了现状山区林地林种结构不合理、生长率低、生态效益差等问题。由于植树造林远远跟不上采伐速度,已有大片林地形成荒山;即便在森林面积得以维持的部分山区,原有森林生态系统也并未得到恢复、重建与保育。原生植被的退化直接导致了土地质量的退化——荒漠化与水土流失,更进一步削减了山区本就缺乏的有效经济用地面积,导致地质灾害频仍。盲目的旅游业开发则同时破坏了山区的自然环境与人文遗产。保护性发展规划成为大城市近郊山区可持续发展的当务之急。总的来说,近郊山区生态环境有复杂性、脆弱性、多样性三大特征。

广州市北郊山区的区划和建设注意到了近郊山区的生态特征,遵循了区域生态保护与区域综合发展的双赢原则:以保护广州市郊森林—农田生态资源和保障区域的生态环境安全为前提,开发近郊山区森林旅游的生态服务功能(项目),从而达到既保护和加强城郊生态环境建设,又提高城市生态服务品质(功能)的双赢。(图2.8)

图2.8 广州土地利用现状图

图片来源:广州市城市规划局

《广州城市建设总体战略概念规划纲要》中提出,21世纪的广州必须确立"生态优先"的城市建设战略思想,以广州市域"山、城、田、海"并存的自然基础,构建"山水型生态城市"的框架。广州北部山地区,是从广州市中心向北部延伸的重要山、水大地景观线,是《广州城市建设总体战略概念规划纲要》中确定的城市绿楔的重要组成部分,包括连绵的丘陵山地和湖泊水库。做好该地区的建设与保护规划,对形成"青山半入城"的城市生态景观格局、提高城市环境质量、实现广州市"北优"的发展战略,都具有重要意义。

北部山区的建设与发展不仅要通过满足游客需求使旅游开发商获得利润,使当地居民的生活质量得到提高,而且要符合生态环境的长远利益,因而必须正确协调各种利益相关者之间的关系。在各种各样的关系之中,保证帽峰山地区生态环境的良好是其他各项发展目标得以推动和实现的大前提。为此,首先为北部山地区拟定绿色发展策略:

明确山区的生态旅游定位,提高山区旅游产品的品位与层次;

山区旅游产品空间布局以及产品体系的设定符合生态要求,空间上总体分散、适度集中,将建设与活动的压力分摊到各个区域,但又保证生态核心区的完整;

山区的旅游营销以传递生态旅游产品信息为重点,力图成为一个传播生态旅游常识、向游客宣传生态观念、提供生态行为体验的示范区域;

山区的旅游产品定价要反映其生态环境成本,作为生态补偿的基本资金来源。

将研究区域的生态建设融入多城市绿地面积的建设、城郊农业生态建设的过程中,同时把生态旅游的理念贯穿于整个规划区的旅游开发之中,保护生态环境,支持广州市生态城市的建设。在此基础之上,我们开发高标准的生态旅游产品,选择合适的地域,建设具有示范性的生态旅游项目,使规划区成为生态功能卓越、休闲功能突出的城市(郊野)公园。

2.4.4 大城市近郊山区的空间特征

(1) 村庄居民点沿路、沿川、沿峪布局

居民点的分布与道路、河流、山谷有密切的关系。乡村城镇化在空间上通常表现为依附原有的市镇中心和主要道路发展,山区的空间发展则更多受到建设用地条件影响,且依城镇选址根据可能发生的气候与地质条件变化而有所改变。

在多数情况下,人类选择便于出行的区域作为定居点,道路是影响居民点分布格局的重要因子。研究区属于高山峡谷地带,只有河谷与道路两侧较为平坦。另外,当地居民通向外界的唯一方式就是公路,随着与外界的经济交往频繁,靠近道路定居就成为一种必然的选择。

居民点的分布和河流也有着密切的关系,河流的大小等级是限制居民点分布的重要因素之一。通常情况下,河流周围1.5千米以内是居民点分布的集中区域。主河道两岸居民点离河岸在1千米以内,其他支流的居民点分布离河道更近。其原因是河流两岸一般都较为平坦,适合人类的居住;而居民点离河岸距离远近主要在于雨季河水的涨落情况,主干河流水量大、雨季过水面积大,对两岸的居民点有较大的威胁,居民点分布也就较为远些。

同样,山地陡峭不宜建设,山间的峪相对平坦,故居民点有沿峪分布的普遍特征。结合国内外大城市近郊山区影像图分析,城镇居民点呈现沿峪分布的明显特征。

(2) 村镇平地大而密,坡地小而疏

因近郊山区地形崎岖,无法进行大规模的城市开发建设,规模较大的村庄大部分分布在交通走廊和地势平坦的平原区;山区村庄由于地形影响一般规模较小。故村镇建设多集中于少数平地区,于是形成了村镇平地大而密、坡地小而疏的空间布局模式。表2.1中体现了近郊山区各类用地以小规模为主的特征。

(3) 城镇多呈轴向或组团扩张

近郊山区受到城市的有力辐射,集中与分散相结合的布局结构特征明显。集中是效率的本质体现,而分散则是山地城市自然环境的基本特征。集中与分散,是一对矛盾对立的统一体,两者的有机结合,是应对近郊山区人地关系矛盾的基本策略思想。其中重要的是对集中和分散的一个"度"的把握,也是将山地自然景观的特异性与山地城镇空间有机结合

表 2.1　2001 年北京市近郊区不同地类的规模分布

类别	0.06—3.33 公顷	3.33—6.67 公顷	6.67—10 公顷	10—13.33 公顷	13.33—16.67 公顷	16.67—20 公顷	≥20 公顷
耕地	46.97%	27.79%	12.49%	6.42%	2.45%	1.82%	2.08%
园地	52.99%	24.81%	12.03%	4.71%	2.44%	1.43%	1.60%
农村居民点	57.67%	14.89%	6.84%	4.96%	4.38%	2.28%	8.99%
独立工矿	65.56%	16.73%	6.54%	3.51%	2.09%%	1.53%%	4.04%

数据来源：赵磊,陈焕伟,徐振君,等,2007.基于GIS的北京市不同地类规模分布特征分析[J].山东农业大学学报(自然科学版),38(1):97-102.

的基本方法,符合山地城市发展的基本规律。山区地形是影响近郊山区城镇扩张模式的主要因素,山区中坡度大于25度即不宜进行建设。基于居民点多沿道路、河流、山谷布局,故城镇多呈现轴向扩张的状态;当城镇发展达到一定规模时,由于地形限制,呈现组团式的扩张模式。沿道路、河流、山谷的城镇有多城镇相连的趋势。

以美国第五大城市区——旧金山湾区为例(图2.9),由于受山脉的自然条件阻隔,导致大城市的空间结构呈现跳跃式的组团发展态势,旧金山、奥克兰、圣何塞分别成了半岛区、东湾、南湾的中心城市。

图 2.9　旧金山湾区城市空间结构

图片来源：自绘

例如重庆是长江上游的经济中心,是我国最大的山城和国家级历史文化名城。城市建设用地被长江、嘉陵江以及南北向的数条丘陵分割。重庆主城区空间结构形态体现了"有机松散、分片集中、分区平衡、多中心、组团式"大山城空间结构形态。(图2.10,图2.11)

图 2.10　重庆市中心城区建设用地规划图

图片来源:重庆市城乡总体规划(2007—2020),重庆市城市规划设计研究院

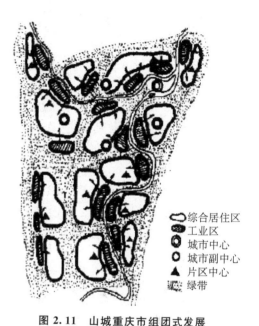

图 2.11　山城重庆市组团式发展

图片来源:黄光宇,2005.山地城市空间结构的生态学思考[J].城市规划(01):57-63.

以巴黎市区域规划为例,即在地形条件制约下,将区域交通线路作为城市发展的轴线,有计划地布局新城组团,形成星状扩散的郊区空间形态,促进城郊山区城市化建设的进一步集聚及在区域空间内的均衡发展。(图2.12,图2.13)

(4) 休闲观光度假用地小而散

大城市近郊山区多依托其丰富的自然环境资源、农业资源和农业景观、区位距离与交通通达性的优势,发展休闲观光度假产业。一是因为政策引导不足,自生性强,各镇常常各自为政,休闲观光度假用地无序散乱扩张;二是受近郊山区地形因素限制,适合于建设休闲观光度假的用地并不多,故总体上呈现小而散的空间特征。

(5) 产业空间规模小、效率低

山区农民人均生产规模狭小,农业机械化生产受到山区地势和山区经济基础的阻碍而无力得到发展,农业生产效率低下;农产品的消费群体和消费空间有限,农产品商品价值的效益实现困难。随着城市工业用地的饱和,同时受困于山地地形的复杂性与交通条件的落后,近郊山区工业发展严重滞后于城市,而第三产业除少量零散的旅游服务业也无大的发展。产业空间总体上规模小,效率低下。

图 2.12 巴黎城市建设用地现状图	图 2.13 巴黎地区城镇结构分析图
图片来源：巴黎规划局网站	图片来源：巴黎规划局网站

2.5 动力机制

大城市近郊山区的空间演变动力可以分为外在因素和内在因素两类。外在因素包括社会经济的发展、政策的影响、科学技术的进步和文化环境等；内在因素包括大城市近郊山区本身的自然环境、地理位置、人口构成和文化习俗等。

2.5.1 外在因素

(1) 经济发展

社会经济的发展是大城市近郊山区空间结构演化的最根本的决定因素。经济的发展使城乡矛盾逐步突出并最终打破城乡空间结构系统的平衡，在空间上产生了适应变化的内应力，同时促使技术、政治等外部影响因素也发生变化。以济南南部山区（东片）为例，农民人均收入很低，大大低于济南市、历城区的整体水平。经济发展水平较低，导致了近郊山区建设效率低，建筑强度、密度有限，空间布局分散，使南部山区城镇规模较小。（图 2.14，图 2.15，图 2.16）

经济因素对近郊区空间结构影响的另一个主要方面是产业结构空间分布，统计表明自城区到近郊区再到远郊区，各产业产值和劳动力比重为第一产业增加，二、三产业减少。表现在产业用地结构上，从城区至郊区农业用地的比重增加，工业及商业公建用地减少，完全对应着产业分布的层状分布趋势。例如济南南部近郊山区的主要产业结构为农业以及旅

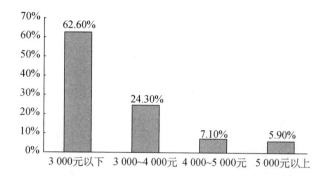

图 2.14 济南南部山区东片 2006 年居民收入情况

图片来源：自绘

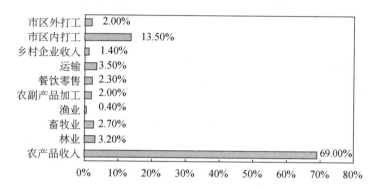

图 2.15 济南南部山区东片 2006 年居民收入来源

图片来源：自绘

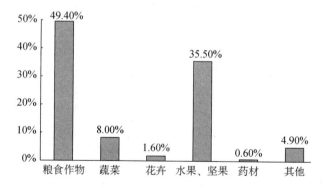

图 2.16 济南南部山区东片 2006 年居民农业种植种类

图片来源：自绘

游业，而农业种植主要以粮食作物为主。生产方式以人工劳作为主，较接近自然。

经济发展对不同发展阶段的地区有不同的影响。在较发达的东部地区，受市场供求关系影响，大宗粮、棉、油等农产品供给偏大，而优质农产品供不应求。经济利益驱动促使土地资源向效益较高的土地利用结构流动。大城市城郊农业产业结构调整加快，畜牧业和蔬菜、果品、花卉等高附加值农产品得到大力发展。另外，林地增加是以草地减少为主，天然草地大量减少，而人工草地又不能及时补充，使草地覆盖率骤减。而在生存环境较差的西部山区,农民为了增加收入,会自发地滥伐林木、毁林开荒或坡耕,导致林地面积减少(或者林地中有林地面积减少,幼林地及迹地面积增加),耕地面积和田坎面积增加。(图2.17,图2.18,图2.19)

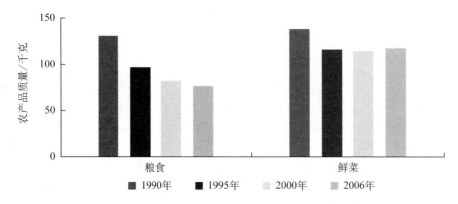

图2.17　城镇居民家庭平均每人全年购买的需求减少的农产品

数据来源:中国统计年鉴

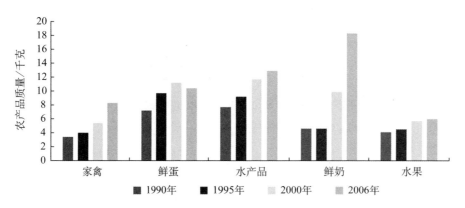

图2.18　城镇居民家庭平均每人全年购买的需求增大的农产品

数据来源:中国统计年鉴

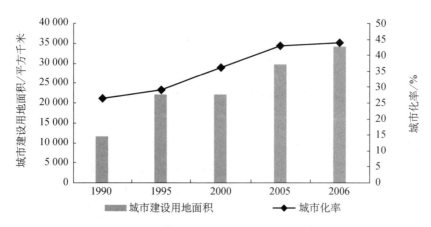

图2.19　我国城市化率与建设用地规模

数据来源:中国城市建设统计年鉴,2007

工业化与城市化进程使大城市近郊山区的建设用地大大扩张,这是经济社会发展的必然趋势和客观要求。许多企业的新建或扩建,使工矿用地不断增加。交通运输网络的进一步完善,使交通用地大量增加。除了城市建设直接作用于用地之外,大城市扩张导致的人口压力也间接作用于大城市近郊山区,比如北京山区人口的增加、外来打工人口的涌入,造成林地的破坏、退化现象较为突出,人口密度高的东部城镇建设用地和交通用地比例要比人口密度小的西部地区高得多。城镇化和工业化程度高的地区,建设用地比例明显高于城镇化和工业化水平低的地区。

(2) 政策导向

在我国社会经济发展中,政策导向一直发挥着决定性作用,指引着社会经济发展方向。大城市近郊山区土地利用结构模式便是在特定经济系统中和政策环境下形成的。概括说来,有三种政策起着决定性作用:第一,保护性政策;第二,发展性政策;第三,规划决策。

保护性政策作用于林地、草地和城乡工矿居民用地。林地变化主要受国家生态环境保护政策的推动,山区绿化工程实行以粮代赈,鼓励在不宜耕种的土地上退耕还林、开荒种树和封山育林,逐步调整农林牧用地结构,使大城市近郊山区草地、耕地面积减少而林地面积增加。

在发展性政策方面,增加政府财政扶持,吸引外商投资建厂,鼓励小城镇建设的土地利用政策以及对违法乱占耕地现象制裁不力的管理状况,会导致大城市近郊山区的建设用地比例快速上升,使农、林地比例不断下降。比如,随着北京山区财政收入和投资的增加,建设用地占用大量林地。这是造成林地减少的主要原因。除此之外,如今在我国,所谓近郊区还只是学术上讨论的概念,实际上一般仍是建成区——郊区区划体制。由于近郊区的范围是交错于建成区与郊区之间的,所以在其管理上是城郊混管。如此一来,行政区范围的局限往往抑制了近郊区的发展。

规划决策在我国起着重要的作用;城市的发展在很大程度上依赖于国家的投资和有关城市建设政策、人口发展政策等。而城市规划作为干预的主要手段,在调整和制止不合理的边缘区结构和形态方面已证明有一定的效用,各个时期的政策和规划都不同程度促进或抑制边缘区的发展。(图2.20)

图2.20 三种政策因素与大城市近郊山区用地的关系

图片来源:自绘

以上三种政策性因素又是有机联系的,之间存在着内在的逻辑关系。保护性政策与发展性政策相互制约权衡,以此引导大城市近郊山区用地演变趋势;规划决策一方面直接在空间层面上作用于大城市近郊山区,另一方面其本身是遵从一定价值理念的。这些价值理念由保护性政策与发展性政策共同决定。用形象的方式表达,规划决策是天平的立柱,大城市近郊山区的用地演变即表示为天平的杠杆,保护性政策与发展性政策犹如两边的砝码,立柱直接支撑杠杆,但天平的倾斜与平衡却是由两侧角力的砝码决定的。

(3) 技术进步

科技进步引发区域经济增长方式的变革,从粗放型逐渐向集约型转变,经济增长更多依靠科技进步而不是资源投入,故科技发展水平和应用程度直接影响大城市近郊山区土地利用的深度和广度。

科技在农业领域涉及土壤改良、耕作制度、栽培技术、良种培育以及排灌、化肥、农机、农药和农膜等众多方面,科技进步可以大大提高单位土地产出,提高农业集约化程度,进而使土地利用程度得以提高,减缓人口增长对农用地的压力。尤其山区可用耕地面积本来就少,而且重用轻养、水土流失、土壤污染的问题也日益严重,所以土壤改良对提高山区土地的可利用度起着非常关键的作用。另外,山区坡耕地、梯田占相当的比例,适于山区的灌溉方式的引进也会直接提高单位土地的产出。

科技在林业领域表现为将科技成果广泛应用于林业生产,如造林树种的良种选育、人工造林、森林主要病虫害防治,森林生态等,取得了大城市近郊山区经济效益、社会效益和生态效益的统一。以人工造林为例:人工林与天然林相比,其优点是:森林成熟期缩短;立木分布均匀,有利于土地、光能的充分利用;可选择目的树种,以满足生产和生活的需要;可根据树种特性和营林目的形成单层或复层森林结构;便于集约经营,保持较高的森林生产率;经营管理方便,易于机械化作业。再如病虫害防治,现在国家森林病虫害信息数据处理中心系统将通过处理国家林业局建成的1 000个国家级森林病虫害中心测报点的监测数据,运用数据模型和建立森林病虫害防治决策支持系统,实现全国主要森林病虫害发生趋势电子化、可视化分析和预测预报,以及对全国森林病虫害防治的宏观指导。新版软件和国家森林病虫害信息数据处理中心系统的运行,将为森林病虫害监测的航天、航空数据处理及其他监测技术的应用的数据打好基础,将初步建立国家森林病虫害预警体系。

科技在工业领域表现为科技的进步使得生产工艺在地域上的依赖性更小,工业分工可以在更广大的空间上分散。本来并不适合进行工业生产的山区也能入驻工业企业,威胁到了大城市近郊山区脆弱的生态系统。除此之外,机械工业的发达使得山区采矿业的成本降低,这使得对山区矿物开采的经营加剧,进一步威胁到山区的生态与环境。

科技在交通领域对边缘区空间结构的影响主要体现为:①一般地,交通工具的发展与近郊区空间结构的演变有密切的关系。这与交通技术的每一次革新有关。我国目前仍处于"准机动化"水平阶段。城市主要发展大容量的向心公交系统,从而限制了人口向近郊区、远郊的大规模流动。近郊区扩展更新的能力与交通水平之间存在密切的相关性。②交通线各向发展的不均匀性使近郊区的空间发展产生各向上的不均衡。在高等级公路、高速公路这类道路沿线上的土地开发有特别优越的条件,从而诱发边缘区沿此轴向发展出现轴化特征,在轴线与轴线的交叉处(如交通枢纽)甚至可以带来近郊区的大规模开发。③近郊区道路网络等级分异和结构完善化可使整个近郊区空间结构得以优化,利于接受中心区的辐射和扩散,并吸引城市以外的空间要素。由此可见,近郊区交通条件的改善、交通可达性的提高,将会使城市的许多地域要素(就业、居住等)向近郊区位移。可以说,完善的交通系统是近郊区大规模开发的先决条件。

(4) 文化环境

我国的传统文化历来重视人与自然的和谐统一,城市建设中始终把山、水、城市融为一体,体现城市建设与自然山水相融合的思想。城市建设以山水为骨架,对山水环境加以合理利用与建设,创造了高质量的城市环境,也为都市近郊旅游发展提供了契机和空间,成为都市近郊旅游发展的基础。

近年来,城市居民周末休闲、游憩在日常生活中所占比重日益增加,市民双休日中对旅游地的选择半径范围一般不超过居住地 200 千米,便于往返、回归自然为主要因素。据文献对西安、北京、上海、杭州等城市的调查及研究,近期都市居民旅游行为中回归自然的趋势明显,自然景点吸引力最强,重返率就最高;旅游者对人文景观的再次光顾兴趣不大。城市旅游者的主体主要为城市的工薪阶层,多数人受过中、高等教育。这充分显示:目前近距离的、以回归自然为主的城市近郊旅游日益受到市民重视。

大城市近郊山区的旅游开发对山区的作用具有两面性:一方面,旅游开发提高了当地居民的生活水平,降低了建设用地开发的压力;另一方面,旅游景点的开发也在一定程度上造成林地退化。

2.5.2 内在因素

(1) 自然环境

影响大城市近郊山区空间演变的自然环境因素包括坡度、坡向、水分条件、土层等。

比如"山场",就是泛指能够通过整治措施改造利用的那些水分状况相对较好、土层较厚、植被茂盛的山地"阳坡"。相对来说,这也是最有发展前途的利用场所,可以作为山区林地开发。

山前丘陵缓坡的利用是坡地利用的另一种类型,不同的是山前丘陵地处山前暖带,气候资源充沛,农田工程措施简单易行。另一方面,距离平原近,交通方便,社会经济状况良好。这些因素综合起来表现在开发利用的经济效益高,群众的受益面大,可以作为山区农业用地的开发。

除了山地的形态外,山地所占的比例对用地也有影响。一般来说,山地所占面积比例越大,则林地比例越大;其他土地利用类型面积比例越小,土地利用的多样性就越小,集中程度也就越高。

(2) 地理位置

地理位置决定着自然条件的差异,并由此形成了不同的社会经济条件,二者共同决定了土地利用区域差异。

从区域视角来看,东部沿海地区海拔较低,河网较密,水分充足,人口密集,社会经济较发达,所以大城市近郊山区土地利用类型多,利用程度深。

从城市视角来看,大城市近郊山区的土地利用的多样性和土地利用组合类型的分布呈现出以城区为中心,向四周依次变化的规律。紧靠城区则区位条件佳,土地利用类型多样性好,土地利用组合类型多,组合类型中受人类活动干预强烈的建设用地(如城镇工矿用地和村庄用地)以及主要为城市服务、对交通运输条件要求较高的农业用地(如果园)占据主导地位。交通不便、离市区较远、区位条件较差的山区土地利用类型较单一,林地占有绝对优势。

(3) 人口构成

大城市近郊山区人口结构是大城市近郊山区用地变化的重要原因。农业人口的城镇化转移导致人口结构的变化，又导致供人类生产生活所需土地资源的数量和类型不断发生变化。虽然农业人口比例不断下降，但是其总量的减少并不明显，并且由于青壮年更具有到城镇从事非农产业的倾向，所以山区人口结构老龄化现象日趋严重，不利于当地经济的发展和空间的合理利用。

人口增长从直接和间接两个方面影响大城市近郊山区的土地利用。从直接影响来看，农业人口的增长增加了对山区进行农业用地开发的压力。如果这种开发是集约高效率的，则是良性的；如果是杂乱低效率的，则对山区脆弱的生态系统有破坏性影响。间接影响反映在从农村向城镇的大量人口转移上。人口城镇化利于发展农村经济和提高城镇化水平，但城镇扩展产生了挤占城镇边缘农用地的情况，在大城市近郊山区则表现为对优质农地与林地的挤占；同时，在一些偏远山区出现耕地撂荒现象，对珍贵的耕地资源造成严重浪费。

总的说来，人口增长所带来的耕地与建设用地需求增加又促使开发林地、草地和水域等来满足需求，给生态安全带来威胁。

(4) 文化习俗

近郊山区生活服务设施水平远落后于市区，与市区经济上的巨大反差促使山区大量人才技术流失，年轻人纷纷涌入城内，使南部山区出现了空心村、老龄化等现象；从深层文化上分析，近郊山区劳动力以非农产业的较高收入做对照，从而使他们强烈感受到经营土地亏本，但同时又困苦于营造自己的职业生活保障体系而又不想放弃土地。这就使之在依附土地的同时又不把它作为增加财富的资本，因而影响农业生产率的提高，农业现代化难以推进。这也是城市化过程中的瓶颈因素。

此外，山区相对封闭的社会文化生活，纯朴的民风使人们更倾向于聚集而居，培养了良好的邻里关系。文化心理的这种特殊原因，造成了近郊山区特有的相对集聚型空间结构和特殊的二元景观，尤其在用地形态上深刻地表现出来。

2.6 发展模式

大城市近郊山区的发展是一个复杂的动态过程，包括郊区城市化、经济发展、文化进步、生态文明建设等多方面的内容。在深入分析具体城市的近郊山区发展案例之前，本章将从空间演变模式、产业发展模式、政府治理模式三个方面对大城市近郊山区的发展模式进行基本的探讨。

2.6.1 空间演变模式

与城市边缘区的空间蔓延相比，近郊山区的空间演变更加受制于地形地貌、土地资源、技术条件的影响，大致可概括为组团、团块、轴向扩展三种模式，我国大城市近郊山区的空间演变以此三种模式为主。

(1) 组团扩展

组团扩展是指近郊山区发展中依附中心城镇或产业园区成片蔓延，形成块状组团的空间发展模式，是一种地域层面山地城市空间形态的分散布局模式。山地城市位于用地条件相对恶劣、城市用地相对紧张、生态环境相对敏感的山区，提倡适度分散的城市空间形态，一方面是延续山地城市建设的传统；另一方面，适度分散的城市空间形态结构，有利于减少城市建设所引起的地质灾害，使敏感的山地生态环境尽量少地受到人类活动的干扰；最后，适度的分散式山地城市空间形态有利于山地人居环境品质的提升，为人类创造宜人的居住环境。利用郊区增长核的辐射效应带动组团片区的发展，并可依此形成机制不同、细分为相对集中连片发展、渐进发展与独立发展的几种模式。

相对集中连片发展主要指大城市近郊山区大片土地综合开发的发展模式，其土地开发利用一般经过科学规划、统一征地、分期建设有计划有目的地进行，如济南南郊山区、北京近郊山区的控制性发展规划。此种开发模式下，山区的自然、社会、经济条件及其与中心城市关系等因素得以充分考证研究，土地利用方式力求集约经济，严格保护、控制下的发展避免了过度混乱开发导致的山区生态破坏与土地资源浪费等现象。但因山区规划在我国尚未广泛普及，所以大城市近郊山区的集中连片发展模式所见较少。

渐进发展主要指在邻近城市建成区的山区丘陵地带，随着工业、仓储等用地向城市外围置换，居住、商业等城市功能随之蔓延，带动了城市边缘山区的发展。居住组团与城市公园逐渐向山区渗透，并随着城市的进一步蔓延而将其纳入建成区范围。这种模式下的近郊山区发展往往表现为：普通农村地区→城市设施边缘区→低密度住宅区→近郊生活区。

独立发展是指组团依存于山区中心城镇、乡镇企业或产业区，相对脱离中心城区独立发展的建设模式。与中心城市密切相关的渐进式发展相比，独立发展模式更多为自下而上式的发展，较多见于远离市区的城郊山区。成都郊区空间便呈现出组团布局的格局（图2.21）。

图2.21 成都郊区的组团式空间格局

图片来源：自绘

(2) 团块扩展

团块扩展是指近郊山区发展中城镇、产业园等集中于一个单一区域进行发展的扩张模式，是一种区域层面山地城市空间形态的集中布局模式。由于受高山、丘陵、沟谷等自然条件的限制和影响,山地城镇区域层面的用地布局形态采取集中式布局模式,是顺应山地自然条件的客观要求。首先,区域范围内适度集中的城市空间有助于减少人类活动对山地系统的干扰,以缓解人与山地环境的矛盾;其次,适度的集中有利于缓解居民的通勤压力,从而减少能源的消耗;再次,适度的集中能够提高基础设施使用效率,减少城市的建设投资,实现人类社会的可持续发展;最后,世界范围内能源即将面临枯竭的背景下,提倡适度集中的山地城市空间形态,有利于能源集中利用,减少废气的排放。

例如山地城市爱丁堡和昌迪加尔即为团块式扩展的典例,城市没有呈现跳跃式的组团发展,而是被周围自然山地包绕集中发展。(图2.22,图2.23)

图 2.22　爱丁堡集中式扩展

图片来源:自绘

图 2.23　昌迪加尔集中式扩展

图片来源:自绘

(3) 轴向扩展

轴向扩展是人类文明发展史中空间蔓延的重要方式,早期居民点沿山谷、道路、河流等交通通道分布扩展的空间规律在现代山区城镇发展中仍然存在。由于山区特定的交通线路与自然地形,村镇体系更易于沿着狭长地带分布,或形成"走廊"型城市化地区。这种轴向发展模式往往是自发形成的,或在规划建设中得以强化。由于扩展元素的不同,发展轴也有所不同,主要的乡镇企业、工厂、中心镇往往沿公路两侧的适宜建设用地布局,而生活居住区的扩展则与山区土地资源及基础设施建设延伸密切相关。随着山区公路建设与基础设施的完善、城镇体系与土地综合利用的规划调控,单一维度的发展轴交汇成多元素综合的网状格局,从而促进了近郊山区的点—轴扩散式空间发展。(图2.24,图2.25)

2.6.2　产业发展模式

近郊山区的发展,离不开经济水平的提高与产业结构的调整。山区的城镇化、现代化发展过程,一般而言也是传统第一产业向现代生态农业以及二、三产业转变的产业置换过程。而近郊山区由于临近城市的区位条件,较之普通山区更有市场、人才、信息、技术等方面优势,其产业发展模式也有其特殊性。我国大城市近郊山区的典型产业结构为生态农业

2 近郊山区保护和发展

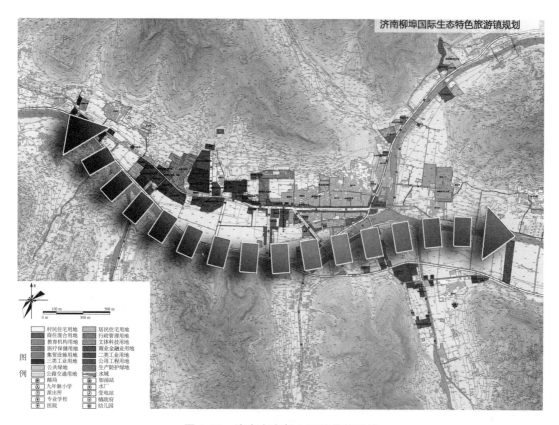

图 2.24 济南市南郊山区的带状城镇

图片来源:济南南部山区柳埠镇城镇总体规划,清华大学城市规划设计研究院

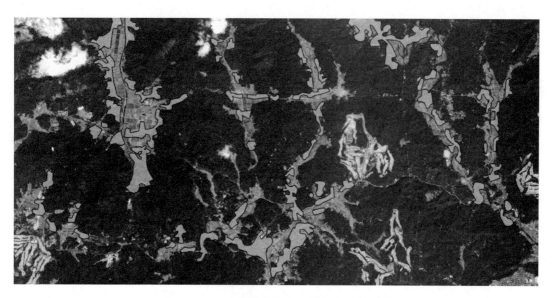

图 2.25 日本大阪北郊山区轴向发展的村镇

图片来源:自绘

主导与旅游业主导型,山区工业也是山区经济发展的另一个重要方面。

(1) 农业主导型

尽管非农经济发展迅速,但农业在郊区山地经济中仍占有相当的比重,对于大部分山区农民来说,仍是主要的收入来源与谋生手段。为促进山区的可持续发展,摆脱山乡贫困,适应大城市需求的都市型郊区农业应运而生。城郊型农业以提供多种鲜活农副产品为主,依托山区自然与资源条件,富于区域特色,借助中心城市的科技、信息、资金、先进管理方式支持,依靠大生产、大流通、大市场的分工协作经济网络,强调生态效益、社会效益与经济效益的统一。

生态农业是以生态学理论为背景建立的农业生产系统,利用生物措施与工程措施提高太阳能、生物能的使用效率,在提高农产品产量的同时,注重生态环境的保育与恢复。对于自然条件多变、生物多样性强、生态环境相对脆弱的山区地带,生态农业的发展既具备充分基础,也有着很强的必要性与紧迫性。山区生态农业发展强调从实际出发,根据区域自然条件与社会经济背景,宜林则林、宜农则农、宜牧则牧,建立不同类型、不同层次的复合生态农业系统,以避免单一农产品造成的生态失衡与环境耗损,最大限度发挥山区环境的生态功能。随着大城市近郊山区农业结构的现代化、都市化转变,传统的种植业与林业结构逐渐调整,立足于山区自然资源条件,以消费市场需求为导向,农产品由粮食作物为主转向蔬菜、林果、药材、食用菌等经济作物乃至观赏动植物。山区生态农业建设一方面丰富了城市的鲜活农产品市场,方便了城市居民的生活消费,另一方面也大幅度提高了山区农民的收入水平与生活质量,改善了山区农业与生态环境之间的关系,从而促进了近郊山区的可持续发展。

(2) 工业主导型

传统的山区工业多以小手工业为主,食品、林木加工、造纸、矿冶等行业也较为多见。随着技术的发展与中心城市的资本流入,资源、劳动密集型工业在一部分大城市近郊山区逐渐发展起来,并成为带动山区发展的主导产业之一。山区的自然环境与资源及农村剩余劳动力是工业发展的主要动力,而地处城市近郊,又形成了独到的区位优势。

近郊山区的工业发展以中小型企业为主,以本地资源、劳动力为依托,内源经济与外源经济并行发展。早期城市蔓延过程中,山区工业的投资者往往过度追求经济效益,而造成资源过度开发的恶果;不注重规划与集约发展,盲目鼓励小型作坊式的乡镇工厂,"村村点火、户户冒烟",更对山区环境造成了难以挽回的巨大破坏。随着山区控制规划与保护性发展的推行,山区工业发展载体的建设完善,使其向基础设施完备的工业园区集中发展,并规范产业管理、开发控制,促进生态工业园区发展,协调工业型山区发展与生态环境间的关系,推进科学、健康的山区工业化进程。同时,山区工业的发展也应注重区域产业间的联动效应,改变以往工业产业链条短、加工层次低、产品附加值差的特点,立足资源条件,培养优势产业,着眼区域整体经济格局,突出发展关联企业,形成农、工、商一体化的发展格局,带动区域经济的整体发展。

(3) 旅游业主导型

由于大城市近郊山区往往富于自然与人文旅游资源,旅游业同样是山区发展的主导产业之一。旅游业主导的山区发展在空间上更明显地呈现出与旅游资源分布相关联的特征,居住区及服务设施一般布局于核心保护区以外的外围控制区边缘,且与主要交通线路相邻。同时,旅游区发展更注重生态景观保护与生态文明建设,因旅游业本身会对脆弱的自然景观或人文历史遗产造成危害,有限制性地开发旅游资源、协调保护与发展的平衡尤为重要。

随着城市居民对生活质量的要求越来越高,返归山林、亲近自然的要求应运而生,大城市近郊山区即便没有非常特别的自然或人文景观,往往也被作为城市公园,成为城市居民假日休闲观光,进行生态旅游、生态教育的场所。这种休闲旅游业还往往与生态农业相结合,成为一种体验式的生态旅游,是都市居民放松身心的重要途径之一。生态旅游也成为山区旅游业发展的主要趋势;它作为一种对自然、人文旅游资源有着特别保护责任的可持续旅游发展模式,通过减轻环境压力,实现旅游资源可持续利用,保护旅游景观资源与文化的完整性,平衡经济效益,实现区域间的利益共享与公平。贯彻生态旅游理念,不仅利于旅游区的可持续发展,同样适合旅游者的生态诉求与审美心理,是一种潜移默化的生态伦理道德陶冶过程。

2.6.3 政府治理模式

政府制度因素全方位地影响着郊区山乡的经济与社会发展,这种影响通过地方政策、城乡协调、规划调控等方面得以体现。过去,在我国集中计划体制背景下,城乡关系长期处于二元对立结构中,为防止农村人口过度涌入城市,必须通过以户籍制度为基础的一系列政策措施强化城乡分离,来实现有序的城市化,但这进一步加剧了城乡之间的分割与对立。改革开放以来,城乡关系由对立逐渐转为融合,城乡之间资金、信息、劳动力流动增加;近郊山区的发展得到地方政府的关注与重视,得以与中心城市建立紧密的联系,从城乡分治向城乡混治、城乡共治发展转变。

(1) 城乡分治

"城乡分治,一国两策"是在实行集权的计划经济体制下逐步形成的,是一套城乡分割的二元体制。我们很难对"城乡分治"做出一个准确的定义描述。这一体制在诸多方面采取两套政策:对城市、对居民是一套政策,对农村、对农民是另一套政策。几十年来逐渐固定化,以户籍作为身份划分的标准,就形成了"城乡分治,一国两策"的格局。这种城乡分割的格局主要表现在经济和社会两个层面上的城乡差别。

在经济层面上,在所有制及流通、交换、分配、就业、税赋等方面,对城市居民和农民的政策都是不同的。甚至许多公用产品的价格和供应方式都不同,如同样是用水用电,就有不同的价格和供应方式,城市居民水电费本身就比农民的低,而且还有政府补贴。在就业方面,改革前政府对城市劳动力完全包下来统一分配和安排工作,而对农村劳动力政府不做安排;政府的劳动部门,只管城市劳动力的就业,而没有管理和安排农村劳动力就业的职能。

在社会层面上,在教育、医疗、劳动保护、社会保障、养老、福利等方面,对城市居民和农民的政策更不同。如教育,同是实行九年制义务教育,城市中小学的教育设施由政府拨款建设,所以教育集资成为农民长期以来的一大负担。更有甚者,城市考生明显比农村考生的录取分数线低。据统计,现在在校大学生中,城镇居民的子女约占70%,农民子弟的子女约占30%。这同全国总人口中,农民约占70%,城市居民约占30%的格局正好倒置。

"城乡分治"本是我国为保证从农村农业中获取足够多的"农业剩余",为工业化建设提供必需资金不得已而采取的权宜之计,其前提是牺牲了农民的利益,把农民限制在农村,其后果是压抑打击了农民的积极性,使农业生产长期徘徊不前,直接导致了今天严重的"三农"问题。"城乡分治"有当时客观形势的必然性,也有认识的偏差等主观原因。

改革开放以前,严格的城乡二元结构与"先生产后生活"、工业优先的经济发展战略和高度集中的计划体制,形成了近郊山区城乡割裂的发展模式。农村向城市的人口流动被严格限制,城市对乡村的资金与信息注入也相对贫乏;在大城市有序发展的同时,山区乡村与小城镇的发展严重滞后,产业结构失衡,山区经济发展长期处于低下水平。缺乏城市的支持与辐射作用,近郊山区区位优势得不到应有的体现,农村过剩劳动力无从安置,农民生活水平难以提高,农村城市化、农业现代化进程十分缓慢。

从某种程度上来说,计划经济体制下的城市发展是以牺牲农村、农民、农业利益为代价的,而郊区山区的发展往往只能以牺牲生态环境为代价,长期的内源性经济发展模式在山区生态环境恶化之后无以为继,山区贫困现象积重难返。

(2) 城乡混治

城乡混治指的是城市与农村均有城市政府治理,改革开放以来,计划经济体制下的城乡壁垒被部分打破,但是城市政府仍然把城市作为发展主体而忽视了乡村的发展。乡村也因为缺乏治理的主体而呈现出无序散乱的发展状态,缺乏统筹,造成了严重的资源浪费;在山区更是付出了生态环境被破坏的惨重代价,严重阻碍了山区的可持续发展。在很多时候,政府以同样的标准要求城市与乡村的发展,而忽视了城市与乡村的天然差异以及乡村本身基础设施薄弱的事实,使得在城乡二元制度下造成的城乡差距仍有不断扩大的趋势,城乡矛盾未能得到有效解决。

在这种情况下,社会经济发展目标对近郊山区而言不切实际,近郊山区城镇规划也显得盲目而千篇一律,这样更会造成近郊山区发展滞后。所以,因地制宜地考虑问题,城乡共治的统筹发展是大多数郊区人民所期望的。

(3) 城乡共治

若说集中计划体制下、中心城市主导的郊区发展模式是自上而下的,那么城乡混治则更倾向于一种自下而上、双重主体的近郊山区发展模式。随着社会主义市场经济宪法秩序的逐渐确立,在两种体制共同发生作用的过渡时期,经济改革从传统体制外围入手,以渐进式制度创新为主。自下而上的郊区发展模式长期与自上而下的发展模式并存,具体体现为农民集体与个人行为、山区城镇同地方政府行为、国家政策的互斥互动。随着制度改革的进一步深入,自下而上式的郊区城市化、农业现代化的作用愈来愈强,近郊山区终将走向市场型的发展模式。

推动近郊山区发展的重要元素是农副产品销售制度以及剩余劳动力流动制度的创新。城市经济要素更多地流向近郊山区,建设投资增加与产业元素的注入使得山区乡镇有能力立足自身优势,强化主导产业,培育适应区域经济体系的产业链条。农村家庭联产承包责任制、乡镇企业等自发性的制度变迁与政府加大对近郊山区的投入、保护与统筹规划相结合,使得经济要素在城乡之间重新配置,实现城乡融合的近郊山区发展。

城乡统筹发展需要城乡之间,乃至区域之间的战略协作,现有行政区划与产业开发区管理体制双轨并行,在产业职能、环境保护、资金融通、规划建设等方面统筹合作,以自觉的理性博弈追求区域一致的共同利益。大城市近郊山区应坚持可持续发展的战略方针,协调人口与资源、环境之间的关系,在区域均衡与极化增长之间寻求有效的结合,实现区域扩散的梯度增长。以生产力发展水平与资源基础决定劳动地域分工与产业布局,本着生产专门化与多样化相结合、产业分布非均衡的对立统一规律,在新的城乡关系背景下谋求城乡协调、区域融合的山区城镇化与现代化的和谐发展。

2.6.4 小结

大城市近郊山区的保护与发展措施是一个涉及多方利益主体的复杂过程,山区居民有发展的权利,城区居民有消费生态资源的需求,政府部门有保障大城市可持续发展的义务。本章首先阐释了大城市近郊山区保护与发展的原则,这是一切措施、对策制定与实施的依据;再探讨了在山区内部为统筹发展与保护而需要推行的举措;最后探讨中心城区与近郊山区作为两个利益主体共同面对发展问题可以实施的对策。

2.7 保护与发展原则

大城市近郊山区的保护与发展必须遵循一定的原则,其中最重要的是协调性、层次性、综合性与可持续原则;除此之外,还应遵循城乡一体化原则、公共参与原则、景观保护与生态系统原则。

2.7.1 协调性原则

在推进某一项措施时,必须正确协调各种利益相关者之间的关系;在处理大城市近郊山区的发展与保护时,必须谨慎考量中心城市与山区之间的协调性、个人利益与集体利益的协调性等。

大城市作为区域的经济中心,城市布局必定逐渐向郊区扩展。山区环境质量优于市区,前者人口密度、用地紧张程度和交通拥挤程度等远比后者小。因此,一方面,郊区土地的利用应向缓解城市压力、分担城市部分功能的方向发展。由于山区拥有独特的自然环境,越来越多的市民乐意到山区观光旅游,因此山区成为市区的"郊区花园";另一方面,随着山区经济的不断发展,为市区提供了更多的农副产品,而市区以扶贫为契机,人力、物力和技术不断转移到山区农村,所以,城乡之间的经济、文化、科技等方面的联系日趋紧密。

惠灵顿绿带内现存公有和私有土地,规划对其制定了不同政策。公有土地被编入"城市委员会管理区"(City Council Management Areas)统一管理,本次规划中提到的规划政策仅对它有效;私有土地只有在所有者和委员会达成协议后才被纳入上述管理范围。其他私有土地主要通过两种途径管理:首先根据相关规定,委员会将为土地所有者提供管理建议,并鼓励他们改善经营政策、保护土地生态景观价值,必要时提供与委员会的合作机会;否则,所有者必须依据城市委员会的其他相关政策进行土地管理。

2.7.2 层次性原则

大城市往往是区域发展中心,土地利用的统筹需要着眼于宏观,协调城乡之间、区域之间、经济社会之间以及人与自然之间等多方面的关系,故拟定的目标应有层次性,着力体现长远的愿景。

第一层次为山区内部,要因地制宜确定土地的结构和功能,合理安排人口和产业的空间布局,促使环境保护和经济发展相互协调。

第二层次为大城市不同区县管辖下的山区间,协调区域之间的利益分配关系,共同实现生态保护的目标。

第三层次为整个大城市辖区,其中山区和中心城之间要促进生产要素自由流动,平衡区域间的基础设施发展水平,实现区域经济一体化;山区与平原间要形成较完善的生态补偿机制,优化区域之间的用地结构,形成合理的产业分工格局,促成人口在空间上的合理分布,促进区域经济协调发展。

第四层次为大城市与所在区域经济圈间,协调区域生态环境保护和经济发展的步调,实现区域生态保育的全面推进,促成山区产业向生态化、效益化、专业化、规模化方向推进。

2.7.3 综合性原则

大城市近郊山区土地利用统筹是一个综合的部署,要遵循综合性原则,统筹兼顾,合理布局,避免各自为政现象。这可从空间和组织两方面着手。首先划分土地利用强度区,对不同区域的土地利用进行分级控制,防止过度或不当开发,这是达成土地利用统筹的基础。其次是采取有效手段促进各区域实现其功能。土地利用是人类活动在空间上的投影,故要解决山区保护与发展的统筹问题不能仅限于土地开发整理复垦、调整土地利用模式等与土地直接相关的手段,而是要广泛借助各种经济、政治、文化、法律、社会等手段开展综合统筹。

大城市近郊山区保护与发展的空间统筹需要从多个层次利用市场机制、合作机制、互助机制、调控机制等,统筹安排人口、产业、用地的布局和生态环境的保护。

2.7.4 可持续原则

可持续发展(Sustainable Development)是指既满足现代人的需求,又不损害后代人满足其需求之能力的发展。换句话说,就是指经济、社会、资源和环境保护协调发展,它们是一个密不可分的系统,使子孙后代能够永续发展和安居乐业。

1992年联合国环境与发展大会发表《全球21世纪议程》,标志着可持续发展开始成为人类行动的共同纲领。

大城市近郊山区是平原与市区的生态保护区和水源供给基地,对城市的可持续发展至关重要。山区农村经济发展水平相对落后,为了尽快实现经济的振兴,必须发挥自身的资源优势,不断提高经济实力。目前,在各级政府的大力支持下,各地正在充分利用山区的各种资源。以市场经济为导向,大力加强自身经济的发展。但这并不意味着可以随意破坏资源,以昂贵的资源浪费为代价,换取短期的经济效益。在经济发展的同时,必须严格保护和珍惜土地资源,避免土地资源遭受侵蚀和污染。

2.7.5 公共参与原则

公共参与是指公民有权通过一定途径或程序参与与自身利益相关的决策活动,使得该项决策符合广大公民的切身利益。城市规划的目的是建造更好的城市,它关系到生活在城市中每一个人的利益,因而不只是为少数人的审美需要而做规划。规划师不应是坐在绘图桌旁、脱离现实的方案制定者,而是充分尊重他人意见的善意的改良者;政府不再是把城市建设定位为炫耀财富和权力的滥用权力者,而是追求经济发展与社会稳定相协调的策划者,是各方利益最大获取的平衡者;公众也不再是"束手无策"的旁观者,而应成为深入社会的社会活动者。大城市近郊山区规划是典型的公益性较强的建设项目,它关系到市民及其子孙后代的生存质量,更需要公众的参与;而随着社会发展,公民参与意识的加强也促进他们为绿化带建设出谋划策。

需要强调的是,公众参与并不只指向城市居民,也包括有切身利益关系的山区原住居民。大城市近郊山区的发展与保护必须充分调动原住居民的积极性,强调公众参与的原则。大城市近郊山区的大部分村落都有人居住,正是这些居民体现了村落人聚空间的灵气;在这里开展保护和开发的过程中,必须得到原住居民的支持和参与才可能真正达到协调发展的目的。

2.8 保护与发展的对策

2.8.1 大城市近郊山区发展与保护的内部对策

要做好大城市近郊山区保护与发展的统筹,首先是做好规范科学的功能区划,在此基础上实施资源与组织的统筹管理;其次要选择与各功能区资源优势相适应的产业来发展,做好土地整理工作以提高山区土地资源的利用效率;最后加强环境建设是贯穿于整个措施以及实现大城市可持续发展的保障。

(1) 功能区划

大城市近郊山区资源,尤其是土地资源的合理利用需要科学的总体规划作指导。需要根据当地土地资源实际,制定并审批切实可行、合理科学的土地利用总体规划,严格按照《土地法》的有关规定,统筹本区近、远期土地资源利用数量与质量,宜耕则耕、宜林则林、宜渔则渔,在确保耕地面积总量动态平衡的基础上,合理布局土地分区,促使土地集约化、规模化经营,实现地尽其力、资源可持续利用的良性循环目标。

区域土地利用统筹的途径,一般是按一定的方式、方法将区域划分为不同的土地功能单元,继而开展功能单元内部及其之间的土地利用统筹。大城市近郊山区的空间统筹也需要从功能区划做起。

在国外大城市的外围山水绿带的保护规划中,功能区划已成为空间规划管理的重要依据。惠灵顿出台的外围绿化带的规划中,城市委员会在《储备法案》(1977)(*Reserves Act 1977*)基础上,将这些资源分成9大类,分别制定规划,提出相应的管理目标和政策。2004年出台的"外围绿化带管理规划"(Outer Green Belt Management Plan)是其中之一。它在以往绿化带规划政策基础上制订,内容完善,成为政府在绿化带区域土地管理中的重要参考依据。

在中国,可以根据大城市地域的差异性,自然和社会经济条件、土地利用结构、土地利用限制因素、土地开发利用方向和改良措施的相似性,在保持镇界完整性的基础上,将近郊山区划分为中等及其以上强度、低等强度和禁止开发三个级别的功能区域。中等及其以上强度开发区域以集中发展区域为主,主要是城镇用地和独立工矿用地等。该区域在严格保护环境的同时,以功能区的居民转移安置、加工和销售优势产品、传递流域内外部的物质和信息等作为其功能定位。由于各集中发展区域的优势各异,因此需要具体化其功能定位。低等强度开发区域以流域两侧的山谷和浅山区为主,以发展优势农、林、果、牧、渔、矿、景等资源为其功能定位,主要是耕地、园地、经济林、风景区用地、村镇建设用地等。禁止开发区域以深山区为主,以保护自然生态环境为主,主要是生态保护林、水源涵养林、自然保护区等。三类区域范围的划定以集中发展区域和禁止开发区域的范围为主,并根据需要进行调整,其余地区作为低强度开发区域。

(2) 统筹管理

在完成科学的功能区划之后,为落实各区域的功能,需要进行统筹管理。统筹管理的关键包括两部分:第一部分是资源统筹,第二部分是组织统筹。资源统筹是组织统筹的目的,组织统筹是资源统筹的保障。

① 资源统筹

大城市近郊山区各功能区的资源统筹包括两方面:一方面是各功能之间的统筹,另一方面是各功能区之间的统筹。

功能之间的统筹主要是指生态功能与经济功能之间的统筹。具体的措施如治理水土流失,关停并转各种小矿点和污染企业,治理水污染,复垦整理废弃地,对不宜耕作的实施退耕,实施水源涵养区的退耕还林还草和生态保育工程等。这些措施需要辅以生态补偿手段来实现,需要以市政府为主导评估各功能区生态环境的外溢价值,以此为依据对各流域居民进行补贴。根据各功能区需治理区域的范围、类型、模式等确定其所需的环境建设资金规模。根据各功能区自然保护区、水源保护区等的范围、重要性、保护程度等确定各流域保护资金的分配和使用。对资金使用、规划实施的效果定期评估,并制定相应的奖惩措施,确保资金被有效、合理地利用。

各功能区之间的统筹必须以市政府为主导、县区政府配合的形式推动,制定系统的中长期发展规划。以市场为主导给予独立集中发展区域政府县级管理权,在户籍政策、生态产业发展等方面给予特殊扶持,使其通过自身体制和管理创新,推进有山区特色的自下而上发展道路。在区级政府支持下,围绕开发山区特色资源、适度集聚山区人口、转变山区居民观念、提高山区居民综合素质和劳动技能等,引导发展区域调整和提升功能。各功能区的产业发展需要根据优势确定,原则规定各集中发展区域发展具有当地资源优势的农、林或旅游项目,各功能区在一定规模以上的项目都必须是具有本流域优势的项目。

② 组织统筹

组织统筹包括管理体制的改革和管理水平的提高两方面。

改革管理体制从成立副区级的功能区管理委员会做起,并分设集中发展区域、低强度开发区域和禁止开发区域3个次一级部门,由副区长兼任负责人,成员包括相关部门、企业、乡镇、农业组织和行业协会的负责人及专家等,负责功能区各项保护与建设活动的规划和管理。针对不同区域的发展方向制定具有针对性的政绩考核指标体系。加强不同功能区之间的合作,以集中发展区域为舞台促进各功能区之间在资源开发、物流贸易上的合作。各功能区管理委员会之间建立定期交流制度,共同就环境治理、旅游合作、同业竞争、人才交流和培训等商讨对策。尝试建立功能区定期互派观察员制度,负责功能区间在各方面开展沟通和交流。

提高管理水平要从以下几方面做起：

第一，从建立科学的土地定级评估体系做起，这样才能以合理的价格调控土地的生态利用。土地的分等定级与估价，是通过对影响土地质量的自然和社会经济因素进行综合评定，划分出土地等级，评定土地价格。

第二，建立与大城市近郊山区生态用地相配套的优惠政策与补偿机制，让山区保护的利他行为在经济上得以体现。

第三，运用 RS、GIS、GPS 等先进技术，建立土地利用信息系统，实行土地利用的生态质量监控。生态环境是人类生存和发展的基本条件，也是维系大城市社会经济持续协调发展的大前提。脆弱的生态环境和有限的环境容量已成为制约社会发展的重要因素。从保障大城市的生态安全角度出发，关键在于确保各种重要自然要素的生态功能，建设包括大气、农业生态环境、森林资源、水土保持、污染预警等内容的生态环境动态监测网络工程。优先实施森林资源监测、基本农田环境监测、水土流失监测、主要河流湖泊环境监测，不断提高生态环境动态监测和跟踪评价水平。建立早期预警制度，加强生态环境恶化趋势的预测预报。要对重点地区的重点生态问题实行更加严格的监控、防范措施，对重要生态功能保护区加以保护。对生态敏感区加以重点保护，对重点资源开发的生态环境应该实施强制性保护，防止重要自然资源开发对生态环境造成新的重大破坏。

第四，加强土地管理的立法和执法，严格土地的审批制度，加大对违法用地行为的查处力度。

第五，发挥公共参与机制，提倡社区共管，要求大城市近郊山区管理机构改变以往被动、封闭的管理方式，吸收当地居民参与山区的资源保护与管理，使他们在合理利用自然资源的同时，主动自觉地担负起保护自然资源的责任。社区共管机制，因社区参与程度不同而有多种不同模式圈，大城市近郊山区的社区参与要做到既保持一定程度的强制管理成分，又鼓励社区参与合作，形成一种互相依托、互相制约、既参与管理又合作开发的混合型管理模式。

做好这些工作的前提和基础是政府管理部门必须转变观念，制定土地管理相关政策措施时，必须考虑生态环境的承受能力。避免重新造成生态环境的恶化，并采取有效措施提高生态环境的承受能力。树立以生态环境保护为中心的土地管理思想，既要重视经济规律，又要尊重生态规律，以追求土地利用的生态和经济双重目标的优化。

(3) 聚落调整

大城市近郊山区的空间调整必须以人为本，在落实功能区划后就可以着手调整聚落空间布局。首先研究各功能区整体的人口容量和 3 类区域的单位土地人口承载能力，结合各区域的现有人口规模研究其人口调整的空间范围和数量。取消功能区内部的户籍限制，大力改善集中发展区域在教育、卫生、就业、居住等软硬件条件以吸引山区居民居住，通过实施补贴、创造就业机会等切实解决农民下山居住在就业、住房、各种社会保险等方面的困难。根据中等及其以上强度、低等强度和禁止开发 3 个级别的功能区域的划分方案，对禁止开发区域的居民根据搬迁难易逐步有计划地向中等及其以上强度、低等强度区域搬迁。

另外，对于分布在陡坡上规模较小的村寨，特别是单家独户聚落，须将其搬迁到河谷地带或与其他环境条件较好的聚落进行合并。随着人口的增加和聚落规模的扩大，一些居民不得不在条件更加恶劣的陡坡上建造房屋和开垦土地。如果对这些分散的聚落不进行适当的集中,聚落不仅不能得到发展,而且随着环境的进一步恶化连自身的生存都会受到影响。在聚落的调整过程中,要特别注意居民的意愿问题,聚落的传统习俗、民族和宗教问题,迁入地社区的整合和产业发展问题等。

(4) 产业选择

大城市近郊山区经济发展要树立全面的产业观,产业发展要与自然资源和社会经济条件相适应,因地制宜发展山区特色经济,走可持续发展的道路。以此实现集约的土地利用模式,促使山区土地利用向多功能、高效益、原生态的方向演化。

产业选择必须立足于功能区划,研究各功能区的 SWOT 状况,确定优势发展项目并制定产业发展中长期目录。在中等及其以上强度发展区域规划农民就业小区并完善基础设施、招商优惠政策和政府服务水平,建设信息搜集、评估和发布平台以促进流域内、外实用信息的传播,加快招商引资和流域内零散分布企业入驻的速度。完善联系中心村和重要资源开发点到集中发展区域的道路等。鼓励中等及其以上强度发展区域有选择地发展旅游、运输、商贸等服务业,增加人流。严格限定低等开发强度区域的土地发展方向,通过财政补贴等方式鼓励农户发展优势农、林、果、药等产品和农户生态园、产业化经营等生态产业模式。建立固定的小额贷款制度,鼓励农民试验、实践各种新型生态经济模式。鼓励城市居民承包小片土地发展山区体验式农业,扩大山区居民的收入来源。

下面从产业分类出发,研究各类生态友好型产业在山区发展的路径:

① 特色农业、特色畜牧业和特色林果业

在资源上,要根据土地资源特征对山区农业结构进行调整,应改变传统经营方式,大力开展农业产业结构调整,优化土地资源利用,积极提高土地生产率。在稳定耕地、发展优质高值的粮食生产基础上,逐步提高林业、副业、渔业在产业结构中的比例,要因地制宜,采取农林结合、农牧结合、种养结合、庭院经济与大田生产相结合等高效生态农业的生产方式,对山、水、田、路、林进行综合治理,使大城市形成完整的生态系统。

在组织上,应按国际标准组织生产,确保农业大生产与大市场的衔接,从而不断提高市场竞争力,促进相关的农、林、牧、副、渔全面发展,还要创造条件促使农业走集约化、规模化和产业化经营道路,积极推行"公司(企业)+基地+农户"产业化经营模式,提高农业生产综合效益,取得最佳的农业经济、生态、社会效益。配套发展便利的交通、畅通的信息,增强农产品的市场竞争力,使农民增产增收、脱贫致富,实现全面进入小康社会的宏伟目标。

落实到空间上,必须充分保障特色农业、特色畜牧业和特色林果业生产用地以及绿色有机食品加工用地,建立适宜山区特点的生态、高效、特色农业生产体系。改变植树造林的模式,除了主要交通干线等建设地区外,山区林地主要依靠自然恢复。

在观念上,要促进农业科技发展,提高单产水平。科技是第一生产力,提高土地经营科技含量,是挖掘大城市近郊土地生产潜力,促进区域经济发展的关键。一是不断扩大优质高效农产品播种面积,提高单位面积产量;二是大力推广科学技术,提高土地经营科学水平;三是因地制宜,推进适合当地地形、气候等自然条件的立体农业模式,充分利用本区丰富的水、热、地资源;四是有步骤地增加农业机械设备完善的投入,逐步提高农业机械化水平;五是加大基础教育投入,提高土地经营者的素养。

② 山区体验农业、山区村落观光等休闲旅游

大城市近郊山区的山地景观资源，是发展旅游产业的基础。处于喧闹、繁杂大城市的人们厌烦当今水泥森林高耸的城市环境和高节奏的城市生活，向往恬静和环境美丽的山区。鉴于此，大城市近郊山区的居民应迎合久居城市的人们回归大自然、陶冶情操、休养健身的愿望，发展观光农业、生态旅游等休闲旅游。旅游业的发展不仅可以增加居民收入，为农村剩余劳动力提供就业机会，而且还能改善区域投资环境，提高农民耕作的积极性，从根本上解决大城市近郊山地资源的可持续利用问题。

所谓山地观光休闲农业，就是在保护山地农业生态环境的基础上，开辟观光农园、自摘瓜果园、渔业垂钓场等农业观光休闲项目，做到农业的生产和观光旅游双赢。所谓山地体验农业，就是在近郊山区划出部分土地作为园艺用地供市民业余耕种，市民可以通过亲自购苗、培肥、浇水，尝试农田管理，经营农业产业，感受农业生产过程，享受亲手栽培作物和收获果实的乐趣与喜悦。农户则通过出租或代为管理获得收入。山区耕地破碎，无法规模经营，正好可以将小块的耕地租给市民发展体验、采摘等观光农业，提高耕地的利用效益。耕作半径大、出行时间长的耕地，对市民而言，正好为其创造了健身与休闲的有利条件，市民在爬山和漫步乡间小路的过程中，呼吸了山间的新鲜空气，欣赏了壮美的大山风景，获得了耕作、采摘和丰收的喜悦，既锻炼了身体又陶冶了情操，生理和心理得到了双向的满足。

传统山地村落旅游是特色村落与山地风光构成的观光旅游。传统村落的形成和发展充分体现了中国传统文化中"天、地、人"观念，在它的选址、营建、扩充发展过程中，特别强调人与自然的和谐发展。在山地传统村落的开发利用中，应满足旅游者寻求时间和空间异化的要求，展现山地村落景观的独特魅力。利用古民居的艺术特点、古村落空间的完整性和村落农耕文化的丰富性特点，深层次挖掘其中蕴涵的历史和文化内涵，将文化提升为传统村落持续开发的生命力。同时，还可以更深层次地挖掘当地的民俗文化，开发一些独特的具有地方特色的活动形式，如民间礼俗、民间工艺、民间歌舞等。传统村落经过各个历史时期所保留的文化遗迹能够带给游客历史的回味，成为观光旅游的吸引点。观光旅游是了解和熟悉村落地理环境和人文景观的过程。开展观光旅游要将村落特色与山地风光相融合，注意对原村落建筑和环境的保护，合理的控制旅游容量。

广州为近郊山区制定的绿色发展策略，将生态旅游业定位放到了很高的位置，围绕山区的生态旅游定位，广州致力于提高山区旅游产品的品位与层次；要求山区旅游产品空间布局以及产品体系的设定符合生态要求，空间上总体分散、适度集中，将建设与活动的压力分摊到各个区域，但又保证生态核心区的完整；山区的旅游营销以传递生态旅游产品信息为重点，力图成为一个传播生态旅游常识、向游客宣传生态观念、提供生态行为体验的示范区域；山区的旅游产品定价要反映其生态环境成本，作为生态补偿的基本资金来源。

在惠灵顿绿带规划中，将景观地貌特色、休闲性和可达性、历史文化展示放到了很高的位置。惠灵顿市区外围北部和西部有4个主要山脉群，外围绿带涵盖其中很大一部分。连绵的山脉群是城市背景，山头连接线则形成显著的天际线。政府希望控制或降低其附近的开发强度，保留良好景观。此外，森林和溪流景观也是绿化带的重要组成部分。景观和地貌特色规划的具体措施包括对需要保护的山脊和山顶，界定出开敞区和清洁区，控制放牧，植树造林等。对于外围绿带中的文化历史资源，规划的目的并非囊括所有信息，而是探索保护、展示、享受这些资源的可能性；具体在于认识、保护和阐述各个历史文化景点，展示外

围绿带发展历程及其与惠灵顿历史和未来发展之间的关系。具体措施如将土著民族词汇用于景点名称、继续保护和进一步开发重要历史景点、定义和认可次要历史景点等。外围绿带内包含具有自然特色和历史特征的景点,它们能增强游览者的体验感;人们体验的重点应该在于活动及加强与环境的交流。规划要求每个区域都要提供休闲体验的可能。对休闲性和可达性的研究目的在于建立内部贯通的交通网络,提高休闲活动的发生概率,并同时为人们提供休闲项目。具体措施为分别规划步行、机动车及山顶自行车交通网络;在绿带内策划商业和生态旅游活动,提供相应设施;绿带内设置指示标志等。(图2.26,图2.27)

图 2.26　惠灵顿绿带规划休闲网络规划图

资料来源:惠灵顿开放空间保护规划(1976)

2 近郊山区保护和发展

图 2.27 惠灵顿绿带规划景观规划图
资料来源：惠灵顿开放空间保护规划(1976)

经济社会可持续发展战略要求我们必须集约利用土地资源，土地整理是提高土地利用效率的重要途径。土地开发整理有利于改善大城市近郊山区农业生产条件，使土地生产力水平得到整体提升，有利于农业增效、农民增收，增加有效耕地面积，对缓解当地人地矛盾，协调人地关系，促进当地经济发展起到积极作用。

推进土地开发整理工作需要循序渐进。一要摸清资源家底，做好土地开发整理专项规划，建立项目库，作为补充耕地的法定依据。二是制定政策，实行占用耕地补偿制度，镇村建设用地严格控制外延扩张占用耕地，主要通过村镇内部土地整理(如对荒山、荒坡、废沟塘、闲置废矿地、空心村的改造及调整)措施来解决。三是多方筹集资金，推进土地整理产业化。积极吸引社会资金和信贷资金投入土地开发整理,把土地整理推向市场,逐步形成产业化。四是加强组织,以点带面。土地开发整理工作是一项长期细致的工作,要加强组织管理,科学论证,制定项目规划,抓好示范点,以点带面,有步骤地推进土地开发整理工作,不断提高土地利用效率。

在土地开发整理的实施过程中,对当地生态环境的负面影响仍然不可忽视。如大面积平整土地尽管能有效地增加耕地面积,但是较大程度破坏了原有生物的多样性,使农业生态系统结构简单化而变得不稳定,甚至不可逆;农田道路、水利设施建设中过多考虑经济性和耐用性,不利于农田生态可持续发展;农业生产中合成化肥的使用大大提高了农业生产力,农业产量获得显著的增加,但化肥的施用也逐渐改变了土壤的组成和化学性质,带来污染问题,且长期施用化肥可能对土壤的酸度产生影响。

(5) 环境建设

在所有措施实施过程中,要充分考虑到大城市近郊山区生态的脆弱性与重要性之间的矛盾,大力开展生态环境建设。

针对不同的生态环境问题制定合理的治理方案。整治各种废弃地和退化土地,减少人类在水源涵养区等生态敏感区的生产、生活的频率。逐步搬迁和转移安置有污染的企业,因保护环境对企业和农民造成的损失要给予合理补偿。严格实施山区生态环境一票否决制。继续实施山区生态林管护制度,并将范围扩大到水源涵养林等土地类型。建立立体的全天候环境监测网,定期评估功能区内部各重要地段的生态环境状况。

在空间上落实环境建设需要通过制定科学的土地利用生态规划。生态规划是在自然综合体的天然平衡不作重大变化,自然环境不遭破坏和一个部门的经济活动不给另一个部门造成损失的情况下,应用生态学原理,计算并合理安排资源的利用及组织地域的利用。制定科学的土地利用生态规划,不但能够强化大城市近郊山区土地的用途管制与用地计划供应,优化土地利用结构,提高利用效益,而且还有利于山区土地生态功能的发挥,保证大城市的可持续发展。

在惠灵顿绿带的规划中,最重要的部分就是生态保护规划。专家学者在前期对惠灵顿生态系统发展进行了研究,对目前生态条件和植被种类有了系统的了解,并据此预测未来生态发展方向。惠灵顿生态保护规划的目的在于:(1)在东部山坡建立以本土植物为主的持续绿带,保留其中的森林斑块和自然溪流;(2)保护绿带内濒临威胁的植物物种,保护和强化本土生态系统、遗址和重要生态特色;(3)在符合科学的生态原则基础上强化绿带和城市其他部分及地区内其他城市的联系;(4)土地利用达到环境的可持续发展要求,具体措施有建立本土植物的连续带,保护森林斑块和其他重要植物,保护溪流,加强动植物害虫防治,对绿带内生物多样性进行研究和监测,加强火灾预防等。(图 2.28)

2.8.2 大城市近郊山区发展与保护的外部对策

城市中心区与近郊山区有着很大的区别,甚至可以作为不同的利益主体来看待,但两者又有着共同的长期利益诉求——可持续发展。要处理好城市中心区与近郊山区的关系,必须从武装全民生态意识入手,逐步建立并完善生态补偿、技术援助、联合决策等措施。

处理大城市与周边山区的关系,关键在于转变土地利用观念,强化山区生态服务功能。

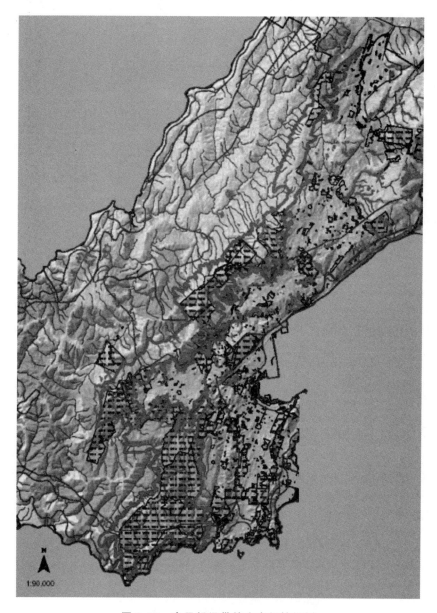

图 2.28 惠灵顿绿带的生态保护规划

图片来源:惠灵顿开放空间保护规划(1976)

随着大城市经济社会的发展,山区作为重要的绿色生态屏障的地位不断提高,山区土地生态功能的重要性也得到了越来越广泛的认同。因此,大城市近郊山区土地利用必须以强化山区的生态功能为前提,充分保障山区绿色生态屏障和水源涵养供给功能,逐步转变山区土地利用观念,把生态环境建设放在首位。

事实上,保护生态是大城市持续发展的主题。在伦敦,环城绿带是城市空间的重要特征,其山水绿地的建设能够防止邻接城镇的合并;促进农村的保护,避免被侵占;保护具有历史意义城镇的环境和特征;通过鼓励废弃地和其他城市土地的循环,促进城市更新。在巴黎,从 19 世纪 30 年代的 PROST 规划,到 90 年代的 SDRIF 规划,都把保护自然空间作为规划的一项重要内容。因此,虽然在巴黎各次规划中并未刻意强调建设绿化隔离地带,但由于对各种形式的绿化隔离空间的有效保护,形成了自然空间与人工空间互相穿插的格局。巴黎地区城市发展的经验表明,城市的生态空间不仅具有重要的生产、生态、人文和景观价值,而且对抑制城市无序蔓延、保持城市合理形态具有重要作用。

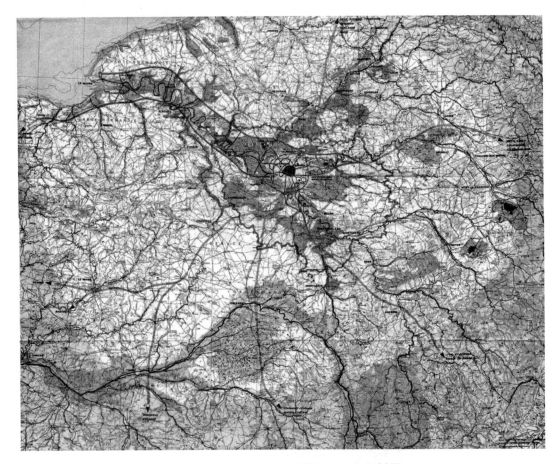

图 2.29　1965 年巴黎区域的 SDAURP 规划图
图片来源:巴黎规划局网站

只有形成了大城市近郊山区的生态保护观念,对其的功能定位、空间规划才能真正实现发展与保护的平衡。

比如广州近郊山区的区划和建设遵循区域生态保护与区域综合发展的双赢原则:以保护广州市近郊山区森林—农田生态资源和保障区域的生态环境安全为前提,开发近郊山区森林的生态旅游服务功能,从而达到既保护和加强城郊生态环境建设,又提高城市生态服务品质的目标。在此生态观念之下,《广州城市建设总体战略概念规划纲要》中提出,21世纪的广州必须确立"生态优先"的城市建设战略思想,以广州市域"山、城、田、海"并存的自然基础,构建"山水型生态城市"的框架。广州北部山地区,是从广州市中心向北部延伸的重要山、水大地景观线,是《广州城市建设总体战略概念规划纲要》中确定的城市绿楔的重要组成部分,包括连绵的丘陵山地和湖泊水库。

(1) 生态补偿

建立山区资源开发与保护的补偿机制,是保障山区生态功能得以发挥的前提。生态补偿机制的建立要在合理的基础上,是在不改变土地所有权的情况下,换取社区、农民支持资源保护、放弃山林开发的最重要的途径。

具体的措施包括鼓励大城市发达地区帮扶山区,强化城区与山区在资源和产业开发上的交流与合作。根据山区人口规模的超载状况,平原地区采取建设山区农民就业基地等方式接纳超载部分的人口。建立便捷的联系渠道,鼓励平原和中心城区的流通和贸易企业在基础相当的条件下,增加对山区产品的采购量,政府可适当进行补贴。

生态补偿的资金来源和补偿标准是其实施的难点。应该建立一个多元化的资源补偿机制,它应包含多元化的补偿资金、多元化的补偿标准以及多元化的补偿方法。多元化的补偿资金,就是要努力开拓多种可能的资金渠道。可以考虑建立山区生态屏障建设基金,并成立一个三方基金委员会以谋划资金的后续募集和使用等,由政府主导,组织企业和民间资本考查其可行性。

补偿标准也应做到多元化,大城市近郊山区内各功能区具有不同的资源条件和生态功能,应采用不同的补偿标准,从而形成有效的政策导向。禁止开发区域的补偿标准高于低等强度开发区域的,低等强度开发区域的补偿标准高于中等及其以上强度开发区域的。这样方能使得一些与禁止开发区域毗连的低等强度开发区域有经济动力加入禁止开发区域,也使中等及其以上强度开发区域中一部分条件相对较好的地区调整为低等强度开发区域。

(2) 技术援助

山区的发展离不开中心城区的带动作用,除了资金、基础设施等生态援助之外,技术援助对山区居民生活水平提高、土地的经济效率提升、资源生态效益的发挥起着至关重要的作用。

对山区的技术援助最重要的是农林业技术,推广农林科技要建立健全农林科技推广体系,培养一批素质较高的农林科技队伍,切实打破当前农林技术推广体系中的"网破、线断"的局面,大力推广生态农业实用技术。实施"种子工程",提高良种覆盖率;调整种植业结构,扩大经济作物和粮饲兼用型作物以及绿肥种植面积;推广优化配方施肥技术,增施有机肥,全面倡导秸秆还田技术,科学合理地施用化肥;推广农作物病虫害无害化综合治理技术,应用高效、低毒、无(低)残留的农药,维护山区生态的平衡;加大农林垃圾的无害化处理力度,保护山区农林生态环境;推广农林高产栽培技术,建立和完善农林标准化体系,推行农林标准化生产,提高农林生产效益;改进种植方式,减少水土流失;开展技术培训,提高山区居民的科技素质。

(3) 联合决策

上文大量探讨了城市援助山区的措施,这并不是指山区只是城市地区的从属。事实上,山区是大城市可持续发展的保障,是城市不可分割的有机组成部分。为了保障山区与城区的公平协作,必须建立和完善城区与山区综合治理和生态经济建设的联合决策机制。

中心城市与山区在空间上的联合决策可以通过战略规划或概念规划来实现。比如在《广州城市建设总体战略概念规划纲要》中,确定广州北部山地区是城市绿楔的重要组成部分,做好该地区的建设与保护规划,对形成"青山半入城"的城市生态景观格局、提高城市环境质量、实现广州市"北优"的发展战略,都具有重要意义。

联合决策的具体措施包括促进区域一体化和统一市场建设；完善交通、通信、物流基础设施，实现人、物质、信息的自由流动；建立更合理的生态补偿机制，按提供的生态资源价格返还给山区居民；统一规划城市中心区与近郊山区一定范围内的生态保护带和景观休闲带，建设沿线的生态监测网。

3 近郊山区的保护和发展实证研究

3.1 国外近郊山区的保护和发展实证

3.1.1 巴黎近郊山区实证

3.1.1.1 20世纪早期的区域规划

法国是欧洲大陆最为重要的国家，历史上也一直是中央集权的典型代表。与此政体相对应的是，作为法国的首都，巴黎在全国也是处于绝对中心的地位。

从19世纪末开始，工业的发展和小汽车的出现，使得巴黎的城市发展进入了快速扩张的阶段，由此引发了一系列城市问题，比如环境污染、交通拥挤、公共设施严重不足等。有关部门意识到必须建立起以巴黎为中心的区域概念，从区域高度协调城市的空间布局。（图3.1）

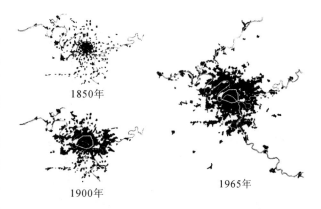

图3.1 巴黎各时期城市建设用地扩张示意图

图片来源：根据 Google Earth 自绘

1934年，法国政府出台了PROST规划，旨在抑制巴黎地区日趋严重的郊区扩散现象，从区域高度对城市建成区进行调整和完善。该规划将巴黎地区划定在以巴黎圣母院为中心、方圆35千米的范围之内，对区域道路结构、绿色空间保护和城市建设范围三方面做出了详细规定。（图3.2）

其一，提出以放射路和环路相结合的道路结构形态，作为郊区各市镇相互联系的依托；其二，提出严格保护现有森林公园等空地和重要历史景观地段，

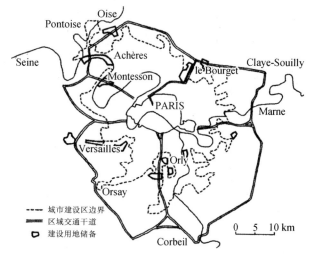

图3.2 巴黎PROST规划示意图

图片来源：刘健，2002.巴黎地区区域规划研究[J].北京规划建设(01):67-71

并在城市建设区内规划形成新的休闲游乐场所,作为将来建设公共设施的用地储备;其三,为了抑制郊区蔓延,规划限定了城市建设用地范围,将各市镇的土地利用划分为城市化地区和非建设地区两种类型,将非建设区视为未来城市发展的用地储备,严禁各种与城市直接相关的建设活动。

PROST规划以马尔萨斯理论为基础,对地区人口增长和城市空间扩大持保守态度,否认城市进一步扩展的可能性和必然性,把非建设用地视为区域空间规划的一个重要因素,城市建设范围也基本以现状为依据。事实上,由于限定了可建设用地的范围,规划在遏止郊区蔓延的同时也限制了巴黎地区的合理扩展。此外,规划没有把巴黎市的发展列入考虑范畴,成为一大缺憾。

此后,法国政府于1956年及1958年先后出台了《巴黎地区国土开发计划》(PARP)和《巴黎地区国土开发与空间组织总体计划》(PADOG),面对城市发展向郊区蔓延的现实,这些规划均采取了以限制为主的保守态度。因此,尽管试图采用区域规划方式遏制城市蔓延发展,其关注点还常常是局限于城市建成区现状,没有将其广大腹地纳入规划范畴中统一考虑。狭隘的区域概念成为上述规划的致命弱点,使其在实施中难以奏效。

3.1.1.2 二战后以发展为主题的规划

同欧洲各国一样,二战以后法国城市规划建设工作的重点是战后重建。这一时期整个法国经济呈快速稳定增长趋势,与此同时人口亦大幅度提高,从1946年到1975年法国人口总量净增加1 200万。而这一时期巴黎地区的发展明显呈松散式管理状态,尤其是巴黎塞纳区以外区域发展严重失控。同时整个地区的发展也缺乏系统性,城市的建设发展主要集中在巴黎周边10～15千米范围左右的郊区。这使巴黎地区在60年代面临人口增长导致的住房危机、交通设施落后、公共设施缺乏等严峻问题。

1964年巴黎地区政府成立,辖区面积扩大到约1.2万平方千米。翌年出台了《巴黎地区国土开发与城市规划指导纲要(1965～2000)》(简称SDAURP规划)。如果说,此前历次区域规划是重视了城市发展质量而忽视其数量需求,那么SDAURP规划则兼顾了城市发展在数量和质量上的双重需求,即在完善现有城市聚集区的同时,有意识地在其外围地区为新的城市化提供可能的发展空间。从这个意义上讲,该规划反映出规划指导思想的根本转变,被认为是巴黎区域规划的转折点。

基于人口规模从900万人增长到1 400万人和建成面积从1 200平方千米扩大到2 300平方千米的预测,制定了新的区域空间布局模式。其一,反对继续维持目前的中心放射状布局;其二,放弃形成类似"第二个巴黎"的单一新中心,因为其很难在短期形成规模,建成后在相当长时间内也难与巴黎相抗衡;其三,反对简单模仿英国大伦敦地区的新城模式,以免阻碍城市建设在巴黎地区以外的发展;其四,反对城市建设以巴黎为单一中心过度集聚,避免城市交通陷入恶性循环。

规划提出在全国各大区间平衡生产力布局以缓解巴黎的压力,并通过在巴黎城市外围建设两条平行长廊和五个开发区(包括La Defence)来转移城市过于积聚的功能。在塞纳、马恩和卢瓦尔河谷划定了两条平行的城市发展轴线,从现状城市建成区的南北两侧相切而过,并在这两条城市发展轴线上设立了8座新城作为新的地区城市中心,将巴黎和巴黎地区

3 近郊山区的保护和发展实证研究

与位于巴黎盆地、法国及西欧的其他重要经济城市联系起来。(图3.3)

1965年是巴黎地区城市规划的转折点。巴黎地区城市规划实现了从"以限制为主"到"以发展为主"的战略转变。规划提出城市发展轴线和新城的观念,为城市建设提供了新的发展空间,构架了区域空间格局的雏形,对未来的区域发展产生了深远的影响。规划者的视野扩大到市郊,促进了整个巴黎地区协调有序的发展。(图3.4,图3.5)

以后的三次规划方案继承了以推动巴黎地区整体均衡发展为核心的城市发展思路,将人为限制城市建设区的扩展转变为

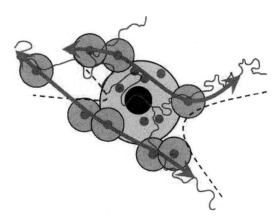

图3.3　1965年SDAURP规划结构示意图
图片来源:巴黎规划局网站

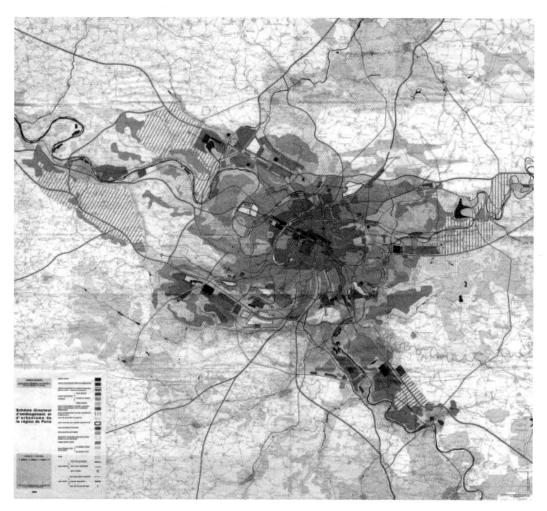

图3.4　1965年巴黎SDAURP规划示意图
图片来源:巴黎规划局网站

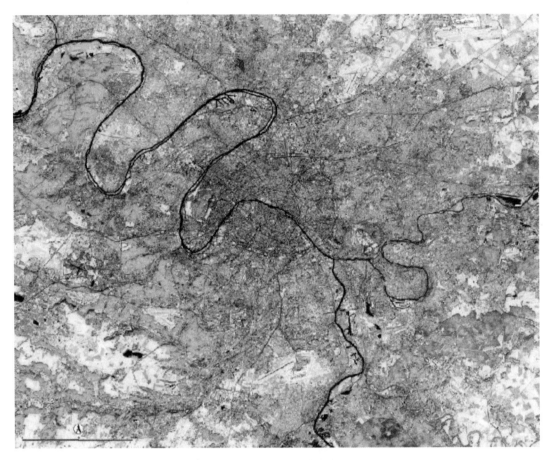

图 3.5 巴黎建设用地与周边大环境关系图

图片来源：巴黎规划局网站

有计划地为城市建设寻找新的发展空间,城市发展空间扩大了,解决城市问题的途径也增加了。多中心的空间概念也从城市建成区延伸到整个巴黎地区,从而使区域的城市空间布局更具灵活性,适应了世界城市竞争的时代要求。最终,1976 年,大巴黎地区的成立代替了原来的巴黎地区行政区。之后又经过几次大的规划调整,最终发展成为现在由 8 个省组成、拥有约 2% 国土面积和约 20% 的人口的大巴黎地区。

3.1.2 洛杉矶近郊山区实证

3.1.2.1 洛杉矶城市空间结构特征

洛杉矶位于美国西海岸,19 世纪末 20 世纪初,随着石油的发现,洛杉矶开始崛起,迅速发展成美国西部一个最大的城市。第二次世界大战后,现代工业的崛起,商业、金融业和旅游业繁荣,移民激增,城区不断向四周扩展,洛杉矶成为美国的特大城市。到了 20 世纪 20 年代,电影业和航空工业都聚集在洛杉矶,促进了该市进一步的发展。现在的洛杉矶,已成为美国石油化工、海洋、航天工业和电子业的最大基地。近年来,洛杉矶的金融业和商业也迅速发展,数百家银行在洛杉矶设有办事处,包括许多著名的国际大财团,如洛克希德、诺

思罗普、罗克韦尔等。洛杉矶已成为美国仅次于纽约的金融中心。(图3.6)

图3.6 洛杉矶市区卫星影像图
图中涂色的部分为各类公共建筑集中区域,可以清晰地观察到其多中心均质分布的状态
图片来源:自绘

洛杉矶西临浩瀚的太平洋,背靠圣安东尼奥,城市蔓延于三面环山、一面临海的开阔盆地中。全市土地面积1 214平方千米,同一般的垂直城市空间结构相反,洛杉矶有着水平方向的城市空间结构。在洛杉矶市内,除了市中心外,尚有10个左右的次中心,例如好莱坞、世纪城、机场区、港口区等。在洛杉矶市外,有16个人口在10万人以上的城市,29个人口在5万人到10万人之间的城市,形成了多中心、高度分散的城市空间结构。(图3.7)

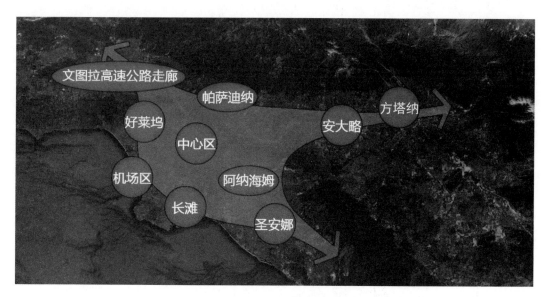

图3.7 洛杉矶多中心、水平延展的城市空间布局图
图片来源:自绘

3.1.2.2 城市交通发展对洛杉矶城市郊区化的关键性影响

洛杉矶极度均质分散的城市布局被认为是郊区化高度发展的结果,而其城市交通的发展对洛杉矶的郊区化起着关键的作用。洛杉矶市的郊区化过程包括两个方面:一个是居住功能的扩散,另一个是工业和商业功能的扩散。

(1)城市交通对居住功能扩散的影响

早期有轨电车和轻轨铁路的建设促进了洛杉矶的城市化进程,而其线路由城市中心向郊区呈放射性延伸,使得早期洛杉矶城市用地出现扇形发展的状态。

20世纪20年代之后,汽车对洛杉矶城市的扩散起了决定性的作用。私人汽车的优越性主要表现为快速、方便、灵活、多起点、多终点。1950年开始的高速公路建设又大大加快了郊区化的进程,城市的居住功能向郊区的延伸变得更为均质。

(2)城市交通对工业商业功能扩散的影响

如同汽车对于居住功能的影响,卡车对于工商业的扩散具有类似的作用。在卡车发明以前,货物主要靠铁路运输,再用马车进行集散。因此,早期的工业用地通常位于市中心和铁路的交叉口附近,而卡车的使用,使得工厂可以直接建在郊区。相比于市中心或者交通节点,郊区的地价比较便宜,税率低,且土地宽阔便于工厂的流水线作业。目前洛杉矶的工业用地主要分布在郊区,卡车成为其主要运输交通工具。居住和工业功能的郊区化也带动了商业的郊区化,以便就近服务顾客,购物中心在郊区大量地出现。这就使得居民的上下班出行由原来的郊区到市中心的出行逐步变成郊区到郊区的出行。

居住和工商业功能的郊区化使得洛杉矶的城市空间结构从集中走向分散,进而形成多中心的城市空间结构。洛杉矶由于是一个新的城市,并且恰逢20世纪交通技术和通信技术的迅速发展,因此它的城市化和郊区化几乎是同步进行的,并且郊区化的程度和速度要远远高于其他美国城市,特别是东部的老城市。与东部的老城市不同,洛杉矶并没有一个特别强有力的市中心。(图3.8)

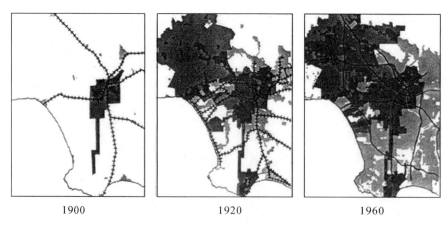

图3.8　洛杉矶城市建设用地拓展与交通干线的关系示意图

图片来源:陈雪明,2004.洛杉矶城市空间结构的历史沿革及其政策影响[J].国外城市规划(01):35-41

3.1.2.3 洛杉矶城市空间可持续发展战略

目前洛杉矶城市发展已经接近饱和,郊区化进程已经遭遇瓶颈,城市剩余的可利用土地几近耗尽。在这样一种情况下,城市继续在水平方向上无限扩张显然变得不太现实,因此城市空间可持续发展战略势在必行。(图3.9)

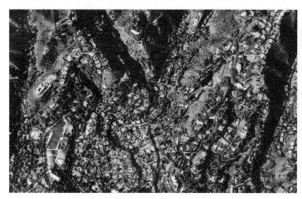

图3.9　洛杉矶比弗利山庄,居住用地完全占领了近郊的丘陵地带

图片来源:谷歌地图

洛杉矶城市空间可持续发展战略包括许多内容,这里仅介绍以下4个方面战略:

(1) 鼓励城市的精明增长

现有的财政、税收和拨款制度只是鼓励商业发展,但不鼓励住房发展。精明增长要求工作机会增长和住房机会增长在空间上相对平衡,从而缩短通勤距离和减轻交通拥挤。此外,修改现有的分区规划和建筑法规,允许在废弃的地点建造新的住房。联邦和州政府在住房方面的补助要尽量用于住房最短缺的地区。为了从根本上解决人地矛盾,尚要在其他方面做出努力。例如,要鼓励在城市边缘地带节约用地,充分利用老区的空地进行发展,允许地区之间转移发展权。尤其要鼓励土地的混合使用,在公共交通车站附近加大土地使用密度等。

(2) 缩小地区之间的发展差异

要求在贫穷地区增加建设资金的投入,为这些地区提供技术培训和良好的交通设施,这样有利于实现可持续发展目标。

(3) 保护自然环境

具体措施包括恢复生态系统的平衡,保护水、能源、空气和其他自然资源,改善水和空气质量,加强固体和有害废弃物的处理。要注意经济效率和社会公平之间的平衡。

(4) 加强地区之间的合作

要正确处理地方利益和区域利益之间的矛盾,必须从区域和长远的角度来解决都市区内部存在的各种问题。城市规划部门应当将现有的土地和其他自然资源的现状与使用情况向全社会公开,这样可以增加全社会对城市和区域发展问题的忧患意识。另外,要制订区域发展目标,对都市区未来发展进行有效的监控,加强区域规划的权威性和连续性。区域内的各阶层、各地区之间要加强对话,充分取得共识,使得相互之间的发展更加协调,更有效地保护和利用现有的自然资源。

洛杉矶城市保护条例:

洛杉矶整体的规划突出了社区概念,将35个社区的规划进行整合,同时对居住区、工业区、商业贸易区以及自然保护、海湾保护、生态水文保护进行单独的条例管控。这些条例包括：洛杉矶健康发展条例、框架条例、空气质量条例、保护条例、住宅条例、噪音条例、开放空间条例、公共服务设施系统条例、安全条例、机动车条例。

洛杉矶城市保护条例于2001年编写，其中对于农业用地、动植物保护、非物质文化遗产和物质文化遗产保护、自然文化资源保护、特殊区域、土壤退化问题、渔牧业、森林保护、栖息地、危险化工材料和物品、水文、公共空间等进行了特殊的规定。

其中，圣费尔南多山谷和圣莫尼卡山脉得到了重点的关注。为了控制过度开发造成的动植物大量的灭绝和破坏，此处区域进行了严格的住区控制，以及更先进的垃圾处理和技术修复。

特殊案例：好莱坞区发展规划：

好莱坞区是世界著名的影视基地，是游客纷至沓来的旅游胜地，也是密集的居住社区。在1992年最初发布、多次更新的好莱坞区特别规划方案中，对区域保护、住区规划、建设管理等进行了多方面的规划。好莱坞区关注对1960年到1970年代和现存建筑资源的保护，关注对历史住宅的保护和更新。同时，其对有限的自然资源也着重关注，从而保证社区现有住区居民的生活质量和未来社区的发展。

好莱坞区规划集约程度高，区域分区较为明确。规划中规定：商业规划区中不得居住居民，住区与商业区严格划分开；建筑和住户离道路5英尺（约1.5米），建筑和构筑物高度不得高于36英尺（约11米），建筑用地不超过总用地的地面面积的30%（参考Hollywood Specific Plan）。这保证了整个山区的植被和绿化不遭受大面积破坏，有效控制了绿化率，使社区的整体环境风貌较为自然生态。

3.1.3 赫尔辛基近郊山区实证

3.1.3.1 大赫尔辛基规划研究综述

（1）规划背景

1918年，沙里宁受一家私人开发商的委托为芬兰的赫尔辛基新区明克尼米-哈格制定了一个17万人口的扩展方案，也称"大赫尔辛基"方案。在着手赫尔辛基规划方案时，沙里宁发现单元中心的城市存在中心区拥挤问题，当时赫尔辛基建造的卫星城镇仅承担居住功能，导致生活与就业不平衡，使卫星城市与中心市区之间发生大量交通阻塞问题，并引发了其他社会问题。因此，他主张多中心发展，创造居住与就业的平衡。

（2）规划特点

沙里宁逐步将原先密集的城区分解为许多"小市镇"或"区"，每区之内，功能齐备，布置有住宅、商店、学校以及生产车间等，减少对旧中心的依赖。住宅区和劳动场所的位置选择也应按照有机的方式进行安排，对每个区的人口和建筑面积严格限制，不使其成为一个"庞大无限量的整体"。通过有机疏散，最终使现有的城市中心彻底解构，成为多个卫星城均匀分布、中间有绿化带间隔的格局。

大赫尔辛基规划中采用"对日常活动进行功能性的集中"和"对这些集中点进行有机的分散"的组织方式。结果是，连接各区的主要干道上的交通量减少，车辆可能具有更高的行驶速度。各区之间用保护性的绿化地带隔离开来，在这些绿地上，禁止兴建任何普通的建筑物。另外,像运动、体育比赛、露天休息等活动设施可以设在绿地里面,供邻近的居住区使用。

(3) 规划疏散过程

按照城市机体的功能要求,人口和就业岗位被分散到离开中心的地域。重工业被移到新的郊外工业区,轻工业分布在居住与工作条件较好的各个分散区域中。大量的商业特别是与供应日用品有关的部分,将自动地随着疏散。各种城市机构也将一步一步地疏散在新的社区内。当然,许多事业和城市行政管理部门必须设置在城市的中心位置。城市中心地区由于工业外迁而腾出的大面积用地,可以用来增加绿地,也可以供必须在城市中心地区工作的技术人员、行政管理人员和商业人员居住,让他们就近享受家庭生活。

另外,为达到城市有机疏散的目的,就需要有一系列的手段来推进城市格局重组的开展,如政府需通过强力的政策和立法来征地并转移地产权,保证业主的地产权能够顺利从衰败的旧区转移到新区,但是由新建房屋的土地来交换。同时政府要有效控制土地价格,防止它在城区大迁移中产生剧变。

(4) 规划实施情况

虽然大赫尔辛基规划在概念上很美,但它在当时并不现实。沙里宁宏大的"有机疏散理论"是构筑在一系列前提下的:有远大眼光、可以制定未来几十年区域总体规划的精英规划师;有巨大权力、在法律和政策上可以强力主导的政府;愿意服从整体调度的全体市民和社会组织。这些前提加在一起,与西方社会通常的民主政体与自由经济模式产生根本性抵触。

赫尔辛基的土地有限,规划的建筑密度小于实际能承受的,而有机疏散需要更大面积的土地,即使忽略人口的增长和家庭汽车的普及,城市也无处扩展。沙里宁太寄希望于将诸多权力交予政府来主导城市发展,政府购买土地花费太高,大赫尔辛基规划最终因高昂的耗资而未能完成。这就是为什么沙里宁的"有机疏散"构想从没有,也根本不可能在西方任何城市实现的原因。

(5) 小结

大赫尔辛基规划是沙里宁"有机疏散理论"的重要实践,充分体现了解构原城市中心,重新规划的多个卫星城相互独立、均匀分布的激进的城市格局重组。虽然诸多原因导致大赫尔辛基规划方案未完全得到实施,无法看出有机疏散理论实践效果如何,但有机疏散理论仍为二战后改善大城市功能与空间结构问题起到了指导作用。在中国城市发展建设中,可将沙里宁有机疏散理论与国内实际情况相结合,加强城市功能分析,把握好"有机疏散"在城市空间、城市功能上的实践。

3.1.3.2 赫尔辛基21世纪地方发展规划

赫尔辛基是芬兰的首都,人口约50万,滨海城市。《赫尔辛基市21世纪地方发展规划》(以下简称《21世纪地方发展规划》)就是21世纪该市的可持续发展计划。可持续发展包括以下几个方面:生态、经济、社会及文化等方面的综合持续发展。

(1) 规划起因

实现地区的可持续发展是一种国际行为。1992年联合国在里约热内卢召开联合国环境与发展会议,要求世界各国制定本国的发展规划,以实现全球的整体发展。接着,欧洲各国积极响应,开始制定各自的发展规划。其他一些国家如中国也着手制定本国的21世纪发展规划。

实现地区的可持续发展已成为政府行为。里约热内卢会议之后,芬兰政府首先制定了《21世纪地方发展规划》,同时鼓励各地方政府制订相应的计划。

《21世纪地方发展规划》将使赫尔辛基市整体形象得到改善,增强自身的吸引力,吸引更多的外来投资。

《21世纪地方发展规划》也代表了市民的愿望,他们十分关注家乡的发展,希望孩子们有一个舒适、美好的成长空间。

(2) 规划制定及实施过程

1997年赫尔辛基市议会决定开始《21世纪地方发展规划》的制定。接着,每1~2年召开一次"地方发展规划论坛",该论坛面向市政各部门、各政治团体、非官方组织及全体市民……然而,遗憾的是,还有一些人对此不很关心。同时,该市成立了由17个主要团体组成的顾问团,该顾问团负责就持续发展的有关问题向市政管理部门提交意见和建议。这些意见和建议在赫尔辛基市辖区内的各部门及社区之间,通过互联网交流。政府成立《21世纪地方发展规划》领导委员会,由赫尔辛基市市长任该委员会主席。由环境中心负责实施《21世纪地方发展规划》所涉及的各项工作,将所有信息反馈给顾问团,制定发展规划的实施草案。实施草案征询市政委员的意见后,面向全社会公布,由市议会最后定稿。

(3) 规划目标

降低温室效应,要从能源开发及利用、交通运输、废弃物处理等方面入手;保护生物资源,包括自然资源及绿地等;加强各部门合作,鼓励市民积极参与市政管理;坚持定期调查评估及信息反馈,对城市的持续发展做出评估;实施安居工程,改善居住环境及住房条件;关注少年儿童的成长,因为他们是社会的未来和希望;整个生产过程中注意保护生物链,从原材料开发、加工生产直至废弃物管理,都要遵循可持续的原则;加强国际合作,包括加强与邻近国家及地区如俄罗斯的圣彼得堡的合作,以及加强与其他国家及地区的合作。

3.1.3.3 赫尔辛基2002总体规划

赫尔辛基总体规划于2007年正式生效(Malmi机场区除外),2012年赫尔辛基城市规划得到更新。赫尔辛基总体规划分为两个部分:赫尔辛基城市规划(Helsinki City Plan)和远景2050(Vision 2050)。

(1) 赫尔辛基城市规划

规划中对于城市长效用地结构进行了发展规划。规划中计划为86万新增居民和相应用地进行城市合理扩张和应对措施管理。规划提出了6个规划主题:集约化城市结构;扩张城市中心;铁路系统建设;"城市绿阴道"建设;绿地系统网;城镇区块中心建设。下面阐述集约化城市结构、扩张城市中心、"城市绿阴道"建设以及绿地系统网的内涵。

集约化城市结构:针对1/3的新住户会落户在现有城市区域内,尤其是较老的城市社区的情况,充分利用现有的基础设施,发展可持续的、经济敏感的城市规划。

扩张城市中心:一方面,赫尔辛基总体规划中对赫尔辛基中心城区尤其是芬兰以及大都会区的商业、零售、服务、旅游、文化进行着重的优化;另一方面,增大芬兰区域的用地密度,并沿着赫尔辛基东部中心进一步发展商业。

"城市绿阴道"建设:总体规划中提议对现有的城市郊外的机动车道进行城市绿阴道建设,以达到城市中心区的标准,增强郊区的住房和商业用地吸引力。同时,计划建设新的城市区块,在城市绿阴道中,居民生活和活动成了道路侧重点,新型城市绿阴道旨在吸引居民更多地行走和使用自行车,建立功能全面、交通安全的城市要道,并实现道路环境的可持续和生态化发展。通过对城市绿阴道进行比其他城市道路更严格的限速,来确保平缓的交通流量,增加人群在绿阴道的停留时间,增加绿阴道的交互性和趣味性。

绿地系统网:通过对休闲胜地和绿地的联系,形成有"绿手指"之称的绿地结构。绿地规划计划将大城市区、其他公园区域、横向绿道进行串联和梳理。

(2) 远景2050

远景2050强化了城市规划和具体用地规划中的设计意图。规划中,预测到了2050年赫尔辛基会成为一个交通网络快速发展、中心区扩张、周边发展中心辅助配套的城市。快速交通、轨道交通会成为城市发展的一个重要纽带,然而,赫尔辛基极其关注人的尺度和活动,城市区域将被设计成为适合行人而不是机动车的模式。保证和优化居民的日常生活环境,确保生活环境舒适成了决定城市规划发展是否成功的重要因素。

远景规划:历史、场地和时间的感知、24小时城市、社会和经济平衡、公共交往空间保障成了重要的关注点。赫尔辛基在最新规划中,对小尺度和中尺度社区和公司重点关注,鼓励发展新型的更加灵活的社区形式,鼓励住户发展第三产业。同时,在城市的各个方面增补设施建设。旧有的部分社区由于在过去集中快速地建设,模式甚至是建筑的外形与材质都趋同,新型建设考虑在旧有的环境中体现差异化和特色化,给不同的区域以不同的设计和解决问题的方案,同时确保基础设施的保障达到一个较高的标准。同时,为了在有限的区域打造改造的目的,交通问题尤其是停车问题亟待解决。规划中计划加大出租车的服务力度,限制停车用地,发展公共交通,使得交通变得更加灵活。

同时为了保证居民生活质量,良好的邻里环境和生活环境、积极的交往空间需要被重塑。提供更多的城市花园空间,增加儿童游戏区域和运动区域、年轻人活动区域和户外生活区域都成了规划的建设要素。

3.1.4 巴塞罗那近郊山区实证

3.1.4.1 地理特征

巴塞罗那(the city of Barcelona/ Municipio de Barcelona)是西班牙加泰罗尼亚自治区(Comunitat Autónoma de Catalunya)的首府,是西班牙仅次于首都马德里的第二大城市。城市面积101.9平方千米,平均海拔12米,城市最高峰为科塞罗拉山的主峰Tibodabo峰,海拔高度516.2米。

巴塞罗那作为重要的国际化大城市之一,拥有悠久的历史和灿烂独特的文化。山地在巴塞罗那产生发展的历史中,不仅成了限定城市的边界元素之一,也成了城市发展的依托。

巴塞罗那就形成于东北邻巴索斯河(Besòs),西南邻洛布里加特河(Llobregat),西北面科塞罗拉山(Serra of Collserola),东南面地中海所围成的一片沿海平原中,至今仍然基本保持这个范围。同时,在这片平原中,还有一系列连绵的小山丘和位于海边的蒙特惠奇山

(Montjuïc)。在历史上,在如今巴塞罗那老城位置还有一座小丘,叫台伯山(Mons Taber),在公元前15世纪,罗马人率先在台伯山上建造军营,这也是巴塞罗那老城发展的起源。(图3.10)现在,台伯山已经不复存在。在巴塞罗那北部靠近科塞罗拉山脚下的区域,逐渐形成一些独立的古村落,有一些在现在还有遗存,例如萨莉亚(Sarrià)和奥尔塔(Horta)。1640年,为了抵抗菲利普四世(Felipe Ⅳ),蒙特惠奇山上的蒙特惠奇城堡(Castell de Montjuïc)开始修建,现在已经成为城市的地标之一,也是重要的旅游景点。例如1929年巴塞罗那世博会(1929 Barcelona International Exposition)的展区就位于蒙特惠奇山。1992年巴塞罗那奥运会(1992 Summer Olympics)的四个主场区也有两个与山地有关,分别是蒙特惠奇山场区(Montjuïc Area)和位于科塞罗拉山山脚的场区(Vall d'Hebron Area)。

图3.10　1595年的巴塞罗那老城图

图片来源:Barcelona/Fra. Valego f. 1595.Barcelona:Institut Cartografic de Catalunya,2009-06-10.

在当代,巴塞罗那的山地已经成了城市绿肺,变成了市民休闲、运动的好去处,也成了城市的重要旅游景点。

3.1.4.2　规划历程

(1) 1860年塞尔达规划

为了解决城市人口膨胀的问题,巴塞罗那急需进行城市扩张。1860年,城市决定采用Ildefonso Cerdá提出的规划方案实施。这个方案旨在实现居民生活条件的平等,街区113.3平方米、45度切角,用来布置建筑和公园绿化;正交街道宽20米,以适应预期中新的城市交通方式。这个规划形成了巴塞罗那城市最具标志性的肌理。

3 近郊山区的保护和发展实证研究

图 3.11 部分在巴塞罗那城市中的山

图片来源:刘畅,2013.巴塞罗那城山地公园形态研究[D].北京:清华大学.

(2) 1953 年规划

20 世纪中叶,随着城市人口的不断扩张所带来的压力,巴塞罗那需要突破原先的市域范围,获得更为广阔的发展空间。1953 年,建筑师 José Soteras 在 Pedro Bidagor 的协助下起草了 County Plan,也称为 1953 Plan。这是巴塞罗那及周边地区的第一份区域发展计划。

(3) 1976 年大城市区规划

1974 年,为了缓解城市人口压力,增加区域间的合作,巴塞罗那又出台了一部大城市区规划——*The 1976 General Metropolitan Plan*,并于 1976 年生效。这部规划集合了多位体制外专家学者的意见;1974 年规划公示后不久,巴塞罗那大城市区公司(Barcelona Metropolitan Corporation)就宣告成立,加强了对大城市地区的管理。值得一提的是,该规划将大量的城市土地划为绿地与公共设施区域,使其免受资本市场的蚕食。这也为巴塞罗那山地公园的大范围建立提供了先决条件。

3.1.4.3 蒙特惠奇山与山地公园系统规划

(1) 山地公园

① 山地与山地公园

巴塞罗那城市中的山地现在基本上都已被开发设计成为山地公园(包括公园、植物园等)或城市绿地对公众开放。其中有的山整体成为一个公园,例如规模较小的 Monterols 山,现在整体成了蒙特罗公园(Monterols)公园;而其余的一些稍高的山大多把海拔较高的主体部分开辟成公园,而山脚下成为城市街道和社区的延伸,例如位于桂尔(Guëll)山上的著名的桂尔公园(Parc Guëll)。还有的山地根据不同的需要被分割成了若干个公园或植物园,例如蒙特惠奇山上就划分出很多不同的公园和植物园。当然,在巴塞罗那城市中,最大的城市公园还是要数横亘于城市北部的、20世纪后期创建的科塞罗拉自然公园;同时,它也是世界上面积最大的城市中的自然公园。

② 山地公园承载城市公共空间功能

在山地城市中,城市快速发展膨胀的需求与有限的平地空间是城市发展的主要矛盾之一。如何利用山地空间为城市"分忧",需要山地承担什么样的城市功能,是长期困扰山地城市的问题。在这方面,巴塞罗那做出了很好的示范。巴塞罗那众多的山地公园不仅为市民和游客提供了走进大自然、充分体验绿色植被和山地空间的机会,同时也设置了丰富多彩的、多功能的活动空间,为游客和市民提供了体育运动、休闲娱乐等活动的绝佳场所。也就是说,巴塞罗那将城市中的市民公共空间向山地扩展和转移,实现了由消极的"荒山"向积极的城市开放空间的转换。

巴塞罗那不仅完成了城市公共空间向山地的转移,还通过丰富的功能设置提高空间品质,吸引市民和游客真正有兴趣走进山地公园并在公园活动。它在适当的位置预设了丰富多彩的活动场地和区域,并考虑到了各个年龄层的需求。在这些活动中不仅有基础的休闲参观和非常受欢迎的体育运动,更有较为深层次的教育研究,使得游客和市民在想到山地公园时不仅把它当作一个单纯的花园来看待,而且当作一个重要而有吸引力的活动场所。巴塞罗那山地公园的不断更新的活动,也有效地保证了山地公园持久的魅力。

③ 蒙特惠奇山与山地公园

蒙特惠奇山是位于巴塞罗那城市西南部的一座丘陵。它北接城市,南临地中海,是巴塞罗那的沿海屏障和海岸线上的重要节点。蒙特惠奇山占地面积 257.9 公顷,海拔高度 184.8 米,是巴塞罗那城市的重要象征和地标。

在蒙特惠奇山上,分布有 18 个山地公园,分别是:奥林匹克公园(the Olympic Ring)(标号 1)、Aclimatació 植物园(标号 2)、Joan Maragall 植物园(标号 3)、Laribal 植物园(标号 4)、l'Umbracle 植物园(标号 5)、Teatre Grec 植物园(标号 6)、les Escultures 公园(标号 7)、la Primavera 公园(标号 8)、Mirador del Poble-sec 公园(标号 9)、Mirador de Miramar 公园(标号 10)、Mossèn Costa i Llobera 植物园(标号 11)、Mirador de l'Alcalde 公园(标号 12)、Sardana 广场公园(标号 13)、Joan Brossa 植物园(标号 14)、Mossèn Cinto Verdaguer 植物园(标号 15)、Petra Kelly 植物园(标号 16)、巴塞罗那植物园(Jardí Botànic de Barcelona)(标号 17)、Mirador del Migdia 公园(标号 18)。(图 3.12)

蒙特惠奇山既是山地公园的汇集之处,是城市重要的优质开放绿地,同时也是巴塞罗那山地空间设计的典型代表。因此,选取蒙特惠奇山作为一个复合的山地公园系统进行分析。作为一个优秀的空间体系案例,蒙特惠奇山主要具有空间开放性和形象完整性两个特征。

(2) 山地公园空间开放性特征

城市山地公园作为城市开放空间系统的组成部分,本身就要体现对于市民和游客的开放性;而蒙特惠奇山作为山地公园的集中地和大型城市开放空间,更要具备开放性的特征。蒙特惠奇山空间的开放性体现出如下几个特征:具有良好的可达性、明确的可识别性以及强烈的吸引力。蒙特惠奇山具有丰富的路径体系、山地印象和景观点。

3 近郊山区的保护和发展实证研究

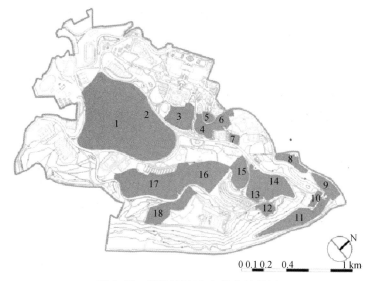

图 3.12　蒙特惠奇山上的山地公园

图片来源：刘畅，2013.巴塞罗那城山地公园形态研究[D].北京：清华大学.

① 通道：丰富的路径体系

蒙特惠奇山作为知名旅游目的地，相对于以服务市民为主的其他山地公园，从功能上对于丰富的路径体系有着更为迫切的需求。路径的密度、数量及质量决定着游客对公园的初次认知、印象深刻程度以及好感度。巴塞罗那旅游局的旅游统计数据显示，在2012年的巴塞罗那受欢迎旅游目的地中，蒙特惠奇山（特别是山上的蒙特惠奇城堡）名列前茅。据此可以推测，丰富而清晰的路径体系是它如此受欢迎的重要原因之一。

具有丰富、便捷的通道是山地拥有良好可达性和开放性的重要指标。蒙特惠奇山具有丰富的路径体系，主路清晰明确，支路密集丰富。（图3.13）

图 3.13　蒙特惠奇山路径平面图

图片来源：刘畅，2013.巴塞罗那城山地公园形态研究[D].北京：清华大学.

75

蒙特惠奇山最主要的车行路从山的北侧和西侧分别进入,汇合后从东侧而出。北侧的入口由西班牙广场(Plaça d'Espanya, Barcelona)入,道路依次是 Avinguda del Marquès de Comillas(Av. Frances Ferrer i Guardia)和 Carrer de L'Estadi,西侧入口道路为 Carrer Foc,随后道路是 Passeig Olympics。两条道路交会后,经过 Av. Miramar, Ctra. Miramar,从科塞罗拉山的东侧汇入 Passeig de Josep Camer。这条道路串联了国家宫(Palau Nacional)、西班牙民俗村(Poble Espanyol 或 the Spanish Village)、奥林匹克公园(the Olympic Ring)、电信塔(Torre de Comunicacions de Montjuïc)、米罗基金会(Fundació Joan Miró)、巴塞罗那植物园等几乎所有著名景点,同时也经过了山上大多数的植物园和公园,使得主要流线简洁明确。同时,通过 Carrer Dr. Font Quer、Carrer Can Valero、Passeig Migdia、Carrer del Castell、Ctra. Montjuïc 等次要车行道,连接了蒙特惠奇城堡等古迹。通过分析可以得出,蒙特惠奇山的所有景点和主要休闲场地都能通过道路交通到达。

有了明确便捷的道路作为保障,蒙特惠奇山还提供了丰富的公共交通方式,以增强山地开放性。除了蒙特惠奇山上的缆车、索道及地铁 FM 线之外,游客还可以乘坐公交 13 路、23 路、50 路、55 路、61 路和 107 路和蒙特惠奇山旅游巴士到达车行路可以到达的每一个景点。

与此同时,蒙特惠奇山上拥有丰富而密集的步行支路,通向休闲游览空间的各个角落,例如乒乓球桌、高尔夫球场或餐饮店。从鸟瞰图上来看,这些丰富的路径如毛细血管一般遍布在山地公园中,绝大部分是简单的石砌或沙土人行路。这些密布的道路织网连接着城市道路,将不同方位的人们引向山地,极大增强了山地公园的可达性与开放性;这些道路也渗透进山地绿地空间中,使得人们可以深入林地,享受自然的乐趣,同时也能找到通往各个节点的近路。

② 视线:山地印象与观景点

山地相对于平地而言,具有非常明显的三维形象特征,提供了城市中仰视和山地上俯视的独特的视觉体验。在蒙特惠奇山的设计上,这一特点被有意加强,成功地营造了蒙特惠奇山良好的视觉开放性和与城市空间的辨识度。开放性主要体现在两个方面:一方面,从城市很多角落都可以看到蒙特惠奇山,营造了视觉的全开放性,极大地增强了山地对人们的吸引力,同时也强化了通向山地的路径方位。另一方面,蒙特惠奇山上营造了面向城市和海滨的观景道路,能够体验独一无二的城市全景视角,这也使得山地的吸引力大大增强,并有助于人们强化山地与城市的方位关系。

首先,巴塞罗那市出于城市风貌保护、采光通风需求等诸多考虑,除了阿格巴塔、圣家堂、双子塔等寥寥几个地标之外,并未建造高层建筑。这就使得在低矮的城市背景下,高耸的蒙特惠奇山"鹤立鸡群"。根据城市意象理论,在城市中,空间结构的辨识度至关重要,它是人们判断自己所处位置的重要依据,也是对城市空间的深刻记忆。通过若干口头采访后,可以得出大致结论:蒙特惠奇山成了人们行走在城市中随时可以参考的地标,同时也成了大多数被访者在谈到巴塞罗那城市空间结构时印象深刻的标志物。这样重要的空间意义无疑增强了蒙特惠奇山磁石般的吸引力。

视觉的全开放性还体现在巴塞罗那街道所营造的视觉通廊上。巴塞罗那城市街道几乎全为直线,绝少拐弯;占据城市中部的扩展区更是棋盘状街区的典范。这就大大增加了在城市的远端通过笔直街道营造的视觉通廊在街道尽头看到蒙特惠奇山的可能性。这样的视觉通廊强化了蒙特惠奇山的视觉开放性,也强化了路径可达性。

其次,是蒙特惠奇山所营造的城市和海港全景视角。和桂尔公园、科塞罗拉公园等其他山地公园相比,蒙特惠奇山具有独一无二的接城临海的地理位置。设计者充分利用这一优势,营造了全方位的俯瞰平台或路径,较为突出的一个例子是沿蒙特惠奇城堡东南侧的观景道路 Camí de Mar(意为海路)。在这里,人们可以近距离俯瞰海港,并遥望巴塞罗那绵延的海滩。同时,在城堡的西北侧,也有相应的观景平台回望整个巴塞罗那全貌,可谓风景绝佳,吸引众多游客驻足。在蒙特惠奇山上的公园中,也有 Mirador de l'Alcalde 公园、Mirador del Migdia 公园、Mirador de Miramar 公园、Mirador del Poble-sec 公园等本身就以观景台命名的公园,提供各异的俯瞰观景点。这样丰富的景观视角无疑大大增加了山地公园视觉的开放性。

(3) 山地公园形象完整性特征

这里的形象完整性,包括两层含义:一方面,蒙特惠奇山位于巴塞罗那中心区,经历长期的城市发展建设,仍能保持完整的公共开放空间不被侵占,完整地保留了城市绿地的属性;另一方面,蒙特惠奇山作为城市空间地理的重要特征和城市主要辨识地点,历经世博会与奥运会两次重大历史事件,在视觉上始终具有形象完整性这一特征,即作为完整的山地绿地形象一直保持至今。

① 政策:整体保护与规划

蒙特惠奇山能够保持完整的城市绿地特征,并能够实现山地各元素之间的协调,最重要的政策因素就是在政策上将蒙特惠奇山作为一个整体进行保护和规划。蒙特惠奇山在进行开发之前,拥有树木葱郁的自然环境。山上的缓坡被巴塞罗那的老城居民用来种植农作物或放牧牲畜。在 19 世纪 90 年代,农业功能逐渐消失,山地的部分树木和林地被修整,山地空间开始受到人们的重视。随后,在 20 世纪初,蒙特惠奇山就开始了为 1929 年世博会所做的规划和建设。

通过对于世博会和奥运会的蒙特惠奇山规划和随后的各版规划可以看出,虽然作为一个具有 18 个山地公园、众多博物馆等建筑,以及休闲运动场所的多元素集合体,但是蒙特惠奇山一直作为一个城市公共空间的整体在进行保护和规划。在 2013 年 3 月 5 日最新版的蒙特惠奇山规划中,我们可以清晰地看到蒙特惠奇山的规划范围,包括了除山后的蒙特惠奇公墓(Cementiri de Montjuïc)之外的几乎所有山地空间。(图 3.14)

对山地的整体保护和规划至少具有以下两个明显优势:一是对非公园公共空间的妥善保护,二是对公共空间系统的整体把握。

② 统筹:城市大事件与整体设计

蒙特惠奇山上主要经历了 1929 年世博会与 1992 年奥运会两次城市大事件。在这两次城市大事件中,蒙特惠奇山作为主要场馆所在地,都经历了重要的规划和建设。值得注意的是,在巴塞罗那,这样的世界级盛会的规划建设是以尊重山地绿色空间的整体形象为前提的。场馆和设施以谦逊的态度巧妙地与山地自然空间相融合。

在 1929 年世博会的建设中,著名建筑师 Puig i Cadafalch 统筹城市设计和建筑设计,而 Juan Claude Nicolas Forestier 和 Nicolás María Rubió i Tudurí 负责景观绿化。Puig i Cadafalch 设计了西班牙广场及通过西班牙广场直通山上国家宫的主轴线 Gran Avenida,同时设计了一条通往山上两片展区的垂直轴线。这两片展区一片位于山地中央,

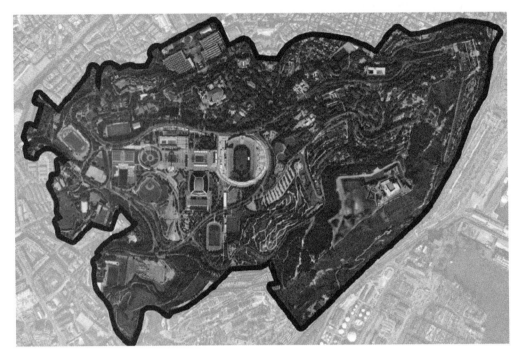

图 3.14　蒙特惠奇山(蒙特惠奇公园)2013 年 3 月 5 日版规划范围

图片来源：http://w110.bcn.cat/Urbanisme/Continguts/Documents/Barcelona% 20Participa/Montjuic/MPGM%20 Montjuïc_130305.pdf

另一片位于蒙特惠奇山南坡的 Miramar 地区。

早在 20 世纪初,世博会的设计中设计者已经考虑到了山地的整体形象和整体利用;蒙特惠奇山绿地空间的第一次完整性设计,也是在这期间完成的。同时,在场馆和场区设计的同时,蒙特惠奇山的开放性入口与良好的无障碍设计也得到了初步的设计。例如斜向地铁 FM 线就开通于 1928 年。

1986 年,巴塞罗那取得了 1992 年夏季奥运会的举办资格。摆在规划建设者面前的问题首要就是如何建造出功能完备的体育场馆群和奥林匹克公园,并能很好地处理赛后利用问题,将它们融入整个城市中。蒙特惠奇山是这次奥运会的主场馆之一,对于经历过 1929 年世博会的这座山地而言,面临的目标首先是如何利用世博会的原有条件进行改造;其次是如何通过这次盛会使得这片在 Cerdá 规划中就已经提到的城市公园空间更加开放,在城市中发挥更大的作用。根据各类研究的总结,蒙特惠奇山的奥运体育场馆根据所处位置主要分为两个部分:一是集中位于山顶的 the Olympic Ring 部分(加泰罗尼亚语中称为 Anella Olímpica),即奥林匹克公园;二是位于蒙特惠奇山其他位置散布的体育场馆。另外,通往蒙特惠奇山山顶的电梯等无障碍设施也是借由奥运会的东风而逐渐完善的。

值得注意的是,奥运会的主场区——奥林匹克公园被"隐藏"在了山顶朝向大海一侧的缓坡上,并很好地和周围的林地公园紧密结合在一起。这样一来,无论是体积庞大的主体育场,还是高耸的蒙特惠奇电信塔,在城市一侧看来,都巧妙地被隐藏在了山的背面,并没有破坏山地整体的绿色形象。如此重大的工程和重要的盛会,却选择了低调地融入自然,尊重自然。这在 90 年后的今天看来,仍然是一个思想上的重大进步。

3) 贯穿：城市运动路径的连接

蒙特惠奇山通过城市运动路径的贯穿而成为一个连接更为紧密的公共空间整体。巴塞罗那拥有一条围绕整个城市，并部分包括周边市镇的完整的运动路径——Ronda Verda。（图 3.15）这条道路是巴塞罗那省协调下的跨越多个市镇的完整的自行车运动道路。北侧路段是科塞罗拉自然公园以 Passeig de les Aigües 道路为主体的海拔较高的山地自行车道路，西侧道路和东侧道路分布在巴塞罗那的周边市镇，主要是沿传统的运动路线和沿 Besòs 河的自行车道。Ronda Verda 的南侧线路基本在巴塞罗那境内，除了中间一段沿蒙特惠奇山主路的路线具有海拔的起伏之外，其他的部分基本上是沿地中海的海岸前进的。在围绕这条路径进行体育锻炼时，市民和游客不仅可以体验不同环境下的自行车运动，同时还能欣赏巴塞罗那及周边市镇优美的城市景色。

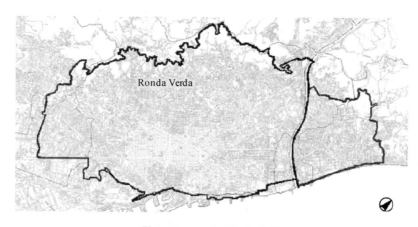

图 3.15 Ronda Verda 路线
图片来源：http://www.ccbcnes.org/ronda_verda/flash/index.html

4) 山地公园系统对个体优势的强化

蒙特惠奇山作为山地公园系统和城市重要的开放空间和公共绿地，它的整体特征使山地公园的个体优势得到了强化。这种强化主要体现在以下两个方面：首先是蒙特惠奇山通过山地公园的集中初步实现了群体优势，然后又通过空间开放性的特征促使市民和游客上山游览，同时通过便捷明确的路径体系使得山地公园的可达性优势得到了进一步增强；其次，蒙特惠奇山上除了山地公园的部分都可以叫做山地公园的外部环境，这部分环境的精心设计和与之而来的丰富功能与良好空间品质增强了山地公园周边整个区域的整体活力和吸引力，累加到山地公园区域，这也无形中增强了山地公园作为公共绿地的吸引力。

3.1.4.4　巴塞罗那山地公园经验借鉴

(1) 明确合理的定位

巴塞罗那山地公园设计的一个重要的优点就是公园的定位明确合理。城市管理者和规划专业人员根据每个山地所处的位置、规模和周边城市的特点来为山地公园构想一个明确适当的、能够预期达到良好效果的定位。在确定定位之后，这个山地公园的规划设计、功能布置等才能够有明确的方向来设计施行。巴塞罗那山地公园的定位一般都会比较具体，切合实际。因此，这些山地公园的设计也就各具特色，有效地避免了千篇一律所带来的重复浪费,也避免了盲目追求规模气派带来的不当。

位于城市南部的蒙特惠奇山作为众多山地公园的集中地,是城市中非常重要的开放空间与绿色空间体系;同时,它从巴塞罗那形成最初之时就在城市中起着非常重要的作用。因此,蒙特惠奇山才会被选择成为 1929 年世博会和 1992 年奥运会的场地,成为城市悠久历史与优质生活的象征,成为城市的重要名片。尤其是 1992 年奥运会,对蒙特惠奇山影响巨大。赛后,蒙特惠奇山的定位已经是城市中非常重要的文化、体育场所,同时也是重要的旅游景点。市政府考虑到这一点,在蒙特惠奇山的进一步规划完善时就以此为目标进行完善,取得了良好的效果。

(2) 完善的规划监督

巴塞罗那山地公园的良好面貌不是一朝一夕形成的,而是上百年来优秀的城市规划与完备的监督系统共同作用的结果。众所周知,巴塞罗那的城市规划是世界城市规划的典范。这不仅在于优秀的规划方案和理念,更在于规划的周密考虑和完善的监督机制。根据巴塞罗那城市研究中心的相关论述,巴塞罗那提供了一个理想的城市管理模式:旧城更新、棕地开发、外围改革和可持续发展等周密的城市规划思考清楚地反映了社会经济形态与城市增长的变化相关联的进程,并可以反映出城市规划和管理者对于城市每个细节的把握。

同时,巴塞罗那的城市规划也是长期精确执行的典范。著名的 Cerdá 自从 19 世纪中叶开始历经了一个多世纪的执行,终于建成了巴塞罗那扩展区方格网状的匀质空间。这样长时间的执行无疑与完善的监督机制密切相关。巴塞罗那的城市规划体现出完善的规划监督特征,巴塞罗那的城市山地公园同样如此。巴塞罗那山地公园的规划和管理不仅有巴塞罗那环境与市政局(Àrea de MediAmbient i Serveis Urbans)等政府部门的责任,更有 ISO14001 等体系认证的约束,同时还有广大市民的积极参与。完善的规划和监督,不仅能够减少规划错误的可能性,提高规划水平,同时也能有效避免山地公园频繁更换规划或城市建设用地对山地公园公共空间的侵占。

(3) 灵活的高差设计

山地地形是山地公园最大的特色。它既是山地公园设计中需要克服的巨大障碍,同时也是山地公园潜在的巨大亮点。巴塞罗那的山地公园充分利用了这一优势,将山地的地形转换为设计中的巧妙构思,因地制宜,既减少了设计施工过程中对于地形的破坏,降低建造费用,同时也借机营造了不同山地公园的不同特点。巴塞罗那山地公园在路径方面注重结合地形,体现在路径的平面分布、垂直处理、空间设计等诸多方面,取得了良好的效果。

(4) 完备的功能考虑

巴塞罗那山地公园还有一个重要的优势就是它的功能齐全而且人性化,同时关注无障碍设计。巴塞罗那的山地公园是从具体的需求出发,设置各部分的功能,而不是单纯为了城市形象或者绿化率来营造这些山地公园。巴塞罗那山地公园的功能主要包括以下几个方面:体育活动、休闲游览、教育研究以及其他特殊活动。这基本囊括了所有城市山地公园中可以进行的功能。从使用人群来考虑,巴塞罗那山地公园的功能设置考虑到了不同人群和各个年龄层。例如为外地游客和度假者服务的参观旅游、商业服务功能和缆车、骑马等游乐设施;为本地老年人提供的休闲场地、散步小径等设施;为儿童提供的游乐场、游乐器具等设施;为青年提供的足球、篮球等运动场地;为成年人提供的自行车运动路径等。这些为巴塞罗那的人们在山地公园内的活动提供了非常丰富的可能性。同时,从使用时间来考虑,巴塞罗那的山地公园为人们在不同的时段利用提供了方便。例如在夜间,山上有充足的照明设备,并且很多运动场馆在晚间开放;一些公园晚上不闭园,为人们的休闲活动提供了便利。最后,巴塞罗那的山地公园还特别关注为残疾人和老年人设置的无障碍通道和设施,使得山地公园的受众人群更为多元,体现了空间的公共性特征。

3.1.5 苏黎世近郊山区实证

3.1.5.1 瑞士山区的界定及山区管理机构

(1) 瑞士山区的界定

"山区"一词在瑞士相关的法律里翻译成"mountain area/zone/region",山区的界定主要在瑞士联邦农业法一般法律条文条例中载明,山区被划分成五类:从优势山区(第一类山区)到最不具优势的山区(第四类山区),中间还有两类(第二类、第三类山区)以及夏季牧场区。这些区域的划分主要是根据气候、交通和地形三个方面确定。首先气候条件主要是根据植被的生长期,在充分考虑光照时间、海拔和降雨量等因素的基础上进行判断;其次考虑公路的情况,主要是根据村里农场和便利的交通之间的距离进行判断;最后考虑地形,主要根据坡度和可使用机械化的程度来进行评价(A.Castelein, et al,2006)。除了联邦农业法之外,瑞士1998年的农业生产地籍调查和区域划界条例也界定了山区的标准,但与农业法比,都大同小异。山区的明确界定,便于联邦和州各级政策的有效执行。

(2) 瑞士山区管理机构

在瑞士,有关山区的法律都没有明确要设立专门负责山区管理的机构,只是由现有的一些部门负责起草和执行这些涉及山区的法律规范。瑞士作为一个联邦制的国家主要由联邦、州、市来负责山区自然资源的管理和环境的保护。《宪法》规定,联邦政府必须负责自然资源可持续利用的保护(第2条),并且要充分考虑各州和市的特殊之处(第46和59条);各州负责执行联邦职能之外的所有职能(第3条),州和联邦必须联合起来,努力确保大自然的可持续发展,尤其是大自然可再生能力和人类开发使用之间的持续平衡(第73条);州在联邦授权下具体负责执行联邦法律,市主要是在州法律授权的范围执行其权力。山区立法规定了每个机关对山区的具体管辖权。

《山区投资援助法》阐明了联邦和州的权力分工:州负责执行法案,联邦负责监控其执行情况(第22和23条);对于资金资助主要由联邦来授权,州负责安排授予贷款的额度(第4条)。按照这个模式,关于山区住房改善的资金资助,在法案中规定由联邦给予州一定的资金支持,而州被要求履行具体的措施来改善山区的住房条件(第1条)。除联邦和各州政府以外,一些不同的协会也特别关注山区的发展和保护,其中两个协会对山区的贡献比较突出:一个是瑞士山区协会(Swiss Center for Mountain Regions, SAB),一个是瑞士山区人民援助协会。民间机构参与到瑞士山区发展之中,避免了政府专制带来的战略决策失误。

3.1.5.2 瑞士山区发展政策引荐

瑞士的发展与贫瘠的资源极不相称,究其原因,很多学者(陈宇琳,2007)认为是瑞士政策的效力,促进了这个山地国家的经济、社会、生态的协调发展。

(1) 瑞士山区经济政策

① 山区发展的特殊基金政策

瑞士山区发展的资金来源是多途径的。《山区投资援助法》要求创建一个山区投资援助基金,基金款的主要来源有:联邦政府、以前贷出款项的偿付款及贷款的利息收入、州提供的部分贷款保证金等。这个基金对有效执行《山区投资援助法》起了很重要的作用:从1974年到2004年,30年的时间为5 424项工程提供了1 665亿瑞士法郎的支持,对山区的经济发展起了举足轻重的作用。对全国范围的山区来说,另一个重要的基金来源是1991年创建的瑞士景观基金,由联邦议会提供5 000万瑞士法郎的资助(Erwin W. Stucki, etc, 2004)。对于州一级来说,州的法律条款一般要求应与《山区投资援助法》保持一致,在自己的立法中也要求创建山区特别基金。例如伯尔尼州在1997年相应法律中要求设立州投资援助基金,纳沙泰尔州在1999年的州法案中也创建了一个资助山区的基金。这些州级的资金援助,对联邦《山区投资援助法》的实施起了很大作用。除此之外,还有一些基金是由类似瑞士山区协会和瑞士山区人民援助协会等这样的民间组织提供的,而且后者提供给山区的特别基金一般会与州联合执行。

② 山区产业政策

农业政策。联邦政府一般是通过对经营自有农场的农民提供直接补贴来鼓励农业的发展。2000年农业报告指出,瑞士农业直接补贴的63%给予了山区(Département fédéral de l'économie, 2000)。对农民来说,还有另一种形式的资金资助是根据耕地的梯度来授予的,一般资助要求梯度要高于平均水平的18%,所以符合资助条件的土地一般都位于山区。为了保护山区农业,联邦政府还给州提供一些资金来援助小规模的农场。例如通过贷款方式提供援助,主要是为了给耕种困难的山区农户提供比较好的条件。除此之外,联邦政府还对农业企业雇佣工人和小规模经营的农民提供一种家庭补贴。这种补贴会对住在山区的农业雇佣工人和小规模经营的农民格外"青睐"。瑞士各州也和联邦政府一样,从政策上对山区农业发展做出了很多扶持。例如沃州1995年为促进农业经济发展颁布了法案,以提供特别补贴的形式来刺激山区农业发展。这一措施有助于促进高品质畜产品的选择和农业机械化的购买。自从1995年瑞士加入世贸组织之后,瑞士农业政策发生了很大变化。2005年,瑞士就《农业政策2011》向社会各界征求意见。该政策需修改的联邦法律有《农业法》《农村土地法》《农业家庭补贴法》《农业租赁法》等。《农业政策2011》是瑞士为实现加入世贸组织所做出的承诺而采取的重要步骤。瑞士农业近几年来实施了一系列改革,在农业补贴方面的基本改革举措是转变补贴的方式。目前瑞士主要是按农田面积对农户进行补贴,而且转换后,瑞士联邦政府也一直对山区、丘陵区格外关注,从而为山区农业发展提供了很大的资金资助,有利于调动山区人民的积极性(丁声俊,2005)。

山区旅游业政策。瑞士的旅游业(旅游景点多集中在山区)相当发达,旅游政策也相对完善。1966年的一项法案提出,由政府通过贷款、担保和降低税率等措施促进旅馆和健康旅游设施的改扩建,而且财政支持中的绝大部分用于山区旅游地的旅馆设施建设。瑞士目前旅游政策的基础性文件是1996年联邦政府公布的《联邦旅游政策报告》。此报告确定了当时瑞士旅游政策的主要目标,增强瑞士旅游业国际竞争力的具体措施及为了支持瑞士旅游业的发展,联邦政府在政策上给予的四种支持(吴元,2004)。自1998年年始,瑞士政府加大了支持旅游业创新、基础设施改造等方面的力度。2000年6月,议会夏季会议期间,瑞士政府和议会决定将旅游业纳入瑞士经济的战略部门来对待。2009年全球经济危机对瑞士旅游业带来了很大影响,为了帮助瑞士旅游业渡过危机,瑞士政府拨款1 200万瑞士法郎,以稳固瑞士在人们心目中"理想度假之地"形象。由此可以看出瑞士联邦政府对旅游业的重视程度。

山区加工业政策。瑞士的钟表产业集群除了日内瓦地区以外,2/3 的钟表制造企业集中在汝拉山脉及其附近的市镇,如拉绍德封、比尔、纳沙泰尔等。自 18 世纪以来,汝拉山区的钟表业已世界闻名。此行业规避了瑞士山区交通的劣势,吸引了很多贫穷而又富有技术的山区农民参与,为山区经济、社会的发展做出了很大的贡献。1996 年的临时性法案(Regio-Plus),以及 1997 年的 901.3 号联邦法令也对山区制造业企业的改革和合作提供了很大的经济资助(Erwin W. Stucki, etal, 2004)。

山区基础设施和投资政策。为发展山区基础设施,联邦《山区投资援助法》要求联邦政府建立了一个贷款系统,贷款以低于市场利率或免息的条件由联邦政府提供,提供者还要客观地判断借款者是否有足够的筹资能力以及资助工程的重要性。法案第 15 条还规定,每个区域必须建立一个区域发展机构,负责起草发展计划和跨年度工程计划;所有基础设施工程建设必须与发展工程的目标相吻合,获得联邦资金资助的工程必须有助于促进区域工业的竞争,改善生活条件和提高区域的经济发展潜力。除此之外,瑞士联邦政府对于欧盟区域合作提案中要求瑞士参与区域发展的国际合作给予很大支持,其中与阿尔卑斯山地区相关的有:与意大利、法国和德国的合作项目,以及瑞士和意大利之间的合作项目。这些项目对瑞士在通信、交通(公路和铁路)、电力、邮政服务等基础设施方面发生根本性变化起了推动作用。除了上述联邦政府的资助及与境外国家合作以外,各州在工程项目资助方面也发挥了很大作用。例如根据联邦《山区投资援助法》,伯尔尼州投资援助基金就是被用来共同资助工程项目的。弗里堡州和纳沙泰尔州也资助了这些贷款的 50%。《山区投资援助法》还规定在拖欠贷款的情况下,这些州要承担一半的法律责任。

(2) 瑞士山区社会发展政策

根据联邦《山区投资援助法》,瑞士资金援助的主要目的是改善山区居民的生活条件以确保山区居民政治上的平等和社会、文化的多样性。也鼓励区域、市、公共机构、私人团体和个人积极参与山区基础设施项目和工程资助,从而弥补山区恶劣的生存条件。

除了上述所指援助以外,还有家庭和住房两种补贴,来促进山区社会的发展。

① 农业部门的家庭津贴。联邦农业法中列明要给农业劳动者和小农提供家庭补贴,州资助基金决定分配给他们的金额(第 13 条)。如果要获得农业劳动者补贴,申请者必须是一个有偿劳动工人。家庭补贴主要有两种类型的津贴:一是给每个家庭孩子的津贴,二是给劳动者伴侣的家庭用津贴。山区孩子的津贴更高一些。要获得小农补贴,申请者的主业和第二职业必须是农民,收入在给定的限额之下,山区牧民的补贴额度更高。

② 山区家庭的改善。1970 年山区家庭条件改善法案给居住在山区的低收入家庭和个人提供一定的资助,从而改善其居住条件。1999 年对资金资助的最低条件进行了修改(Maissen, 1999),联邦和州分别负担住房改善成本的 15% 和 50%,非常贫穷的家庭可能会收到支出成本 75% 的资助。法案中还规定,资助的建筑在 20 年之内不能被安排其他用途,如果是用资助资金所建的房子改变了用途,例如在 20 年之内出售了,那么根据资助条款的要求,资助资金将会被要求偿还。

(3) 瑞士山区生态保护政策

为了保护环境,瑞士对很多法律进行了修订,例如联邦山区住房改进法案规定山区任何居住条件的改善必须与空间计划相一致,保护山区的自然资源和风景。同样,1997 年联邦《山区投资援助法》(1974 年颁布、1997 年修订)所追求的目标之一就是促进山区的可持续发展。除了这些具体的条款,很多保护山区环境和自然资源的措施散见于目前国家执行的森林法、水法、土壤法等之中。1999年的联邦宪法,将"自然资源的持续保持"作为政府制定政策的目标之一,也成为瑞士立法的一个原则。从州这一级来看,支持可持续发展措施的一个典型例子就是瓦莱州于1999年创建了一个山区可持续发展基地,基地的主要目标是促进山区的可持续发展。瑞士人有很强的可持续发展意识,有95%的农户通过参加"生态工程"来获得政府的补贴(这种补贴已占农户经济收入的40%,山区农户占50%以上)。其实瑞士在很多经济活动中都遵守上述生态保护政策,基本做到了在保护生态环境的前提下,合理利用自然资源,实现了青山常在、绿水长流、资源永续利用的目标。

3.1.5.3 瑞士山区政策的启示和借鉴

(1) 建立多层次山区政策体系

目前的山区政策体系,无论是联邦政策,还是州政策,无论是单一部门政策,还是跨部门综合政策,无论是经济政策,还是生态或社会政策,都呈现一定的多层次性,能全方位综合地解决山区面临的一系列问题,而且很多政策都是有意向山区倾斜,照顾到山区的特殊性(边缘性、脆弱性等)。相比较而言,我国目前山区政策的制定主体是国家,由于我国山区范围广阔,不同地区的差异也很悬殊,仅仅依靠国家层面补偿性的政策不可能满足不同山区的发展需求,尤其现阶段我国山区政策正逐渐从单一补偿向综合发展过渡,更需要加强下一层级即区域或省级的政策制定主体的作用。这一级政策制定主体不论是在对山区状况信息的获取、政策制定的针对性还是政策实施的有效度方面,都比国家层面更容易实现而且有更多的灵活性。

(2) 制定综合性山区法律,实现山区可持续发展

从资助范围这个角度来说,瑞士的《山区投资援助法》可以被视为一项综合性的山区政策。因为其既资助过公共基础设施,又支持过经济创新等,对瑞士山区经济的发展起了很大的作用。而我国,对山区影响比较大的农业政策、扶贫政策等都没有提出"山区"这一概念,也没有将山区视为特殊区域。之所以倡导制定综合政策,是因为部门之间的融合将有利于更有效率、更彻底地解决山区发展中出现的问题,同时也避免了修订各种涉及山区的有关政策的烦琐,最终有助于实现山区的可持续发展。借鉴瑞士山区政策体系特点,可从以下方面完善我国山区未来政策:从单纯的直接扶贫转向山区经济的综合开发,从传统农业政策转向鼓励发展民俗旅游、生态观光等生态经济政策,从政府主导型的强制性政策转向动员全社会群力群策的诱致性政策,从闭门造车到国际合作等。

(3) 准确定位山区产业政策,优化山区产业结构

我国目前多数山区是以农业为主导产业,还有一些山区以开采业等第二产业为生计产业,产业结构极其不合理,从而导致山区发展滞后,人民生活水平低下,生态破坏严重。瑞士为了促进山区发展,扬长避短,通过设立专门的资金和激励措施,开展山区产业活动,最终通过经济手段来推动山区产业发展的经验值得我国在制定山区产业政策时借鉴。我国在优化山区产业结构时,一定要以山区的生态、经济、社会的可持续发展为前提,避免一些坐吃山空产业对山区的破坏。

(4) 促进区域合作,合力支援山区发展

瑞士山区发展不是仅仅依靠政府自己的孤军奋战,而是与欧盟组织、周边国家(意大

利、法国等)、民间组织等共同协作,多层次、多梯度合作的结果。但是目前我国山区发展,在区域合作方面存在很大不足。例如山区旅游存在很多问题,"坐井观天""单门独户"现象严重,景观雷同、重复建设情况也时有发生,即使有合作也多限于行政区域内部的合作,区域间的合作(尤其是省与省交界地区)困难重重(甚至还存在为争夺资源发生纠纷的现象)。所以未来政策应加强区域合作,从国内区域内合作,依次到区域间的合作,从周边国家合作再到与国际组织的合作,从山区理论研究合作到实践发展的合作,从自上而下的合作到自下而上的合作,从官方组织的合作到与民间力量的合作,充分调动一切资源,服务于山区的发展。

3.2 国内近郊山区的保护和发展实证

3.2.1 杭州近郊生态带实证

3.2.1.1 杭州市域近郊生态带

杭州市产业发展到一定程度以后,开始审视后续市域空间的整体产业布局以及产业的结构性调整。与一般大城市"退二进三"的发展模式一样,杭州市在21世纪初基本上完成了城区工业的外迁和退出。在新一轮的发展过程中,杭州又开创性地编制了《杭州生态带概念规划》,从生态保护的角度对外围空间的产业发展进行了引导,在市域范围内划定了六条生态带,划定了制造业空间的"留白区",并对生态带内的村镇产业发展进行了调控。(图3.16)

(1) 西北部生态带

该生态带南以02省道为界,由绕城公路五常段向北延伸至良渚镇,北以宣杭铁路为界。主要包括良渚镇、瓶窑镇、鸬鸟镇、径山镇、黄湖镇、百丈镇、仓前镇及蒋村乡部分。其功能主要是为市区提供空气调节、水源供应、山地生态农林产品生产、山地观光、休闲、娱乐、生物多样性保育及历史遗产保护等重要的生态功能。建议鸬鸟镇、径山镇、黄湖镇重点发展以山地探奇和佛茶文化为特色的生态旅游业,切实保护苕溪饮用水水源的安全。

(2) 西南部生态带

该生态带以02省道为北界,沿天目山路向东延伸至西湖东侧,东南方向由钱塘江沿岸往东延伸至钱塘江大桥。主要包括中泰乡、闲林镇、留下镇、周浦乡、袁浦镇、转塘镇、龙坞风景区、西湖风景区。其主体功能是杭州都市区西南方向人文景观与自然景观最丰富的城市生态服务带。规划建议发展郊野观光生态农业,关闭污染企业。

(3) 南部生态带

该生态带以03省道和浙赣铁路为北界,向北延伸至滨长路,钱塘江沿岸由富春至浦沿街道。主要包括楼塔镇、河上镇、义桥镇、戴村镇、浦阳镇(部分)、临浦镇(部分)及闻堰镇。在地形平坦的地区,限制污染型企业,发展生态观光农业;在生态圈外围,发展山地探奇为主的旅游业。

(4) 东南部生态带

该生态带以03省道和浙赣铁路为界,北以杭甬高速公路为界。主要包括新街镇、新塘街道、衙前镇、所前镇、进化镇。规划建议保留农田和水网,重点发展大型苗木基地。

图 3.16　杭州市域生态带

图片来源:《杭州生态带概念规划》

(5) 东部生态带

该生态带南以杭甬高速公路为界,西南以复兴大桥钱塘江沿岸为界,北以杭州湾为界。主要包括益农镇、党山镇、南阳镇、党湾镇、宁围镇部分、长河街道。规划建议整体搬迁南阳经济开发区化工园区的污染型企业,合理布局滩涂围垦工程。

(6) 北部生态带

该生态带西以宣杭铁路为界,东南沿绕城公路和沪杭公路往下沙延伸,东北则沿京杭运河和 320 国道延伸。主要包括良渚部分、仁和镇、崇贤镇部分、塘栖镇、运河镇、乔司镇部分、笕桥镇、九堡镇部分。规划建议发展运河风光、湿地以及森林公园为主题的生态旅游业、绿色食品加工业。维持东塘、塘栖等湿地与周边平原河网水系的沟通。

3.2.1.2　杭州萧山区、余杭区近郊山区保护计划——试点坡地村镇与绿色社区

杭州率先在城乡统筹与一体化层面,规划了以新型城镇化作为发展战略与方针、以城乡空间协调发展为目标的措施。针对萧山区经济发展程度高,村镇产业已有一定的规模,村镇针对较多的居民和工作人口而产生的城乡基础设施的建设需求的缺口,亟待规划更新与改造。

杭州萧山区针对以上城镇特征和问题,提出了保障各类基础设施和公共服务向农村地区的延伸和布局,同时能够对区域中各类生态资源进行保护和高效利用。截至 2010 年底,

杭州市共创建国家级绿色社区5个,省级绿色社区132个。

(1) 绿色社区概念

绿色社区是指具备了一定的符合环保要求的硬件设施,建立较完善的环境管理体系和公众参与机制的社区。一方面,绿色社区做到社区绿化的改善、垃圾分类、针对村镇特殊情况进行的污水处理和分流、节水、煤改碳、煤改气的改善以及太阳能新能源措施的应用;另一方面,绿色社区通过社区管理部门和社区参与的联席会,通过建立社区环境管理制度、环保志愿者队伍以及充分的科普环保科学知识的宣传和模范家庭案例,来达到基于民众、有效的绿色社区更新。

绿色社区功能有:①监督环境执法。绿色社区建立以社区为基础的公民环保参与机制,发挥社区居民的监督与执法作用,保障公民的环境权益。②发挥环保教育功能。绿色社区通过对社区居民的环保科普,达到居民群体自我教育、自我管理,使得居民环保意识得到提高,环保措施得到群众基础,环境保护成为居民的生活方式,社区文化成为其他社区学习的榜样,真正意义上实现社区绿色。

绿色社区在具体的基础设施和环境改造时做到生活污水进入城市污水收集管网;不使用一次性发泡餐具,生活垃圾分类收集、日产日清;工业固体废物综合利用,危险废物定点处置;建筑施工场地、家庭装潢管理规范,文明、合法施工,运输车辆保持清洁;小区、路岛、河道两侧无裸露地面、达到"出门十米见绿"的要求;河道整洁,河面无漂浮物,岸边无违章建筑和垃圾堆放;普及环保知识,设置环保宣传栏和环保公益广告等。

(2) "坡地村镇"建设

以"城在山中、房在林中、人在绿中"为主题,杭州进行了部分区域坡地山村的试点。杭州市引导建设项目合理利用当地山坡低丘陵、缓坡度的特点,通过统筹运用"征转分离、分类管理、点面结合、差别供地"等政策优势,将一批适合用于坡地开发条件的城镇建设、旅游观光、绿色产业转移到缓坡地区,通过合理集中的用地功能划分、合理规划,减少各类建设对平原优质耕地的占用,推进土地利用方式的转变。

近几年,桐庐、临安高速入城口等基础设施、青山湖科技城、马南高新科技园等产业平台、余杭老杭大、桐庐荻浦环溪、建德三都渔村等杭派民宿、富阳飞翔小镇、淳安龙川湾等旅游项目逐渐在杭州落地,兼顾景观价值与环境保护并举,同时控制并防止对已有山地的过多开挖开采,缓慢合理地发展村镇。

(3) 坡地政策

杭州出台了《关于进一步推进低丘缓坡开发利用工作的实施意见》,从政策、制度上对低丘缓坡资源开发利用给予了规范和支持。

政策有很多特色。第一,缓坡开发利用的坡度从25度降至15度以下,这意味着低丘缓坡资源利用更加灵活。由于当下平原耕地后备资源不足,耕地占补平衡难度大,缓坡开放程度加大势必意味着土地建设管理更加严谨,适合坡地的产业项目也能够在不占用耕地的情况下进行坡地建设。第二,通过实施分类管理,将建设项目分为永久性建设项目用地和生态保留用地管理。永久性设施建设用地按照建设用地管理,生态保留用地按照现有的土地用途管理。第三,对建筑设计有特殊要求的山边、湖边、河边试点项目,可以打破容积率1.0的限制,以规划部门经济技术指标为准。此外,对于点状布局的试点项目,可以根据立项和规划情况,灵活实行单体分宗出让或整体组合出让。

3.2.2 昆明近郊山区实证

3.2.2.1 项目背景

(1) 社会经济和城市建设快速发展

随着经济的迅速发展,快速的城市化进程带来了城市的不断扩张。不合理的空间结构、"摊大饼"式的快速向外扩展导致整体运行效率降低,无限制的占用土地造成了资源的浪费,不利于城市的可持续发展。

目前,昆明城市处于快速发展时期,受发展压力和地形限制,昆明原有的主城发展空间模式已无法支撑进一步的发展需求,城市空间形态结构正处于急剧的演变过程之中。

(2) "桥头堡"战略下城市规模提升及现代新昆明组团式城市发展

随着云南省"两强一堡"战略定位的提出,昆明将进一步成为面向西南开放的区域性国际城市,对外开放的层次和水平将大大提高,城市职能将进一步提升,城市规模将迅速扩大。

"一湖四片、一主四辅"的多组团、生态穿插、有机联系的城市空间发展格局将成为现代新昆明城市发展的重要战略。在生态环境保护的原则下,优先对不建设区域进行合理控制。明确城市生态安全格局,是保证城市的健康有序发展的必然要求。

(3) 生态环境保护和可持续发展的要求

昆明具有突出的山水型高原湖滨城市的特点,建设融人文景色与自然风光于一体的森林式、环保型、园林化、可持续发展的高原湖滨特色生态城市是城市建设发展的重要目标之一。

(4) 生态建设工作分阶段有序推进

2008年,昆明市委、市政府把城市园林绿化及生态建设列为重点工作,提出要牢固树立"绿化和生态是城市第一形象、第一环境、第一基础设施、第一景观"的理念,全面实施城市规划区绿地系统建设。

2009年昆明市已规划形成3条城市生态隔离带,即昆明主城与呈贡新区之间,呈贡新区、度假区大渔片区、马金铺高新技术产业基地之间,昆明主城与空港经济区之间3条生态隔离带,在对隔离带范围内的城市活动进行控制的同时,积极开展了一系列的生态建设,并取得了一定的成效。

在昆明"一湖四片、一主四辅"的发展背景下,为了有效保护城市生态环境,阻止城市建设"摊大饼"式蔓延连片,保持良好的组团城市形态,同时使之发挥自然生态系统服务功能,保障城市发展的生态安全。在原有3条城市生态隔离带的基础上,本次规划将进一步划定滇池流域范围为主的城市组团间生态隔离带范围,包括:空港与经济开发区、马金铺与晋城、晋城与昆阳、昆阳与海口、海口与太平及西山之间的5条城市生态隔离带,从而形成环滇池共八条城市生态隔离带相间的组团式城市发展格局。

3.2.2.2 规划目标

紧紧围绕现代新昆明建设的总体目标,以环滇池北城、东城、南城、西城的区域为重点,依托现有的山、水、林、田等自然景观和资源,结合各地区城市、园区建设,全域城镇化村庄布点规划的实施以及道路、河流绿化工程建设,在城市各组团之间,规划城市生态隔离带,并明确在城市禁建区内要禁止一切城市开发建设和严格控制村镇建设。采取严格的保护控制和超常规的绿化建设工程措施,建设城市环城林带、防护林带、河流水系和道路交通等绿色廊道。

3.2.2.3 规划范围

本次规划的范围以昆明城市总体规划的城市规划区范围及安宁市,即以滇池流域为核心的昆明五华、盘龙、官渡、西山四区和呈贡县全部行政辖区范围以及滇池流域所涉及的晋宁区1个街道办事处和6个镇(昆阳街道、晋城镇、宝峰镇、二街镇、新街镇、上蒜镇、六街镇)、嵩明县2个乡镇(滇源镇、阿子营乡)的行政辖区范围,面积4 060平方千米,加上安宁市1 321平方千米,总面积5 381平方千米。

3.2.2.4 规划内容

规划对2009年已经划定的3条城市生态隔离带存在的问题进行调查和协调,并在环滇池的北城、东城、南城、西城、空港及安宁之间新增5条城市生态隔离带。

形成的8条城市生态隔离带分别为:主城—呈贡新区、呈贡新区—度假区大渔片区—高新区马金铺片区、主城—空港经济区、空港经济区—经济开发区、高新区马金铺片区—晋城、晋城—昆阳、昆阳—海口、海口—太平—西山。(图3.17)

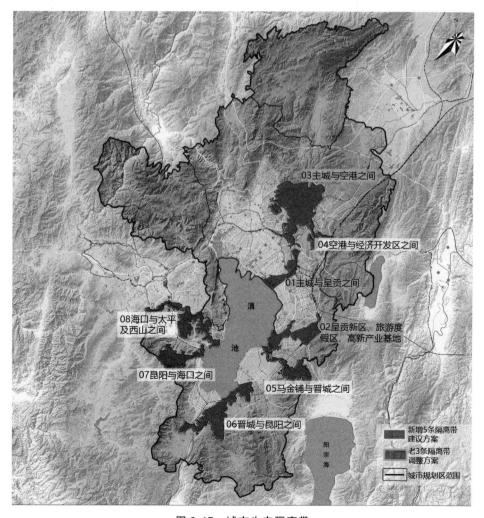

图3.17 城市生态隔离带

图片来源:昆明市规划局网站

3.2.2.5 规划保护原则

(1) 规划原则

① 坚持生态连续性、整体性的原则。生态连续性是生态网络发挥功能的基础,注重隔离绿化带与外部生态绿化以及绿化带本身内部的连续性的连接,使生态隔离带建设具有生态连续性。隔离带要依据现状地形和自然条件,山地区应以山脊为分水岭,水体地区到达湖岸线。

② 保证隔离带的带状属性。为了保障生态廊道生态功能的发挥,要求隔离带原则上宽度不低于1千米,在出现已批用地等特殊情况下允许适量调整,以保证组团间的生态非建设隔离区。

③ 坚持规划可操作的原则。充分利用现有自然条件,遵循依山就势的规划原则;采取补绿添绿相结合,自然形态与人工美化相结合的措施;提高城市生态隔离带的可操作性,保证城市生态隔离带规划、建设与管理的合理有序。

④ 坚持可持续发展的原则。城市生态隔离带规划是一项长期性的工作,结合地区的自然和人文基础,按照保护自然生态、保护人文遗产优先的原则,不断地将城市与周边自然的生态环境协调统一,对划入隔离带内的村庄进行妥善安排,从而实现城市的可持续发展。

(2) 隔离带保护控制原则

荒山荒坡采用植树造林方式,进行查缺补漏建设;耕地近期采取沿田间地头、河道沟渠、塘边种植速生树种,以增加、丰富生态隔离区内涵,保持原生态风貌。远期结合发展要求,适当发展新型无污染的现代绿色生态产业。

现状村庄须严格控制建设,禁止用地新建扩建,要求按照全域城镇化规划等相关规划要求,逐步搬迁。同时用地周边同样采取种植高大乔木,使其与生态隔离带有机结合。

对隔离带内的五采区(指采石、采砂、采矿、取土及砖瓦窑采区)要求逐步全部关停,并通过工程措施和生物措施将其复垦为林地,实现受损裸露山体景观生态系统的生态修复。

对现状企业严格控制建设,禁止新建扩建,现有已建项目禁止改造和扩建,并逐步改造搬迁,迁出生态隔离区。

对隔离带内已批建设项目加强规划控制,严格审批其开发强度,符合限制要求。同时采取在用地周边种植高大乔木措施,其建设用地内的绿化指标要高于其他区域建设用地的绿化指标,方案与隔离带相融合。

对河流水域划定蓝线,严格保护。结合国家相关规范和地方城市规划管理要求,控制一定宽度绿化防护带。如马料河两侧绿化带控制严格按照《入滇河道综合整治意见》执行。对于临滇池水面的生态隔离带区域,结合目前实施的"四退、三还、一护"相关意见实施。

对林地园地,结合现状,重在保护,维持现有植被较好的山体林地,局部查缺补漏,添绿补绿。苗木基地和园地尽量保持原有绿色空间形态。

对沿河、沿路地区,按照35条入滇河道整治规划及"四环十七射"相关管理要求进行控制,要求形成永久性绿化空间。

3.2.2.6 政策建议和措施

(1) 设立隔离带协调管理机构

在隔离带规划、建设和控制过程中,涉及不同部门机构和跨行政区划的生态空间资源管理,建立和完善城市生态隔离带的管理体制、组织体系、运行机制、监管制度和服务队伍非常必要。建议设立专门的隔离带管理组织机构,统一协调和监督隔离带的建设实施,以弥补单一部门管理的不足,以便有效地推进隔离带的规划编制和建设实施工作。对于重点协调地区专项协调内容,在常设协调机构的基础上,可根据具体要求设立专项协调机制。

(2) 建立隔离带管理、评估系统

在隔离带范围划定规划的基础上,相关管理部门应进一步建立隔离带管理系统和评估机制,将隔离带内的用地类型、管制要求等属性信息录入数据库,形成一套详细全面的管理系统,并建立实时评估机制,以提高隔离带的管理水平,并更好地在隔离带建设过程发挥监督功能。完善各主管部门监管方式,制定强有力的政策措施,明确责任范围的管理制度,加强监管。

(3) 进一步编制各条隔离带的建设实施规划

在隔离带的范围划定之后,应对隔离带内部的详细情况进行全面调查,编制各条隔离带的详细建设实施规划以指导具体实施工作。

在隔离带具体的建设实施过程中,根据需要对采区恢复区、湿地建设区、绿化公园等重要景观节点、廊道进行景观设计或建设实施规划,更好地发挥隔离带的生态价值和绿化景观功能。

(4) 广开渠道、多方筹资落实隔离带建设资金

隔离带建设是城市重要的基础设施工程,坚持政府投资为主体,确定城市绿化正常经费的来源及比例以及多元化融资的方针。通过"财政投入保一点儿、项目建设加一点儿、社会参与添一点儿、市场运作引一点儿、组织捐赠筹一点儿、绿化补偿补一点儿"千方百计增加绿化建设资金投入。

(5) 建立以奖代补机制,加大绿化建设投入

城市绿化及生态建设资金是城市公共财政支出的重要组成部分,市级建立以奖代补机制,调动县(市)区建设的积极性;各县(市)区也要加大政府财政投入力度。

(6) 建立生态补偿机制

明确隔离带建设的生态补偿机制,包括财政补偿,合理利用市场的力量,推进生态税费制度的实施等,以实现更好的保护和发展。

(7) 明确隔离带内的生态用地控制要求

在隔离带四周及内部的重要节点和廊道,包括沿河、沿路等区域,严格要求进行生态林地建设,其余区域允许适当开展公园、苗圃、果园、农田等与隔离带相符的生态产业,使其在实现生态保护功能的同时发挥观赏、游憩、生产等价值,并更好地将其收益用于隔离带的建设,以保障隔离带建设的可实施性和可持续性。

(8) 隔离带周围区域应作为协调控制区

对于隔离带周围的区域用地,开发强度应加以控制,形成城市向隔离带缓冲的协调控制区域。

(9) 采取生物工程措施确保隔离带生态功能

生态隔离带作为城市周围区域重要的生物载体,应当承担起生物和信息交流通道的功能。因此,在受到公路等人工设施割断的生态隔离带区域,要求按照生态功能要求,设立一定数量的涵洞以供动物迁移。

3.2.3 北京近郊山区实证

3.2.3.1 北京近郊山区区县概况

北京全市在依山傍海这一总背景下,生态地理的自然格局变化清晰,地势大致呈阶梯式下降,依次为中山—低山—丘陵—台岗地—山前洪积扇—平原带状分布。

北京近郊山区主要由燕山山脉和太行山山脉组成,是北京市郊区的重要组成部分。总面积约10 072平方千米,约占全市土地总面积的62%;人口300万,主要分布于房山、延庆、密云、怀柔、昌平、平谷、门头沟等郊区区县境内。(图3.18,图3.19)

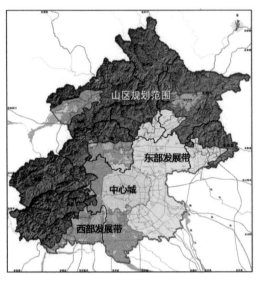

图3.18 北京山区范围

图片来源:北京市山区协调发展整体规划(2006～2020);北京市规划院

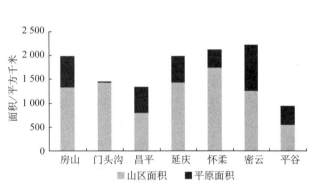

图3.19 北京山区区县的山区面积与平原面积

数据来源:北京市统计年鉴;陈军伟,孔祥斌,张凤荣,等,2006.基于空间洛伦茨曲线的北京山区土地利用结构变化[J].中国农业大学学报(04):71-74

北京近郊山区特殊的地理位置决定了它既有山区性质,又有大城市郊区的特点。北京山区因其位于五朝古都北京境内而承载了更多的功能,北京市国土局将北京山区土地利用的功能定位为生态屏障、水源涵养与供给地、休闲度假、景观美化与文化传播地以及绿色食品基地,并规划其总体目标为生态山区、和谐山区。

3.2.3.2 北京近郊山区的发展特征

(1) 社会特征

① 居民收入明显低于平原地区

北京近郊山区存在贫困人口的集聚问题,经济发展缓慢。全市49个贫困乡镇均分布在山区。2003年,山区区县的农民人均纯收入约为5 918元,落后于平原地区的6 286元。(图3.20)在各区农民人均纯收入排名中,一、二、四名分别为通州、顺义与大兴这三个平原区所占据。

3 近郊山区的保护和发展实证研究

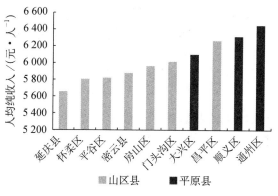

图3.20 2003年北京各区县农业人口
人均纯收入

数据来源：中国农业发展银行统计年鉴，2004

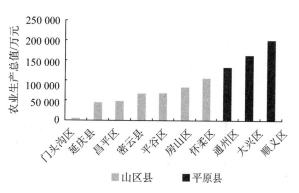

图3.21 2003年北京各区县农业生产总值

数据来源：中国农业发展银行统计年鉴，2004

山区区县与平原区县之间农民收入差距的背后是农业生产总值的差距。从图3.21可以看到，平原区的顺义、大兴、通州农业生产总值排名前三。山区各区县的平均农业生产总值为59 837.86万元，而平原区县的平均农业生产总值是其3倍多，达到180 622.5万元。

② 人口密度低于平原地区

据2006年的统计，北京山区区县人口286.7万人，占北京市总人口的23.9%。其中农村人口184.13万人，占山区总人口的64.2%。从人口密度来看，山区区县人口密度远低于平原地区，山区区县的平均人口密度是237人/平方千米，平原地区的平均人口密度是2 104人/平方千米，是山区的8.9倍。（图3.22，图3.23）

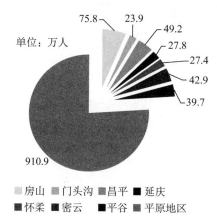

图3.22 北京市平原地区及山区区县人口分布

数据来源：北京市统计年鉴，2007

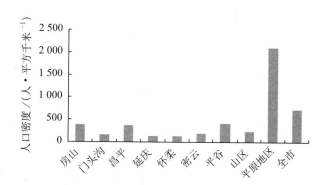

图3.23 北京山区区县人口密度与平原地区人口密度比较

数据来源：北京市统计年鉴，2007

③ 整体文化素质偏低

从人口总数来看，文化素质相对较低，进而在很大程度上影响了山区人口总体素质。这主要表现在三方面：一是文化程度低；二是职工专业素质低；三是企业管理人员素质低。

人才及其素质是影响经济开发与社会发展的关键。北京近郊山区恰恰缺乏文化水平

93

高并且有经营头脑的带头人,以及具有较高水平的技术人员。虽然经过几十年的义务教育的普及,山区人口的文化素质虽然得到普遍提高,但大体上还是以初中、高中水平为主,缺少高层次人才,在一定程度上影响了山区的发展。

(2) 经济特征

① 山区与平原经济发展失衡

山区的贫困问题难以只用空间手段解决,收入增长的背后是生产效率的提高,而生产效率提升的背后是山区产业转型。如何由资源消耗型转变为生态涵养型是一个迫切需要讨论的议题。

② 产业结构不尽合理

自改革开放,特别是20世纪90年代以来,北京山区产业结构逐步改善,农业增加值占GDP的比重逐渐下降,2002年仅为3.18%,然而农业就业人数却占到了劳动力总数的40%以上,比重偏大。这意味着第一产业的劳动生产率偏低,第二、三产业对农村劳动力的吸纳能力较弱。其原因是第二、三产业的基础还比较薄弱、规模还比较小,工业化水平还不高(2002年工业增加值占GDP的比重只有26.49%)。另外,北京山区内部产业布局分散、产业特色不明显、主导产业不突出、配套产业不完善、产业链条短的状况未能从根本上得到扭转。

就北京山区的产业结构而言,其突出特征是二、三产业比重较大,其中占比最大的是第二产业,其次为第三产业,最后是第一产业。普遍看来,各山区区县第一产业产值差距不大,平均产值为7.13亿元,而第二产业与第三产业发展水平相差较大,房山、昌平发展迅速,而门头沟、延庆、平谷则落后很多。(图3.24)

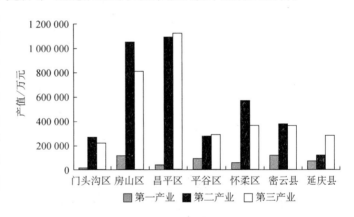

图3.24 2006年山区区县产值分布图

数据来源:宋书灵,王薇薇,2007.北京山区县产业结构可持续发展研究[J].北京农学院学报(04):50-53

值得关注的是,北京近郊山区的三产,尤其是以山区特色农业观光、农家乐度假为主的旅游行业已悄然兴起。北京近郊山区具有丰富的自然景观和特色旅游资源,适宜开展观光旅游、生态旅游、特殊旅游等,发展旅游业是将这些自然景观和特色旅游资源迅速变成经济优势的最佳方式。实践证明,近年来旅游业对北京近郊山区的发展起到了重要的作用。

(3) 生态特征

① 生态赤字严重

北京近郊山区的生态赤字有逐步扩大的趋势。据学者测算,2004年7个山区区县①乡村人口的人均生态赤字为0.225 9公顷,为其当年总供给面积的21.49%、总生态承载力的30.70%;2005年北京7个山区区县农村地区乡村人口的人均生态赤字为0.367 4公顷,占

---

① 7个山区县为延庆县、门头沟区、怀柔区、密云县、平谷区、昌平区和房山区。

其当年总供给面积的36.42%、总生态承载力的52.03%。对比分析2004年与2005年数据,可以发现生态足迹的扩大、总供给的减少以及不降反增的总乡村人口等原因,导致了生态赤字的大幅扩大。

表3.1 北京山区生态承载力

年份	生态赤字/(公顷·人$^{-1}$)	总生态承载力/(公顷·人$^{-1}$)
2004	0.225 9	0.735 9
2005	0.367 4	0.706 1

数据来源:北京农村统计年鉴、北京统计年鉴

从生态足迹组成类型结构分析,耕地足迹最大,随之是化石燃料用地,接着是草地,再次为水域,最少的则为建筑用地。上述情况表明,北京市山区农村生态足迹最大的需求部分为耕地,但因其供给有限,使之成了生态赤字的最大来源部分。考虑到北京市的土地和水资源的承载能力,耕地足迹的需求不可能在本区域内寻求满足,因此必须考虑在京津冀区域甚至是全国区域内的调配。(图3.25)

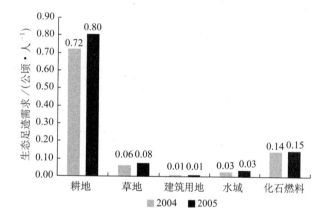

图3.25 2004、2005年北京山区7个区县乡村人口生态足迹需求

数据来源:北京农村统计年鉴2005、北京统计年鉴2006

生态赤字的存在表明,北京山区区域人口的消费需求超过了生态系统再生产能力的最大阈值,超过了地区生态承载力,长期是不可持续的。从北京山区的功能定位来看,生态赤字的存在必然有损北京首都职能的更好发挥。要实现北京山区的功能定位,就要逐步消灭生态赤字,实现生态的供需平衡。

② 生态可持续发展较弱

在对北京市各区县的可持续评价结果的基础上对近郊山区可持续发展现状、类型和限制系统进行简单分析,北京近郊山区可持续发展能力较弱(可持续发展指数在50以下),突出表现为生存支持系统和发展支持系统为限制因素。山区水土资源本身的限制,尤其山区是一个脆弱的生态系统,地形影响交通建设,生态环境脆弱,既而经济成本等发展成本一直很高,传统的经济结构所建立的发展支持系统显然不具备竞争能力。调整土地利用和社会经济结构,提高发展系统的竞争能力将是提高北京山区可持续发展能力的主要途径之一。

(4) 空间特征

① 山区用地以林地为主、农业用地占主导地位

2004年北京7个山区区县土地利用调查数据分析结果表明,北京山区土地利用类型复杂多样,但总体上呈林地为主、农业用地占主导的特征。

随着北京建设国际大城市步伐不断加快,山区土地利用方式以及土地利用空间结构随之发生了深刻改变。观察北京近郊山区土地利用变化的时序数据,用地比例有所增加的包

括林地、居民点和工矿用地、水域用地面积和未利用地;减少的包括园地、牧草地;基本不变的包括耕地、交通用地。可以看出,城市扩张对山区的压力增大,表现为建设用地的增长;生态用地趋于单一化,表现为林地的增长和园地、牧草用地的减少;用地效率降低,表现为未利用地的增长。(图 3.26,图 3.27)

表 3.2 2004 年北京山区土地利用类型面积与比例

用地类型	面积/公顷	比例/%
耕地	114 877	9.51
园地	90 658	7.50
林地	641 436	53.10
牧草地	2 042	0.17
居民点和工矿用地	118 807	9.84
交通用地	16 726	1.38
水域用地	55 181	4.57
未利用地	168 246	13.93
合计	1 207 973	100.00

数据来源:北京市国土局的土地利用变更调查数据

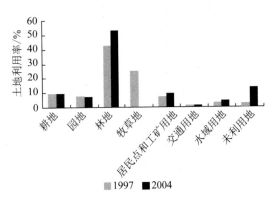

图 3.26 1997 年与 2004 年北京山区土地利用方式变迁

数据来源:北京市国土局的土地利用变更调查

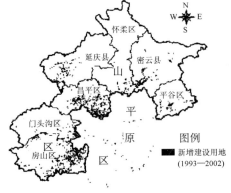

图 3.27 1993~2002 年北京近郊山区建设用地扩展图

图片来源:姜广辉,张凤荣,吴建寨,等,2006.北京山区建设用地扩展及其与耕地变化关系研究[J].农业工程学报(10):88-93

② 建设用地扩展,山区压力增大

自 20 世纪 90 年代以来,北京山区的建设用地发生了剧烈变化,建设用地扩展程度逐年增强,山区尚处于城市化的初级阶段,建设用地扩展存在不规则性,区域差异明显,建设用地景观区域破碎化。

通过各阶段各类建设用地的总量扩展面积可以看出,进入 20 世纪 90 年代以来,北京山区建设用地总量逐年增长,扩展面积总计达 30 511.48 公顷,年均扩展变化率为 2.6%。从各地类扩展数量上来看,以城镇用地和独立工矿用地扩展最为显著,分别净增 166% 和 54%,交通用地增加了 22%。(图 3.28,3.29)

3 近郊山区的保护和发展实证研究

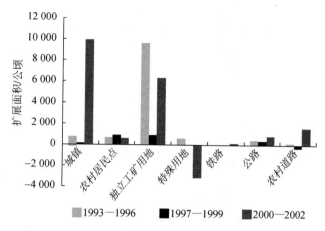

图 3.28　各阶段建设用地扩展面积

数据来源：姜广辉,张凤荣,吴建寨,等,2006.北京山区建设用地扩展及其与耕地变化关系研究[J].农业工程学报(10):88-93

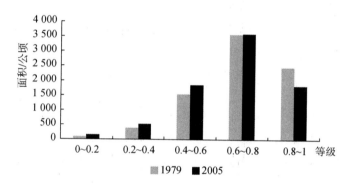

图 3.29　不同覆盖等级的面积变化

数据来源：姜广辉,张凤荣,吴建寨,等,2006.北京山区建设用地扩展及其与耕地变化关系研究[J].农业工程学报(10):88-93

由1993~2002年山区建设用地的扩展来源情况可以看到，总体而言，耕地是建设用地扩展的主要来源，转为建设用地的面积为19 986.32公顷，占新增建设用地总面积的65.5%，其中城镇用地有75%来自耕地，公路用地为67%，农村居民点用地为55%，独立工矿用地为54%。从扩展占用耕地面积来看，独立工矿占用耕地最多，占用耕地总面积的45.2%，城镇用地占41.1%。建设用地扩展对山区耕地保护产生了极大压力。正确处理保护耕地与建设扩展的关系，尤其是耕地与城镇用地和独立工矿用地扩展的关系，是山区耕地保护的关键，对建设用地扩展方向的分析将对耕地保护起到积极的指导作用。

表 3.3　山区建设用地扩展来源情况　　　　　　　　单位：平方千米

建设用地	扩展来源						
	耕地	园地	林地	牧草地	水域	未利用地	建设用地
城镇用地	8 219.46	573.59	789.79	70.48	664.64	643.31	0.43
农村居民点	1 201.96	269.66	401.44	0.78	82.26	213.83	0.1

(续表)

建设用地	扩展来源						
	耕地	园地	林地	牧草地	水域	未利用地	建设用地
独立工矿	9 025.65	2 077.37	2 407.91	17.08	1 057.34	2 200.59	4.91
特殊用地	-247.04	-355.18	-1 446.46	-1.13	-131.04	-442.98	0
铁路	81.39	17.54	46.53	0.33	6.88	36.35	0
公路	1 095.1	141.95	241.45	0.21	69.09	96.18	0
农村道路	609.8	444.22	327.11	0	0	4.04	0
合计	19 986.32	3 169.15	2 767.77	87.75	1 749.17	2 751.32	5.44

数据来源：姜广辉，张凤荣，吴建寨，等，2006.北京山区建设用地扩展及其与耕地变化关系研究[J].农业工程学报(10)：88-93

以上这些变化如实地反映了20世纪90年代以来北京近郊山区郊区化进程的变化。可以发现，随着山区各区县"乡村城市化"进程的加速，北京的郊区化正逐步向远郊区扩散，扩展程度逐年增强，但由于自然、历史和社会经济等方面的原因，北京山区经济发展水平较低，尚处于城市化的初级阶段。尽管1997年国家的土地冻结政策使建设用地扩展速度阶段性放慢，但在发展经济和增加地方财政收入这些基本目标的驱动下，人们长期投资山区，从事各种资源开发活动，各种工业开发区、经济开发区"遍地开花"，乡镇企业等独立工矿用地的持续高速增加以及城区工业向山区的大量调整搬迁，引发了各相关产业的空间集聚与扩展，导致了建设用地总体上的扩张。同时，山区人口的快速增长以及人们生活水平的提高对住宅开发所形成的巨大需求也是客观存在的。作为北京市的生态涵养地，山区水秀山绿、空气清新、环境优雅，成为度假、休闲的好去处，也成为富起来的北京有产阶级首选的"第二住宅"购买地；同时，各地农民为了迎合城市居民进山旅游的需要，大量自家建房，广泛开展了农家乐、民俗游等活动。由此诱发了居民点用地的扩张，这与社会发展的趋势也是吻合的。据初步统计，北京市目前共有度假村155个，其中7个山区区县占到总数的83.2%。(图3.30,图3.31,图3.32)

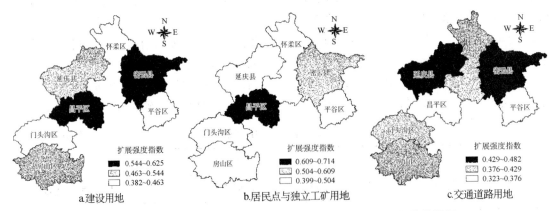

图3.30 1993～1996年北京山区不同建设用地类型扩展程度分异图

图片来源：姜广辉，张凤荣，吴建寨，等，2006.北京山区建设用地扩展及其与耕地变化关系研究[J].农业工程学报(10)：88-93

3 近郊山区的保护和发展实证研究

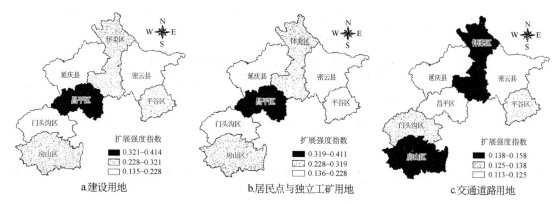

图 3.31　1996～1999 年北京山区不同建设用地类型扩展程度分异图
图片来源：姜广辉,张凤荣,吴建寨,等.2006.北京山区建设用地扩展及其与耕地变化关系研究[J].农业工程学报(10):88-93

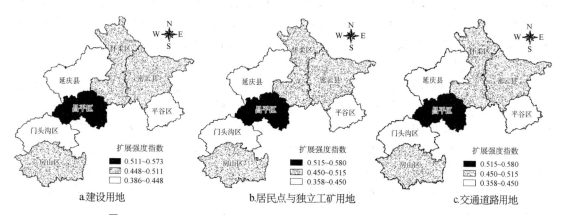

图 3.32　1999～2002 年北京山区不同建设用地类型扩展程度分异图
图片来源：姜广辉,张凤荣,吴建寨,等.2006.北京山区建设用地扩展及其与耕地变化关系研究[J].农业工程学报(10):88-93

建设开发用地一方面摊大饼般盲目外延,另一方面不顾后果见缝插针,造成建设用地破碎化,景观功能分异紊乱。这种建设用地布局缺乏规模效益,造成景观稳定性降低,是一种不集约的用地形式,土地利用表面高效,实则浪费。北京山区大量的居民点和独立工矿用地是在无规划可依的情况下发展起来的;没有科学的建设用地布局规划的指引,必然导致建设用地发展的盲目性和随意性。因此,北京山区的开发活动要在制定严格的产业政策,严格产业方向的选择和环境保护的关系,避免严重的土地利用冲突和恶劣的社会环境问题产生的前提下,重视建设用地的规模、选址和布局的科学性。

③ 土地利用不均衡性

空间特征的研究除了土地利用结构之外,土地利用的均衡程度也是重要的方面。陈军伟等人(2006)的研究具有代表性,他基于北京山区各区县 1995～2002 年土地利用现状数据,应用经济学洛伦茨曲线以及基尼系数的概念进行北京近郊山区的土地利用均衡程度研究。结果表明：在空间尺度上居民点、独立工矿和园地用地分布最不均衡(过于集中),耕地和未利用地次之,林地分布相对均衡(比较分散);在时间尺度上,园地、居民点及独立工矿用地和未利用地的不均衡程度有所减弱,而耕地、林地用地却有增加。这说明虽然某些用地类型仍过于集中,但社会的自调能力在加强。

表 3.4　1995 年和 2002 年北京山区主要土地利用类型基尼系数

年份	耕地	园地	林地	居民点及独立工矿	未利用地
1995	0.236	0.325	0.159	0.332	0.296
2002	0.258	0.276	0.18	0.325	0.234
年际变化	0.022	−0.049	0.021	−0.007	−0.062

来源:陈军伟,孔祥斌,张凤荣,等,2006.基于空间洛伦茨曲线的北京山区土地利用结构变化[J].中国农业大学学报(04):71-74

北京近郊山区还拥有丰富的物质矿产资源,其独立工矿用地构成上主要包括:工业企业、仓库、矿区、沙石场、砖瓦场。受城区用地功能置换、产业结构调整和外部资金等因素的影响,工业用地迅速扩张,20 世纪 80 年代以来年均扩展速度保持在 24～25 平方千米/年之间。自 20 世纪 90 年代以来,北京近郊山区的工业发展较快,但缺乏科学合理的可行性论证和用地规划,普遍存在着布局分散、占地过大、资源配置效率低下等问题,造成了土地资源的浪费。

④ 林地的退化

北京近郊山区林地面临退化的危机。根据 1979～2005 年这 27 年间北京山区的植被覆盖度,可见呈下降趋势,整体覆盖水平由 1979 年的 70.05% 下降为 2005 年的 66.14%。由于全市范围内地形地势的差异,各地的变化情况不一样,变化的类型也不同。植被覆盖度为 0.6～0.8 的高植被覆盖区域是北京市的植被覆盖主体,1979 年其总面积是 3 580.02 平方千米,2005 年总面积是 3 586.41 平方千米,变化相对较小,并出现略微增长。覆盖度在 0.8～1.0 的植被退化严重,面积减少了 617.45 平方千米,是整个北京山区植被退化的根源。(图 3.33)

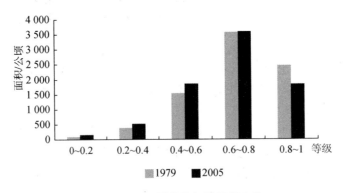

图 3.33　不同覆盖等级的面积变化

数据来源:张本昀,喻铮铮,刘良云,2008.北京山区植被覆盖动态变化遥感监测研究[J].地域研究与开发(01):108-112

研究林地退化的原因,必须涉及土地利用变化相对转化度的概念,即某一种地类转化为其他地类的程度,用公式表示为:$P_{ij}=A_{ij}/A_i$,式中 P_{ij} 为研究时段内土地利用类型 i 转移为土地利用类型 j 的相对转移度;A_{ij} 为土地利用类型 i 转移为地类 j 的面积;A_i 为土地利用类型 i 在研究时段内的转移的总面积。利用相对转移概率可以很明显地看出,某一地类转化为其他地类所占的相对比重。

从特征分析可以知道,北京山区林地面积是山区用地类型的主体部分,其动态变化也非常强烈。从张克锋等人(2006)对北京山区近10年来林地变更转化趋势的分析可以看出:约有40%以上的林地变为果园,这主要是由于进行农业结构调整,开发山区资源优势,种植果树,增加农民收入和土地经济效益。约有30%的林地变为荒草地,这主要是由于自然或人为破坏,开发利用过程中造成林地退化。此外,林地转化为公路、独立工矿较多,这主要是由于建设增地占用。林地转化为菜地较多,这说明人们在经济利益的驱动下进行的林地开发复垦。(图3.34)

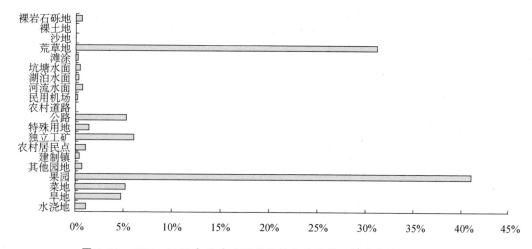

图3.34　1991～2002年北京山区林地转化为其他二级地类的相对转化度
来源:张克锋,周文华,张军连,等,2006.北京山区林地转化过程分析.林业经济问题(01):27-29,34

⑤ 耕地的不可持续利用

耕地资源利用的不可持续性主要表现为以下几点:耕地资源数量少;耕地资源破碎;耕作半径大;坡耕地多;耕地资源利用效率低。

a. 耕地资源数量少:以门头沟区为例,门头沟区是北京7个山区区县之一,山地面积占辖区面积的98.5%,2004年门头沟共有行政村177个,其中有耕地的村子为116个,耕地总面积为1 557.05公顷,耕地面积占土地总面积的1.07%。人均耕地0.006 5公顷,仅为全国人均耕地0.094公顷的6.91%。农村人均耕地0.02公顷,耕地资源匮乏。

b. 耕地资源破碎:以妙峰山镇为例,其属于门头沟区的山区,耕地破碎,按户均5块耕地计算,平均每块耕地的面积约为0.004公顷,耕地资源的破碎一方面使得用地可持续性差,另一方面使得农业规模效应难以发挥,用地效率低下。

c. 耕作半径大:虽然农户出行方式出现多样化发展的趋势,但在研究者对农户的实际调查中,农户到田间劳作仍以步行为主。农户理想的步行耕作时间应小于20分钟,按步行50米/分钟来计算,也就是说合理的耕作半径应不大于1 000米。但是仍有30%左右的居民点到耕地的距离大于1 000米,一些农户到达田间地块甚至要翻山越岭,绕道而行,实际出行耕作距离应该远远大于分析计算数值。

d. 坡耕地多:坡耕地是指分布在山坡上地面平整度差、跑水跑肥跑土突出、作物产量低的旱地,不适宜大规模耕作,经济效益低,并且容易发生水土流失的现象。

e. 耕地资源利用效益低:上述耕地资源特点决定了北京近郊山区耕地利用效益低。一方面耕地资源破碎,阻碍农业机械化的采用,难以实现规模经营,影响农业生产率的提高。耕作半径大,势必增长了农户出行耕作的时间。由于农民的劳动投入不足,离居民点远的耕地往往产量较在耕作半径范围内的耕地要低得多。另一方面,由于地形切割影响,耕作半径外的耕地多零星分布在山坡上面,耕作难度较大,水土流失严重,最终导致土壤质量的退化,影响坡耕地的持续利用和生产能力的发挥。

从农民行为研究耕地的可持续性,田志会(2007)的研究具有代表性。对北京浅山丘陵区的石匣和深山区的蒲洼两个小流域的农户土地利用行为进行调查,显示种植业结构不尽合理,作物种类单一,大宗农作物玉米、大豆的种植比例过高;在肥料投入上,浅山丘陵区的石匣小流域化肥施用量过大,而农家肥的投入过少;两类山区小流域农药施用量虽然较平原农区小,但仍在大量使用毒性较大的乐果、敌敌畏等农药,易造成水体的污染;在果树方面,山区农户均表现出对幼年果树较强的管理意识,但是却忽视对成年果树的管理,致使果树的产量不高、不稳;在土地耕作方面,山区农户大都采用传统的耕作措施,对土地扰动较大,易造成水土流失。

3.2.3.3 北京近郊山区空间演变的动力机制

学者从利益主体论的角度分析,得出推动城市空间结构发展的动力主体有三种类型:政府、城市经济组织和居民。而从1990年代中国城市空间结构变化的动力机制分析,亦可认为存在三种力量:政府力、市场力和社区力。几种不同的分析视角最后都归结为近乎等同的主体。

(1) 政府力

无论政府力代表了哪一社会群体的利益,必然都会在政策上体现其阶级取向。政府的政策、战略会造成城市空间系统结构性的巨变,国家投资性建设又往往对城市发展产生决定性的作用。

就山区而言,政府在山区开发中的作用不可替代,要主动干预,制定稳定的扶持山区发展的经济社会发展政策和法规体系,加强对山区的直接和间接投资。在投资过程中,要综合权衡,统筹安排,争取最大的经济、社会和生态效益。

鉴于山区地位的特殊性,北京山区的开发活动要重视建设用地规模、选址和布局的科学确定;应综合审度建设用地之间、建设用地与交通网、生态环境之间的合理结合,继续发挥城镇增长极点的作用,加大农村居民点的内部挖潜,促进点轴连接,优化建设用地布局。还要制定严格的产业政策,严格产业方向和环境保护,减少建设用地低水平扩张对耕地的占用。这些作用都需要通过政府的审时度势,做出强有力的决策。这表明政府行为成为山区发展最重要的动力。

(2) 市场力

作为城市的经济组织单元,企业总是以最小的成本投入换取最大的效用。这构成企业在城市中选择空间区位的基本原则,这在诸多城市经济学的论著中都有涉及。以技术进步为基础的产业活动空间在城市整体的空间格局中占有支配地位。因此,企业是城市空间系统发生结构演变的重要促动者。

1993~2002年建设用地总量的65.5%来源于耕地,面积为19 986.32公顷,其中城镇用地有75％,独立工矿用地为54％。从扩展占用耕地面积来看,独立工矿占用耕地最多,占用耕地总面积的45.2％。由此可知,北京近郊山区的建设用地的扩展与市场需求或企业的需求有重要联系,但山区的土地资源特点和经济发展趋势决定了建设用地扩展必须以严格保护耕地为前提,要加大对扩展程度较大区域的耕地保护力度。故对于北京而言,企业对于近郊山区保护与发展的支持力度,对其也有着很重要的决定力。

(3) 社区力

城市居民为了维护各自在城市空间和土地利用中的特定利益而参加企业和住宅的投资。但是和政府与企业相比,他们无疑处于天然的劣势。在市场化比较成熟的国家和历史阶段,居民对城市空间结构的作用会比较明显。

现阶段,为了促进耕地保护,有效地控制北京山区建设用地的扩展,实现建设用地由粗放型经营向集约型经营的转变,除需要政府、企业的管理投资外,亦需要居民作为住宅使用者高度的重视。

同时,人才是山区最为宝贵的资源和财富,目前人才资源短缺、人口素质偏低是制约我国山区可持续发展的关键。不论是可持续发展模式的推广,还是产业结构的调整、资源的开发,都需要大量的科技人才、经营人才、管理人才,这是实现山区经济跨越式发展和可持续发展的先决条件。积极做好科技知识的普及、宣传、推广,加强对农民的技术培训,提高劳动者素质,是山区的重要发展动力。

3.2.3.4 北京近郊山区空间演变的矛盾

(1) 农民增收需求与山区用地低效之间的矛盾

贫困是北京近郊山区的一大问题,农民增收需求与山区用地低效之间的矛盾使得北京近郊山区的土地利用趋于不可持续性,表现为耕地抛荒与用地污染。

北京大城市的辐射作用,使农民在城市中的就业机会相对较多;山区大量农业劳动力外出转向二、三产业,以获得更大的经济效益。这种产业的流动在地域上表现为"山上进坪,坪里进镇,镇里进城"的人员单向流动,留守农村的多为老人和儿童,农业劳动力匮乏,使土地弃而不种,并且这种趋势仍在蔓延。

而在煤炭资源较丰富的区域,许多农民靠开采小煤窑或是到小煤窑打工获取收入,但农民开采的小煤窑普遍规模较小,配套设施不足,污染较重。

从长远角度考虑,山区的开发必须依靠农林业的建设,只有这样才能给当地农民带来长期而稳定的收益。

(2) 日益增加的用地需求与有限土地资源之间的矛盾

一方面是城市发展对土地资源需求的进一步加大,另一方面是山区较为复杂的用地条件。在这样的矛盾下,山区居民趋于过度利用条件较好的土地资源。

对土地资源的过度利用可以表现为两点:一是在一片土地上过度开发,造成耕地、林地的不可持续利用现象,使得山区生态承载力的退化;二是就地建设、零散布局、遍地开花的建设用地扩展模式。这样的土地利用模式极大危害了北京山区作为大城市生态涵养地的功能定位,不利于区域的可持续发展。

(3) 生态环境保护与山区开发建设之间的矛盾

一方面,北京山区是首都的第一道绿色生态屏障,是主要的水源涵养地和供给地,是城市居民休闲度假的胜地。山区土地生态环境保护和建设情况直接关系到能否实现全北京市生态环境的整体改善。山区土地利用必须服从全市的统筹安排，充分保障山区生态服务功能的不断强化。

另一方面，北京城市用地的扩展趋向西北方向(图3.35)，这将增大山区建设用地扩展的压力。山区的开发建设是带动山区农民脱贫致富的必要途径，山区土地利用肩负着促进山区自身经济社会发展的任务。这就要求山区土地利用必须以促进山区经济社会的快速发展为目标，充分保障经济生产各部门以及各项社会事业的合理用地需求。

北京对于山区的功能定位与城市自身扩张方向的矛盾，将使北京近郊山区的发展与保护陷入困境。因此，对于近郊山区的保护不能只着眼于山区本身，必须统筹中心城市与近郊山区之间的关系。

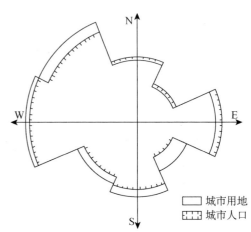

图3.35　北京近郊区域城市用地、城市人口扩展方向示意图

图片来源：崔文，黄序，1990.从空间形态看北京近郊城市化发展中的几个问题[J].城市问题(03):58-63

3.2.3.5　北京近郊山区的发展模式

本文通过对北京山区的实地调研，总结出了与山区特殊的资源、区位及功能特点相适应的六种典型发展模式。

(1) 观光农业＋民俗、生态旅游发展模式

广义的观光农业涵盖了"休闲农业""观赏农业""农村旅游"等不同概念，是指在充分利用现有农村空间、农业自然资源和农村人文资源的基础上，通过以旅游内涵为主题的规划、设计与施工，把农业建设、科学管理、农艺展示、农产品加工、农村空间出让及旅游者的广泛参与融为一体，使旅游者充分领略现代新型农业艺术及生态农业的大自然情趣的新型旅游业。北京山区发展观光农业和民俗、生态旅游相结合的模式主要有以下几种典型：

一是依托水利设施等生态治理工程建设观光型农业。北京山区自1997年实施水利富民综合开发以来，充分发挥山区自然资源优势，加强水利基础设施建设，带动观光、民俗旅游业的发展，使部分山区乡镇生活条件和经济状况发生了根本性变化[①]。如平谷区挂甲峪村，结合水利富民工程，全村大力发展林果业，建成了观光采摘园、观景亭以及可供旅游家庭餐饮住宿的生态小屋等众多旅游设施，形成了以水利设施等生态工程建设为依托，以果品为纽带，集观光、采摘、休闲、度假于一体的农业(林果)和民俗旅游相结合的发展模式。

二是依托旅游景点建设生态旅游农业区。如昌平区在十三陵和崔昌路沿线等名胜古迹和旅游景点比较集中的区域，包括居庸关长城、长陵、定陵、蟒山国家森林公园、天池景区、十三陵水库、九龙游乐园等，建设有标准化观光果园30多个，栽植有苹果、桃、柿、板栗、枣等十几个树种上百个品种。同时，为了招揽景区(点)游客驻足观光园，昌平区在进行观光采摘果园建设方面做了很多工作，如配置电脑、铺整路面、周边环境治理、果园绿化美化，

---

① 北京市农委山区办.2002年山区水利富民工程综合开发情况[R].市计委网，2002-07-31

以及竖标示牌、挂展牌等,还注册了"鲜绿安""富林""真顺""十三陵"等绿色果品品牌。(图3.36)

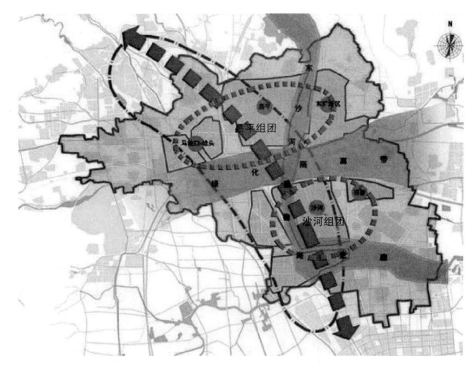

图 3.36 昌平新城空间结构规划
图片来源:昌平新城规划(2005~2020);北京市规划委员会

三是生产参与型。截至目前,北京山区建设了一批具有科学知识型、趣味欣赏型、观光采摘型的特色果品园,如平谷的"百里大桃绿色长廊"、延庆的"四十里葡萄长廊"、门头沟的"樱桃沟观光园"、怀柔的"雁栖湖休闲采摘园"等,集旅游观光、采摘、休闲垂钓、种植、民风民俗体验于一身,成为观光农业和生态、民俗旅游相结合的典型。

四是将农业发展和旅游招商项目相结合。典型案例是昌平区旅游局在招商过程中,创造性地把农业结构调整、山区富民与旅游招商结合起来,将旅游企业与乡镇通过项目合作结成对子,发展与旅游有关的具有本地特色的农产品、旅游纪念品等的生产与销售。如兴寿镇为赛迪大酒店提供山野菜;金殿餐厅、肆维餐厅将销售长陵镇的矿泉水;南邵镇向明皇度假山庄提供果品;等等。这一创意的实施,既保证了旅游企业可以就近得到丰富的山区特产和绿色环保食品,也加快了山区农民致富的步伐,不失为农业和旅游发展相结合的范例。

五是以各种花果等农产品为主题的观光农业节庆活动。各山区区县积极举办桃花节、西瓜节、梨花节、樱桃节、柿树节、小枣节、金秋百果节等,吸引游客观花、采摘。结合我国山区的区情,在农业与旅游业的最佳结合点上做文章,既可促使山区"三高"农业即高产、高质、高效农业和无污染的绿色有机农业的发展,在一定意义上也迎合了新世纪世界生态旅游发展的大趋势。这一模式用一产带动三产,三产反过来促进了生态农业、观光农业、休闲农业的发展,走出了一条观光农业+民俗、生态旅游相结合的发展路子,在山区一些旅游资源和生态资源异常丰富的浅山、丘陵地区具有极大的示范和推广意义。

(2) 生态农业与绿色有机食品加工业协调发展模式

北京山区土壤生态环境良好,为发展生态农业、开发绿色有机食品创造了得天独厚的生态与资源优势。例如密云县是我国生态农业建设试点县之一,由于地处北京市的水源保护区,北京市制定了严格的管理法规,严禁发展有污染的乡镇企业,并在水源地周围划出一、二、三级保护区。多年来,密云县根据本县实际情况,少用或不用化学农药、化肥等,发展生态种植业和绿色养殖业,不仅有效地保护和改善了本县的生态环境,为保护市水环境做出了贡献,同时也为本县绿色有机食品加工业的发展提供了原料,促进了绿色有机食品加工业的发展。地处北京西北部的延庆县,全境97%为官厅水库、密云水库水源保护区,是首都重要的生态屏障,1996年被国家环保总局批准为首批69个国家级生态示范区试点区县之一。该县积极开发生态农业,并在生态农业建设中重点开发绿色有机食品,如蔬菜、葡萄、葡萄酒等,形成了生产—加工—销售一体化的绿色有机食品产业链条,有力地促进了全县的农村经济发展,提高了农民的收入。(图3.37)

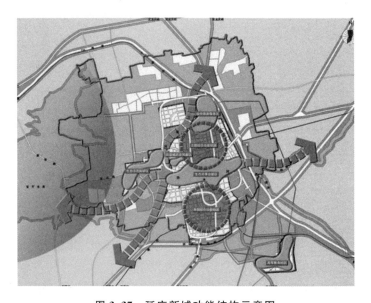

图3.37 延庆新城功能结构示意图

图片来源:延庆新城规划(2005~2020);北京市规划委员会

(3) 小流域综合治理与生态经济沟建设模式

沟谷地貌和立地景观是我国广泛存在的一种资源,它因具有比较丰富的水资源条件和多样的土地条件而成为山区经济发展的重要空间。但长期以来因受各种条件的制约,沟谷利用原始粗放,传统产业发展水平低,新兴产业滞后,生态破坏严重。近年来,随着水利富民工程的开展,以生态经济沟建设和小流域治理相结合的山区发展模式研究成为理论与实践创新的突破点。

从实践来看,生态经济沟的类型是多样化的,其中最具代表性的是以林业、农业、观光旅游业建设为中心的生态经济沟。如房山区周口店镇黄山店沟谷是该区最大的和最为典型的丘陵地区沟谷,同时也是周口店地区较为贫困的村落。为了摆脱贫困,该区依据沟谷中近万公顷的苹果、大桃、柿子等果树 10 万株,开发了以林果发展为主的经济沟模式,形成了万公顷林果观光经济沟景观雏形。秀美的沟谷景观、惬意的自然风光、宜人的气候条件和壮美的万公顷果园,形成了一幅观光、度假、休闲的迷人图画。黄山店沟谷走出了一条兼顾林果业,发展旅游业,带动经济发展和生态保护功能的小流域治理和生态经济沟相结合的开发模式。(图 3.38)

图 3.38　房山土地利用规划图

图片来源:房山新城规划(2005～2020);北京市规划委员会

(4) 休闲、度假、会议旅游和房地产开发结合模式

近年来,随着房地产市场的进一步细分,旅游地产越来越被人们看好。将休闲度假、会议旅游和房地产开发有机结合起来,既为旅游业的发展提供了保障,同时又带动了房地产开发、服务业等第三产业的发展,是一种较好地促进山区可持续发展的新兴模式。

这一模式在北京山区分布较为典型,如在平谷区金海湖风景名胜区及怀柔区 4A 级旅游景区雁栖湖周围,均分布有若干具有现代化服务设施的集休闲、度假、会议及旅游娱乐于一体的星级饭店、宾馆和度假村,不仅为游客提供了丰富多样的娱乐活动,还促进了周边第三产业的发展,增加了山区农民就业门路,为山区农民增收创造了有利条件。(图 3.39)

(5) 城镇建设与劳动力转移相结合模式

目前,为了更好地保护和发挥山区生态功能作用,北京市山区对采空区、泥石流易发区、生态脆弱区等实施了搬迁,并积极鼓励山区劳动力通过劳务输出等形式向外转移。山区部分区县结合本地城镇建设规划,通过强化城镇功能,创造就业机会,鼓励农民到中心镇、小城镇、新城落户,走劳动力转移与城镇建设相结合的道路。如密云县的太师屯镇是库北五个乡镇的经济中心,通过加强城镇基础设施建设和环境建设,强化城镇功能,太师屯形成了工业生产、农副产品深加工和绿色有机食品加工基地,创造很多就业机会,吸引山区富余劳动力向二、三产业和中心城镇转移,从根本上解决了当地农村、农业和农民问题。(图 3.40)

大城市近郊山区保护与发展规划

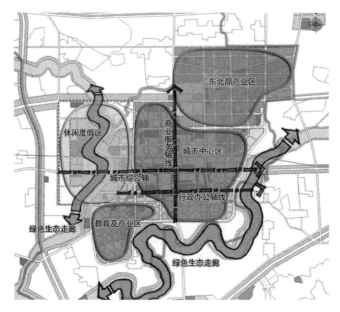

图 3.39 平谷功能结构分析图
图片来源：平谷新城规划(2005～2020)；北京市规划委员会

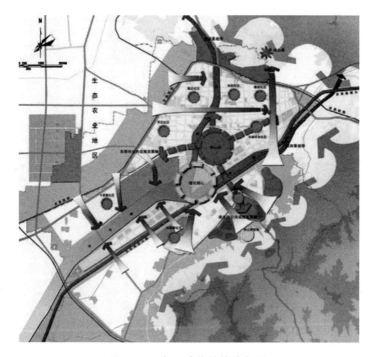

图 3.40 密云功能结构分析图
图片来源：密云新城规划(2005～2020)；北京市规划委员会

(6) 农林牧复合生态农业发展模式

农业、林业和畜牧业三者有着相互依赖、相互促进、相互制约的紧密联系。畜牧业的发展可以为农林提供畜力、食品和肥料，而林业的发展也可以为畜牧业的发展提供场地和饲料。

这种模式在继承传统耕作方法的基础上,应用现代农业科技成果和新型农业耕作技术,根据作物的生物学特征,在时间上、空间上、土地利用上进行多层次的配置,对光、热、水、土等农业资源进行多层次利用,适合在深山区推广。

北京山区部分地区也逐渐形成了农林牧复合的"立体农业"集约化生产经营的模式。

3.2.3.6 北京近郊山区保护与发展对策

(1) 产业对策

山区属于北京市的生态屏障,工业过于发展很容易导致生态破坏,得到的效益不可持续。而山区独有的特征决定了畜牧业、林业可以引导山区的经济发展。同时,近些年来旅游业的发展也给了山区致富的机会。所以,北京山区制定了以畜牧业、林业和旅游业为主导的可持续发展战略。

① 旅游业对策

据北京市统计局调查,有62%的城市居民希望假日和周末到北京山区旅游,北京近郊山区已经成为北京市民休闲度假的首选地。北京近郊山区可以发展基于耕地资源的观光休闲与体验农业,基于传统村落的特色村落观光旅游业,基于林地资源的森林旅游业。

观光休闲与体验农业已经成为北京门头沟区经济崭新的亮点。2005年门头沟农业产值构成中,以农业为依托的观光休闲产业占27%。门头沟区接待农业游客47万人次,采摘及带动销售370 000千克,实现销售收入793万元,占全区果品总产值的34.1%。发展观光休闲农业与耕地的种植收益相比,两者差距甚大。以种植白薯为例,在好的年景下,到市场去卖白薯,收益最高也就800元/公顷;发展采摘体验农业,收益将变为2 000元/公顷。从某种意义上说,发展观光休闲与体验农业,可以使耕地保护方式由农民来保护变为由农民和城市居民共同来保护,转换了传统的耕地由农民来保护的思路,实现耕地资源的持续利用。

特色村落与山地风光构成的观光旅游开发正在北京西部山区崛起。观光旅游是旅游的基本形式。京西山区许多传统村落都保存有四合院,斋堂镇的灵水村保留有明清时期的四合院162套,刘家村、杨家村还保留有大户院落。这些传统村落经过各个历史时期所保留的文化遗迹能够带给游客历史的回味,成为观光旅游的吸引点。

北京市的森林公园类型丰富,以此发展北京山区森林旅游可以满足人们回归自然的渴望,为其提供健康的休闲娱乐方式,又可以解决当地农民就业问题,有力地带动地方经济的发展。开展森林旅游,必定要解决游客的餐饮、住宿、娱乐等需求,这就为承包人和当地的农民提供了就业机会。同时,森林旅游带动了当地土特产的开发与销售,果品观光、"采摘节"等活动,有效地促进了当地经济的发展。

此外,发展北京山区森林旅游是实现林业可持续发展的有效途径。北京现有的森林公园和森林旅游区基本上都是在国有林场的基础上创办的,原先因为地处偏远、国家财力紧张,所以经济状况较差。被批准为国家森林公园后,其不仅有了固定的资金投入,而且有了门票收入,同时,又可以吸引相关的旅游企业加入,多方筹集资金,加速了森林资源的培育和管护,使林业可持续发展成为可能。

② 特色农业对策

随着都市居民生活水平的提高,市场对附加值高的农产品需求增加,需求趋向多元化、特色化。北京近郊具有丰富的特色农产品资源,可以发展效益高、具有自主品牌的特色农业。这既有利于山区农民增收,也利于耕地资源的可持续发展。

目前,北京近郊山区特色农业产量低、规模小,特定的自然条件造就一方特产,规模上受到很大限制,但特色农业效率高。根据调查,一般情况下特色农产品的价格比同类普通产品的价格高出10%~20%,并且北京山区特色农业资源大部分种类都注册了自己的品牌,其生产、经营逐渐步入了规范化轨道。特色农产品大多具备天然、地道、营养、保健的功能,符合新阶段消费者对农业产品的客观要求,因而市场销路好。北京近郊山区仍具有可发展特色农业的地域空间,如延庆张山营葡萄。张山营前庙村可发展空间为6.7公顷,全乡还能发展333.3~400公顷。

但是目前北京近郊山区的特色农业发展存在瓶颈,主要是技术资源的获取难度大。大部分特色农产品只知其品质优良,但不知其优良机制,特色农业资源的生态可移植性受到限制。当地政府、农民对特色农产品如何进行种质资源的保护颇感困惑。这主要是因为科技人才的缺乏,既懂技术又懂管理的人才缺乏是目前北京山区特色农业资源发展中的一大障碍。现在能切实解决实际问题的农业专家越来越少。在缺乏技术援助的条件下,农民素质也难以提高。

为了使得北京近郊山区的特色农业真正走上高技术含量、高附加值的发展道路,选择从以下四方面加强产业竞争力:第一,增加对北京山区特色农业资源发展的投入。在山区开发的专项资金以及地方政府的投资中应安排一定比例的资金用于农田基本建设,以支持特色农业新品种、新技术的引进、培育、开发和推广。第二,建立北京山区特色农产品原产地保护制度,尽快组织相关力量研究制定特色农产品原产地保护方面的法律、法规。第三,建立健全特色农业资源社会服务化体系,积极培育北京山区特色农产品加工龙头企业。第四,逐步启动特色农业资源发展的科研项目。北京市农业科研单位众多,在农业科研人才、技术方面有着巨大的优势。在做好北京市特色农业生物资源调查和经济调查的基础上,组织各科研单位相关力量将北京山区特色农业推进国家级重点项目上进行研究,并逐步启动一批系统的、上规模的大项目。

③ 林业对策

现代林业正在淡化或改变分林种营建和经营森林,而是按森林生态系统多功能、多效益来营建和经营。美国弗兰克林提出的"新林业"和德国推行的"接近自然的林业"都强调改变营林工作过分分林种营建森林。他们认为只有提倡营建稳定的发挥多功能、多效益的森林,才能使林业可持续发展。在许多国家,传统的分林种营林如用材林或工业人工林、防护林、商品林等,虽较快地解决了用材之需或某单一功能作用的发挥,但这些森林往往是单一树种,地力衰退、病虫害严重等问题接踵而来,不能形成稳定而持续发展的森林和林业,被人们称为"绿色沙漠"。林业在森林经营管理方面,已经由长期以乔木为主,以生产优质木材为核心,转向了以充分发挥森林多功能、多效益的森林生态系统的经营管理。

因此,对于北京近郊山区森林资源,考虑由单一树干利用发展为全树利用,转向全林全方位利用发展,全面发展混农林业、混药林业、林果结合、林茶结合等复合林业。在林业上无论是营林、森林经营还是森林利用,不仅要全面采用现代经营管理,而且也要善于利用现代技术,特别是高新技术在林业上的应用。

(2) 政策对策

① 环保意识

随着北京市经济社会的进一步发展,近郊山区作为北京市重要的绿色生态屏障的地位不断提高,山区土地生态功能的重要性也得到了越来越广泛的认同。山区土地利用生态功能的保障必须从转变山区土地利用观念做起。把生态环境建设放在首位,由"吃资源饭"转换为"吃生态饭"。比如在对山区森林资源的利用与保护上,应当增强旅游者、农民和公园管理部门的环保意识,以"森林为本"。对森林公园的管理者来说,应限制游客数量,合理制定旅游承载量。在承载量范围内的使用行为不会对自然环境造成无法接受的伤害;不会降低游客的旅游体验和参加者的满意度;不会对各类原生物造成伤害。对旅游者来说,要规范其行为,对废弃物要进行回收、处理,倡导绿色旅游。在旅游区推广啤酒瓶、饮料瓶、电池等的押金制,以减少废弃物对环境的污染。对于从事商品生产而有害环境建设(排放废气、污水,投弃废渣,制造噪音等)的单位,要根据"谁污染、谁治理"的原则,让其缴纳补偿费或让其营建一定面积的公益林。

总之,就是要让生态环保意识深入山区各行为的各主体心中,以指导其行为,维护北京近郊山区发展与保护的平衡。

② 生态补偿

北京近郊山区的发展与保护不能就山区论山区,必须统筹山区和平原的土地利用,统筹的前提就是完善资源补偿和生态补贴机制。

北京山区具有生态建设和水源涵养的巨大潜力,而平原地区则有着良好的交通区位和发展条件。从整个北京市生态安全的角度考虑,无论是现在还是未来,山区都承担了较多的生态环境保护任务。山区生态环境的保护和建设有效地促进了全市生态环境的改善,但是也在一定程度上约束了山区经济社会发展。因此,从关注社会公平和统筹区域土地资源的角度出发,必须考虑山区为全市生态环境保护所做出的贡献,给予山区适当的资源补偿和生态补贴。

通过建立多元化的资源补偿和生态补贴机制,采取政府财政划拨、转移支付、项目支持、征收生态环境补偿税费等多种形式,对山区生态林、水源地、自然保护区等生态保护地带给予适当的经济补贴或扶助政策,以促进山区和平原土地利用的统筹安排。

③ 经营管理

要真正发挥北京近郊山区的多功能性,应从经营管理方面做到以下五方面的内容:

a. 依法管理,就是要认真贯彻相关法律法规,严格对占用生态资源的审核审批,坚决制止生态资源的非法流失。加大对破坏森林、侵毁绿地、滥捕野生动物资源案件的查处力度,依法严厉打击各种违法犯罪行为。

b. 科学管理,就是要加快对北京山区的生态绿地资源动态监测管理信息系统、网络和基础数据库的研制开发和应用,实现"数字林业""数字园林"的科学化管理。在城市植被配置模式的选择上,要坚持"五多""四好"的原则(多林种、多树种、多植物、多色彩、多层次、好种、好活、好管、好看),进一步优化树种林种结构,增强生态功能。合理经营生态资源,要实现山区土地的永续利用、可持续发展。

c. 规范管理,就是要求对生态资源的经营管理要向注重质的提高转变,严格执行管护技术规程,实行项目法人责任制、规划设计审批制、资金报账制、工程监理制、政府采购制、造林质量责任追究制等制度,进一步严格检查验收制度,不断提高北京近郊山区的生态功能。

d. 素质管理,就是指北京山区开发需要一大批高素质的管理者与劳动者。山区资源开发中首先应考虑人才投入,立足于全面提高山区人民的整体素质,并把基础教育和农业技术培训有机地结合起来。要建立市场经济条件下的科研、开发、推广相结合的成果转化运行机制,逐步形成科研与市场相互促进的局面。

e. 协调管理,就是指政策支持往往涉及诸多政府部门和单位,因此,制定政策既要考虑资源优势,更要注重政策倾斜。在山区资源开发过程中,由于信息的缺乏性和条件的局限性,政策引导就显得非常重要。比如在山区产业调整中配套建立山区发展基金,继续放宽税收优惠政策,给予低息、无息贷款等。此外,保障体系的协调也非常重要。只有当政策能合理地调节各部门的关系和权力分配时,北京山区的保护与发展才能有充分的政策保证。

④ 法律保障

山区资源的发展与有效保护的基础是健全北京山区资源保护法律体系。现在虽然有关于生态资源保护与开发利用的法律法规,如《风景名胜区管理条例》《森林公园管理办法》等规章制度,以及《中华人民共和国森林法》《中华人民共和国野生动物保护法》《中华人民共和国野生植物保护条例》《中华人民共和国自然保护区条例》等对自然资源进行保护的法律法规,但还存在一定的缺陷,如立法层次低、缺乏基本法的统一指导、缺乏山区环境保护立法等,还需要进一步完善。

应尽快制定山区生态资源保护法。规定山区生态资源的属性、管理体制、保护原则和主要管理制度,以尽快规范山区生态资源的开发利用行为,保护山区生态资源,确保山区生态资源的永续利用和山区的可持续发展。

(3) 规划对策

① 创业产业用地模式

满足北京近郊山区特色产业用地,可以推动山区土地利用向多功能、高效益、原生态的方向演化,推进山区产业的优化升级,促进山区特色经济的发展。

具体的措施包括:第一,充分保障特色农业、特色畜牧业和特色林果业生产用地和绿色有机食品加工用地,以推进适宜山区特点的生态、高效、特色农业生产体系的建立;第二,限制低产出、高能耗、污染重的工业用地,逐步引导高产出、低能耗、生态环境友好型工业用地;第三,积极发展观光农业、生态旅游等休闲旅游用地,促使休闲旅游业成为山区新的经济增长点;第四,允许农户在自己承包的土地山场上按市场需求发展种养业和休闲旅游业,并可以依法转让出租;第五,严格保护生态林、水源地、自然保护区等重要生态用地,对现有林地要加强管护;第六,大力开展矿区生态环境的综合整治,进一步推动非正规采煤、采矿业的退出,盘活矿区建设用地,组织矿区产业转型、矿工改行,转向发展旅游产业。

② 控制建设用地扩展

山区作为首都重要的生态屏障和水源涵养地,生态环境负荷高,建设用地需适度地发展。现阶段,要有效地调控北京山区建设用地的扩展,首先要加强对郊外别墅区和度假区的管理,防止各种名目的圈地行为和无章乱建;但为了适应人们进行休闲度假的用地需求,在一些条件较好的中心村,应允许农民建设房屋,出租给城市居民,并由当地户主承担出租屋的日常管理。其次,工业项目建设、产业经济开发区建设和大规模高标准住宅的改造与扩张建设,是一种高能耗的土地消费形式,在带来经济效益、收入和福利的同时也大大增加了对土地和资源环境的压力。作为一个生态环境脆弱的地方,山区应严格加强工业用地扩展的控制。由于独立工矿的分散布局和随意用地、开发区设置得过多过大,也造成了大规模的土地闲置与浪费现象。加强对开发区和乡镇企业用地的规划与管理,使其实现由粗放经营向集约经营的转变是当务之急。

此外,个别区县山区农村居民点持续扩张,不但不利于北京近郊山区的保护,而且与城市化的道路背道而驰。因此,应结合新农村建设积极推进迁村并点活动,因地制宜地将分散的村落布局调整为适度集中,加大农村居民点的内部挖潜,通过土地流转或置换等多种形式盘活部分闲置和低效利用的土地,改善村庄内部用地结构;大力发展部分远郊城镇,将部分适宜开展建设、区位条件优越、集聚能力较强且极核带动作用明显的区域通过政策、资金、项目等的扶持加以重点开发,推进城镇化进程,继续发挥并强化城镇增长极点的作用,加快生产要素、人口和产业向该地区的集聚,使其发展成为区域的集聚和扩散中心以及区域人口、产业与土地利用空间布局优化的主要推动者;综合审度建设用地之间,建设用地与交通网、生态环境之间的合理结合,优化建设用地布局,坚持高效集约的土地利用模式;进一步加强与首都周围地区的协调发展,有效缓解山区大部分的生态压力,从而实现北京市人口和产业的合理布局,为山区居民创造环境优美、生活便捷、就业充足的现代化社区。

③ 谨慎开发未利用地

一方面,山区本身的水土资源条件不太好,短期内未利用地的开发利用难度大;另一方面,尽管存在着耕地"占补平衡"的压力,但从北京市山区的生态服务功能的角度出发,也应该慎重开发未利用地。未利用地开发的主要方向应是经济林,既能满足生态环境保护的需要,又可以增加农民收入。

④ 加快基础设施建设

要充分发挥山区的经济社会生态的多功能效用,需要进一步完善基础设施。北京山区的基础设施条件存在诸如总量不足、布局不合理、利用效率不高等问题,因此,要加快通过配套基础设施建设,提高土地综合生产能力和资金的利用效益;通过科学规划、综合布局山区的基础设施和公用设施,全面提高城乡建设用地的利用效益。实施以道路、水利、广播电视和通信为重点的"四通"工程;按首都现代化交通的要求,加强山区道路建设,努力构建城区通往山区和山区之间快速公路相互连接、相互补充、层次分明的区域干线公路网络,为改善山区农民生产、生活条件和加快山区经济发展奠定基础。

3.2.3.7 北京山区保护与发展规划

为落实北京城市总体规划,完善城市规划体系,实现地域全覆盖;统筹综合已有各专项、专业规划,形成统一的规划平台;同时为明确山区空间布局,保证山区生态友好型发展,促进实现经济社会发展城乡一体化格局,编制了《北京市山区协调发展总体规划(2006~

2020年)》。

规划范围为北京市山区,面积约为10 072平方千米,约占市域面积的62%,分布在7个山区区县,涉及83个乡镇。

(1) 功能定位

山区是首都宜居城市建设的坚实生态屏障,是北京可持续发展的重要资源支撑,是环境友好型的特色产业基地。

① 坚实生态屏障:北京山区呈扇形分布于北京市的东北部、北部和西部,是北京市的上风上水地区,构成了对平原的生态屏障。

② 重要资源支撑:山区是资源富集区,是北京水源涵养地,是生物多样性、景观资源和文化保护的重点地区,是首都可持续发展的重要资源保证地。

③ 特色产业基地:发挥山区资源环境优势,积极发展具有山区特点的环境友好型特色产业,成为市民休闲游憩的理想空间。

(2) 发展目标

规划目标为:以生态保护为前提,以资源优势为依托,以绿色产业为基础,以山区人民为主体,将山区建设成为生态文明、山川秀美、设施完善、社会稳定、人民安康的和谐之区。

重点是:

① 摸清山区人口、资源、环境的基本情况,关注山区水源保护、生态环境的保护与修复、防灾减灾与生态安全,为山区生态质量提高和山区建设安全提供保障。

② 充分考虑山区城乡建设的限制性和适宜性,合理安排山区产业及乡镇、村庄建设的空间布局,为区域政策制定提供技术依据。

③ 协调山区公共服务设施、交通和市政基础设施以及公共安全设施的配置与发展,落实山区历史文化遗产的保护。

④ 本规划侧重综合协调各类规划,为下一层次的规划编制提供依据。

(3) 规划原则与指导思想

① 有利于山区生态环境的保护与建设。山区作为北京的生态屏障和水源保护地,对保障首都整体的可持续发展具有重大意义,必须把生态环境的保护与建设摆在重中之重的突出位置。

② 有利于山区城镇化的健康有序发展。加快山区教育、科技、文化、卫生等社会各项事业的发展,引导人口相对聚集和自然资源的合理开发与利用,推进山区城乡统筹协调发展。

③ 有利于山区人民生产生活条件的改善。加大政府帮扶力度,发挥山区人民的主体作用,转变经济发展方式,调整产业结构,繁荣山区经济,发展具有山区特色的产业,加快山区农民增收步伐。

(4) 城乡建设协调引导

① 城镇空间布局

根据北京市域"两轴—两带—多中心"的空间结构,在山区范围内构建"三区—七线—七核"的城镇发展格局,以"三区"为平台,以"七线"为纽带,以"七核"为节点,形成山区与市域、山区自身统筹协调发展的空间体系。(图3.41)

3 近郊山区的保护和发展实证研究

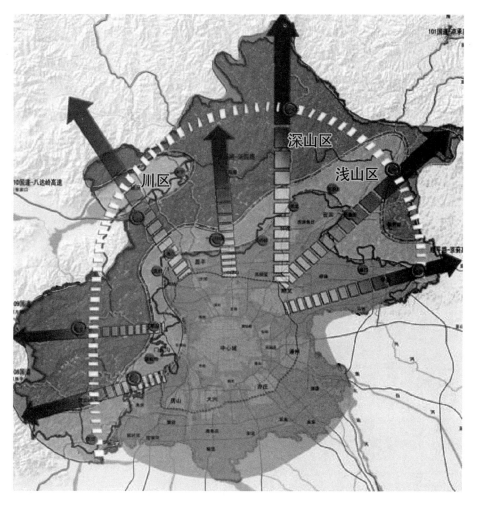

图 3.41　山区城镇结构空间规划图
图片来源:北京市山区协调发展整体规划(2006~2020);北京市规划院

a. "三区":浅山优化,深山保护,川区联动

三大片区统合是促进山区城乡建设全面发展的前提。三大片区的发展应在优势互补的基础上加强统合,是促进山区城乡建设全面发展的前提。(图 3.42)

b. "七线":七线辐射,市域一体

"七线"指由中心城通向山区的 7 条放射状交通走廊。七线交通串联是引导山区建设、促进城乡一体化的重要脉络。随着山区城镇化进程的推进,应逐步加强放射状轴线之间的联络线建设,为畅通山区防灾减灾通道、旅游通道提供条件。

c. "七核":七核聚集,带动周边

"七核"指处于交通节点或重要经济增长点的 7 个山区核心重点城镇。七核联动是发挥重点城镇的集聚效益与辐射作用,进而带动山区整体发展的关键。

② 山区城镇结构

根据北京市域"中心城—新城—镇"三级城镇体系,山区范围内的城镇结构以建制镇为主。

大城市近郊山区保护与发展规划

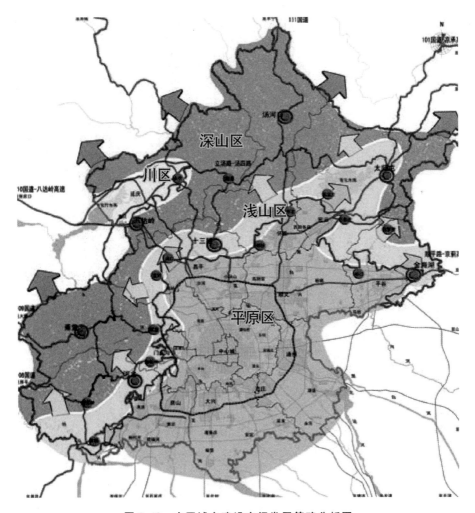

图 3.42　山区城乡建设空间发展策略分析图
图片来源：北京市山区协调发展整体规划(2006～2020)；北京市规划院

规划通过设置重要交通基础设施,开发重点产业基地,配置区域性公共服务设施等途径,集中发展山区 7 个重点核心城镇。

③ 山区村庄建设

a. 城镇化整理型村庄

积极引导此类村庄逐步城镇化,将农民纳入城镇社会服务与管理体系,避免出现新的"城中村"。

b. 迁建安置型村庄

村庄迁建安置应以政府投资为主导,充分考虑经济、文化、民俗、行政区划等因素,结合农民意愿,采取政策配套与市场化运作等方式,有步骤、有计划地进行迁建。要慎重选址迁入地,引导村民向城镇或保留并重点发展的村庄聚集,避免二次搬迁。迁建型村庄原则上不得进行新建与扩建。

c. 保留发展型村庄

鼓励保留发展型村庄大力发展宜农产业,建设社会主义农村新型社区;保留控制发展村庄可进行原址整治或改建,原则上禁止扩建;鼓励保留适度发展村庄和保留重点发展村庄集约发展,重点进行环境整治和市政、公共服务等配套设施建设;保留重点发展村庄应接受迁建安置农民。

(5) 产业发展与布局

① 第一产业

立足于区位、资源和生态优势,大力发展以林果、蔬菜、中药材、畜牧、水产养殖为主导的都市型现代农业。根据资源和市场情况,结合区域功能定位,建设一批优势主导产业带,打造一批市场竞争力强的优质产品。加快一产向二、三产业延伸,构建绿色生态产业链。

② 第二产业

以清洁生产为指引,优化发展资源消耗少、环境污染小、劳动密集型的绿色食品加工业、服装业、特色手工业等环境友好型工业。逐步关闭采矿业,结合废弃矿山的生态恢复和利用,引入替代产业。

③ 第三产业

重点发展以生态旅游、会议培训、文化创意、康体医疗、休闲运动、生态办公为主的现代服务业,加大对山区农村集贸市场、农产品批发市场改造的投入。积极运用现代经营方式和信息技术改造提升传统服务业。加强旅游业与一、二产业的联系,形成以生态旅游为主导的绿色产业链。

④ 山区产业布局的空间指引

a. 山区产业发展的空间限制

禁止将山区的水域、林地和基本农田转化为产业用地,山区产业发展应尽量避让灾害高风险区。在7个重点生态保护区域,严格控制产业开发建设活动。

水库、河流、铁路、高速公路、重要公路等重要基础设施、重大工程及其周围一定范围内;国家和省(区、市)划定的自然保护区、重要地质遗迹保护区、重要风景名胜区、重点保护的历史文物和名胜古迹所在地;军事禁区;主要城镇,以及其他按有关规定不得开发矿产资源的地区,划为矿山资源的禁采区。禁采区主要位于密云、房山、门头沟等区。

b. 山区产业布局的空间引导

立足于区位资源和生态优势,发展都市型现代农业。建设优势主导产业带,通过发展农业走廊、沟域经济、农业园区,打造优质产品,加快一产向二、三产业延伸,强化农业的多种服务价值,构建绿色生态产业链。

依托小城镇的镇区建设,发展资源消耗少、环境污染小的绿色食品加工业、服装业、特色手工业等环境友好型工业。

加强旅游业与一、二产业的联动发展,形成以生态旅游为主导的绿色产业链,有计划地建设旅游城镇、旅游服务基地和山区旅游圈,强化体系建设。

充分发挥浅山区的环境优势,集中在浅山地区、交通条件良好、生态敏感区除外的地区,优先利用废弃的工矿用地;结合生态环境的修复和整治,进一步优化产业结构,积极引进和发展与山区功能定位相适应、具有较强辐射力的生产性服务业、文化创意产业、高新技术产业及"总部经济",改造提升传统服务业。(图3.43)

(6) 规划用地布局

加大政府扶持力度,按照镇、村体系配置,实行分类指导,集中与分散相结合;因地制

大城市近郊山区保护与发展规划

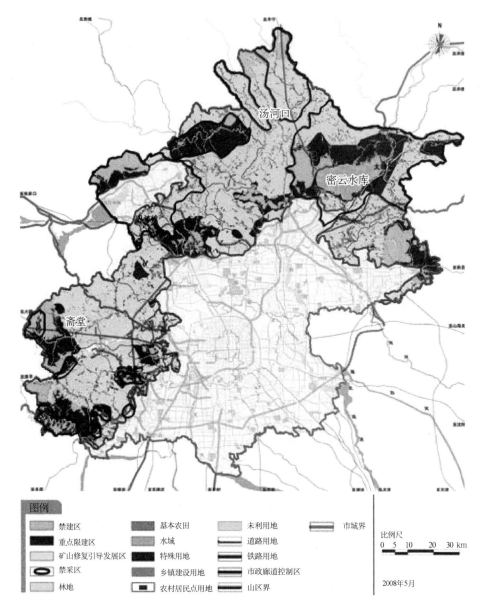

图 3.43 北京市山区发展保护控制与建设引导规划图

图片来源:北京市山区协调发展整体规划(2006~2020);北京市规划院

宜、充分利用存量资源,鼓励联建、共享,引导适宜建设规模与合理布局;实现基本公共服务全覆盖,优质资源相对聚集,服务标准优于设施建设。

① 公共服务与公共管理

将乡镇中心、村中心塑造为公共管理与公共服务中心。每镇设立一个司法所,在人口密集、法律服务需求较多的村庄设立法律服务室。乡镇及有条件的村庄应增设信息站。

② 教育

规划各山区乡镇中心设立 1 所初中、1 所中心小学和 1 所中心幼儿园,在区位条件较好的保留重点发展型村庄附设 1~3 所完全小学,办好山区寄宿制中、小学。普及学前三年教育,积极构建学前教育服务体系。

规划各山区区县重点建设1～2所中等职业学校,各山区乡镇建设1所成人文化技术学校。积极开展职业技能、农村实用技术、文化生活等教育培训活动,努力提高各类从业人员素质。

③ 医疗卫生与保健

配合农村新型合作医疗制度改革,建立农村社区卫生服务中心、社区卫生服务站和卫生室的三级体系,人口少的边远山区村庄可设健康工作室。完善山区紧急医疗救援系统、传染病救治系统和中毒救治网络建设。畅通山区突发公共卫生事件与医疗急救通道,重点乡镇、重要旅游景区设立120急救站。建立山区流动医院、诊所,推进城市卫生支援山区的对口帮扶工作。

④ 科技、文化、体育

各乡镇设立科技文化服务中心、体育活动中心;各行政村设置科技文化活动室;鼓励有条件的乡镇加强各类博物馆建设;引导有条件的乡镇建设影剧院等文化设施。

⑤ 社会福利和社会救助

完善山区社会福利和救助体系,规划乡镇集中建设中心敬(养)老院,行政村以社区服务为重点;集中设立公益性墓地并限制在重要公路沿线、旅游景区和观光农业地区埋设。

⑥ 商业服务业设施

鼓励连锁经营,保留、发展传统集市,建设规范化的农贸市场、农产品批发市场。

⑦ 邮政

各乡镇设立邮政局所,各行政村设立村邮站,实现村村设站、户户通邮。

(7) 交通体系的协调与发展

① 山区公路

加大郊区高速公路建设力度,加快山区干线公路的改造和乡镇联络线的建设,努力构建城区通往山区以及山区之间便捷、安全的公路网络,形成干线公路和县乡公路相互连接、相互补充、层次分明的区域公路体系。

延长乡镇公路至各乡镇所在地,提高大型集贸市场、学校、厂矿企业、医院等政治、经济、文化中心的可达性。在行政村实现村村通柏油路或水泥路的基础上,结合规划和实际需求继续推进自然村通柏油路工程。

② 公共客运

保证山区公路满足公交车辆通行要求,并预留公交场站用地。通过规划延伸现有公交线路,扩大公交线网覆盖面,修建山区乡镇客运站以及农村公交站点,增加通往农村的营运线路、车辆,在实现行政村"村村通公交"的基础上,持续改善山区公交服务水平。

③ 货运交通

结合北京市域货运通道规划与建设情况,加快山区联络型货运公路的建设与改造升级,构建平原与山区之间安全、便捷和通畅的货运交通网络。根据现代农业发展布局和要求,把农村公路延伸到农田示范区、生产园区、生态观光园、畜牧养殖基地等物流集散地。

④ 旅游交通

结合景区规划,重点加强通往风景名胜区的公路建设与改造升级,以旅游为主的山区公路应提高建设标准和安全等级,逐步建设高品质的生态旅游交通系统。选择景点周边交

通条件好的重点镇和一般镇,建设旅游集散地和公交换乘中心。(图 3.44)

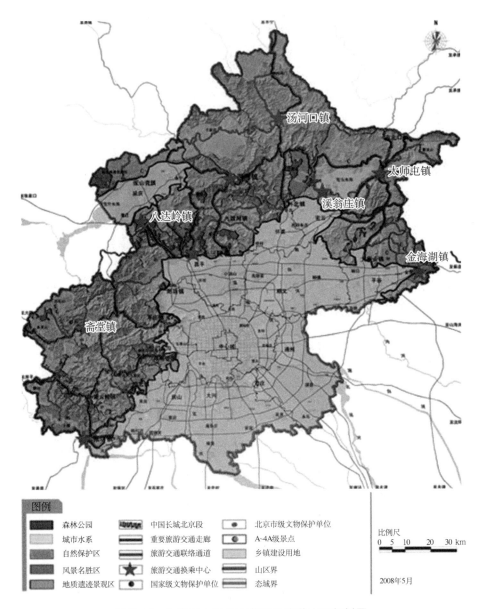

图 3.44　北京市山区公交营运及旅游交通规划图

图片来源:北京市山区协调发展整体规划(2006～2020);北京市规划院

⑤ 山区铁路

规划利用山区铁路干线、市郊旅游铁路及铁路支线,积极发展市郊铁路公共客运交通系统,服务山区居民的日常出行及旅游需求。

(8) 规划的实施

山区经济、社会、人口、资源、环境的协调可持续发展是一个长期的、复杂的、艰巨的任务,既要尽力而为,又要量力而行。要按照"规划先行、政策创新、体制适应、改革突破"的原则,进一步加强山区建设的基础支持、政策措施制定和实施机制建设等工作,促进中心城、新城、镇乡、村庄的联动协调发展。在国家及全市的区域协调方针指引下,推进北京山区与相邻津、冀地区的合作与协调发展,推动首都经济社会发展一体化新格局的形成。

3.2.3.8 北京城市总体规划 2016～2035 年

(1) 生态涵养区

根据《北京城市总体规划 2016～2035 年》,北京城市将构建"一核一主一副、两轴多点一区"的城市空间结构。北京近郊山区被定义为生态涵养区域。

生态涵养区的功能为首都的生态屏障和水源保护地,包括门头沟区、平谷区、怀柔区、密云区、延庆区,以及昌平区和房山区的山区。

生态涵养区从定义上来说,其功能定位为首都重要的生态屏障和水源保护地,也是城乡一体化发展的敏感区域,应将保障首都生态安全作为主要任务,坚持绿色发展,建设成宜居宜业宜游的生态发展示范区,以及展现北京历史文化和美丽自然山水的典范区。

生态涵养区是保护生态的屏障,能加强水源保护区、自然保护区、风景名胜区、森林公园、野生动物栖息地、风沙防护区的保护,以及强化小流域的综合治理。同时在山区乡镇中,要发挥自然山水优势和民俗文化特色,通过文化展示交流、山水风貌协调、旅游适度开发等方式精明发展。

生态涵养区在城乡差距的固有问题中,强调落实生态补偿,并重点支持水资源保护、生态保育建设、污染治理、危村险村搬迁安置、基础设施和基本公共服务提升等措施,提高生态涵养区居民的保护意识和保护积极性。与此同时,和平原地区的区域生态合作,与邻近生态涵养区的功能整合、基础设施共享,也可以提高整个生态涵养区的综合发展效益。

(2) 生态控制线和农田保护红线

规划以生态保护红线、永久基本农田保护红线为基础,将具有重要生态价值的山地、森林、河流湖泊等现状生态用地和水源保护区、自然保护区、风景名胜区等法定保护空间划入生态控制线。同时做出要求:到 2020 年全市生态控制区面积约占市域面积的 73%,到 2035 年全市生态控制区比例提高到 75%,到 2050 年提高到 80% 以上。

农业保护红线遵循着集中连片、不跨区界的原则。北京市整体划分为 9 个基本农田集中分布区,并要求在 2020 年,基本农田保护面积达到 150 万公顷。

生态保护红线是以生态功能、生态环境敏感性与脆弱性为基础划定的,占城市市域的 25% 左右。在政府规划中,要求对生态保护红线严格约束,来保障生态空间占比增加,土地开发强度减小。

(3) 浅山区生态修复和建设管控

浅山区作为北京市近郊山区的经济过渡区和生态过渡区,一方面需要对其生态环境做到严格的控制,鼓励废弃工矿用地的生态修复、低效林改造,提高林分质量;另一方面也要求加强建设管控,控制山区增量建设和开发强度,实施违建住宅、小产权房等存量建设的整治和腾退。

4 济南近郊山区的实证研究

4.1 济南南部山区概况

4.1.1 济南城市概况

济南市位于山东省中西部,泰山北麓,黄河南岸,地处泰山山地与鲁西北冲积平原交接的山前倾斜平原上。市辖历下、市中、天桥、槐荫、历城、长清、章丘、济阳、莱芜、钢城10个区以及平阴、商河2个县,总面积约为8 177平方千米。市域地势南高北低,由南向北地势趋缓。北部临黄平原带,面积约为1 200平方千米,为黄河与小清河之间的冲积平原,地势较为平坦,海拔在17～100米之间;中部山前平原带海拔100～500米,面积约为1 200平方千米,冲沟发育切割严重。南部低山丘陵带属泰山山脉北支,西起平阴、长清,东至章丘,群山起伏,地貌多样,海拔500～900米,面积3 100余平方千米。

济南是国家级历史文化名城,其历史可追溯到距今4 600余年的古龙山文化。市域历史文化景观、旅游资源丰富。市域水文地质条件特殊,泉群发育,市区内现有泉100余处,其中趵突泉更有"天下第一泉"之名。绮丽的自然景观与浓厚的人文积淀,赋予了济南这座城市以独特的魅力。

作为山东省省会及两大中心城市之一,济南市是省内的政治、文化、信息、旅游中心和重要的交通枢纽、工业生产基地,是沿黄经济开发带中经济实力最强的龙头城市,环渤海经济区、济青产业带中重要的区域中心城市,以及连接京津冀与长三角两大城市群的门户城市。新时期环渤海经济圈的开发成为国家重点战略,区域整合竞争加剧,这为济南市的城市化进程与经济发展带来了新的机遇与挑战。

在济南城市总体规划中提出"一心三轴十六群"的城镇空间组织结构,即以济南中心城市为核心,形成3条城镇聚合轴,组建16个城镇组群,促进市域城镇统筹协调发展。其中,3条城镇聚合轴是指向东、向西、向北形成沿济青、济郑和济盐产业聚集带的3条城镇聚合轴,加强其空间集聚性,强化轴线的功能,带动周围城镇发展;16个城镇组群是指为促进城镇协调发展,增强集合竞争力,以地域邻近、资源相似、产业相近为依据,组建城镇组群,促进组群城镇的统筹发展。规划形成16个城镇组群,每一组群以中心镇或次中心城市为中心,带动组群内其他城镇的共同发展。(图4.1)

济南市中心城建设用地集中在北部黄河和南部山区之间的适宜建设区域,用地发展方向在现状城区用地的基础上,主要向东西两翼带状拓展。济南中心城空间结构为"一城两区"。"一城"为主城区,"两区"为西部城区和东部城区。(图4.2)

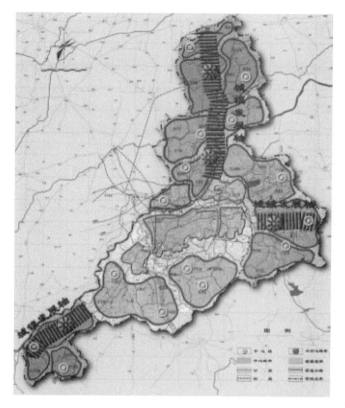

图 4.1 济南市域城镇空间结构

图片来源:济南市城市总体规划(2006年～2020年),济南市规划局

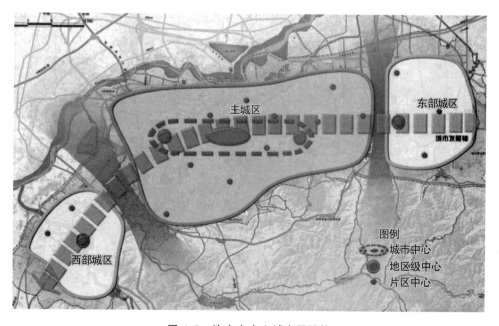

图 4.2 济南市中心城布局结构

图片来源:济南市城市总体规划(2006年～2020年),济南市规划局

4.1.2 南部山区概况

济南市南部山区总面积3 486平方千米,占全市国土面积的42.63%,涉及长清区、历下区、市中区、历城区、平阴县、章丘区等6个县(市)区的33个乡镇,其中纯山区乡镇20个。而"南控"规划中的东西两片山区则基本限于长清区与历城区,包括归德街道、万德街道、马山镇、孝里镇、马山镇、张夏街道、仲宫街道、柳埠街道、西营镇、双泉镇、锦绣川乡、五峰山街道办事处等纯山区乡镇,及市中区党家街道、十六里河街道、彩石街道办事处、港沟街道位于南控线以南的部分用地,总面积1 764平方千米,其中农林用地占最大比例。

表 4.1 济南南部山区用地结构现状

类别名称		面积/公顷	比例/%
总用地		176 372.2	100
城市建设用地		366.2	0.2
水域和其他用地		176 006	99.8
其中	水域	2 977.85	1.7
	一般耕地	6 961.45	3.9
	基本农田	66 465.43	37.7
	园地	17 689.47	10.0
	林地	53 824.07	30.5
	村庄用地	9 882.67	5.6
	弃置地	18 205.1	10.3

资料来源:济南市南部山区保护与发展总体规划(2006年~2020年)

南部山区是济南市郊的绿色屏障、生态涵养地与主要地下水补给区。基于其重要的研究价值与保护意义,2001年济南市人民政府批准建设济南南部山区重要生态功能保护区。2002年山东省也将该地区列入省级生态功能保护区。

4.1.3 南部山区区域划分

南部山区东西两片区是根据济南市城市总体规划确定的市区东、西两个市镇组群划分的,即南部山区东部市镇组群和南部山区西部市镇组群。东西片区以历城、长清区界为界。

南部山区西片区总面积约为924.6平方千米。北至济南市中心城控制性规划分区南界,东至历城、长清区界,南至万德镇、双泉镇、孝里镇镇域界,西至黄河,包括张夏镇、万德镇、归德镇、五峰山街道办事处、马山镇、双泉镇、孝里镇。

南部山区东区总面积839.12平方千米。北至济南市中心城控制性规划分区南界,东、南至市区边界,西至历城、长清区界,包括历城区仲宫街道、柳埠街道、港沟街道、彩石街道及西营镇的部分用地和市中区十六里河街道、党家街道的部分用地。

南部山区西片市镇组群承接部分无污染城市工业的协作配套生产,适度发展工矿产品开发和加工业,积极发展林果等农副产品加工业、旅游观光及相关服务业、生态农业等。南

图 4.3 南部山区区划图

图片来源：济南市城市总体规划(2006年～2020年)，济南市规划局

部山区东片市镇组群应充分利用当地旅游和农业资源优势,积极发展商贸、旅游和相关配套服务业、林果等农副产品加工业和生态观光农业,严格控制工业发展,禁止发展有污染的工业,避免破坏南部山区脆弱的生态环境。

4.2 济南南部山区的发展特征

4.2.1 社会特征

(1) 人口以农业人口为主,且有老龄化趋势

截至2004年,南部山区总人口608 493人(包括彩石镇、港沟镇、十六里河镇、党家庄镇的山区部分),约占济南市域总人口的10%。从人口结构来看,农业人口占绝大部分,农民收入主要以农产品收入为主。农业剩余劳动力数量较大,赋闲待业时间较长。(图4.4,图4.5)

表 4.2 济南南部山区主要乡镇从业人口结构

人口结构	归德镇/人	孝里镇/人	张夏镇/人	万德镇/人	五峰山/人	马山镇/人	双泉乡/人	仲宫镇/人	西营镇/人	柳埠镇/人	合计/人	比重/%
总人口	79 531	48 046	46 003	71 491	30 906	32 328	29 470	73 721	55 327	30 973	497 796	100
农业人口	72 912	45 427	39 677	64 300	29 130	29 536	27 620	62 274	52 073	29 577	452 526	90.91
非农业人口	6 619	2 619	6 326	7 191	1 776	2 792	1 850	11 447	3 254	1 396	45 270	9.09

资料来源：济南市南部山区保护与发展总体规划(2006年～2020年)

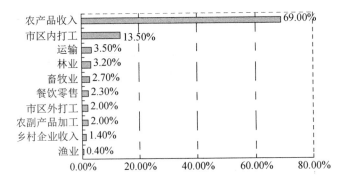

图 4.4 居民收入来源构成

图片来源：自绘

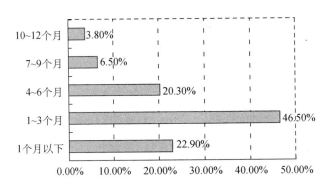

图 4.5 剩余劳动力赋闲时间占比

图片来源：自绘

由于农民进城务工等因素的影响，迁出人口大于迁入人口，常住人口总数有所下降。劳动人口老龄化现象严重，且人口金字塔呈明显收缩型趋势，人口老龄化正在加剧。（图 4.6）

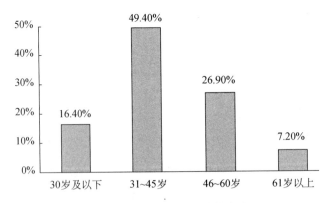

图 4.6 劳动人口的老龄化占比

图片来源：自绘

南部山区劳动力受教育程度普遍较低，以初中学历为主。据调查，文盲占 5.40%，小学占 17.10%，初中占 53.30%，高中占 19.00%，中专以上占 5.30%。农民文化素质偏低，思想观念落后。（图 4.7）

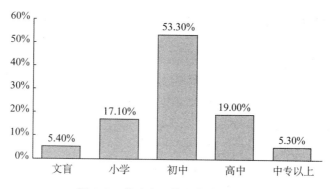

图 4.7　劳动人口的文化水平占比

图片来源:自绘

(2) 城乡居民收入差距明显

南部山区乡镇经济水平普遍较为落后,农民人均收入远低于济南市平均水平及平原地区。收入水平低下直接影响了山区居民的生活质量。南部山区东片家用电器普及率调查表明:电视机在农民家庭中的普及率最高,占92%,其次为摩托车,占61%;而电动自行车、农用车、电冰箱、洗衣机、音响、空调的普及率都比较低,山区农民生活的发展步伐远远落后于其他地区。(图4.8,图4.9)

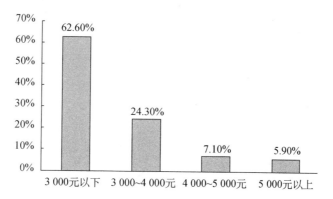

图 4.8　东片山区居民收入占比

图片来源:自绘

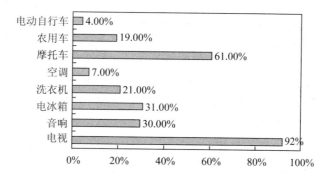

图 4.9　东片山区居民家用电器普及率占比

图片来源:自绘

从经济增长速度来看,南部山区乡镇农民人均纯收入的增长率低于济南市及各区的国内生产总值及人均纯收入增长率,城乡差距面临进一步增大的趋势。

(3) 教育设施相对滞后

山区城镇学校建设水平较差且发展极不均衡,存在租用农民土地现象。虽然生均教育设施用地基本符合国家标准,但受山区地理位置的局限,多数学校的校舍场地达不到规定要求。有的学校功能室使用面积不足、数量不够或装备缺乏,存在"一室多用"现象;有的学校活动场所狭小甚至没有操场,无法为学生提供基本的活动场地。

寄宿制初中学校发展不平衡,南部山区东片的7所中学中,历城一中规模最大、设施水平较高,而西营、锦绣川、高而的3所中学条件相对薄弱,食堂简易,宿舍简陋,操场未达到200米跑道标准,无学生餐厅;仲南中学、仲宫二中没有学生餐厅,操场达不到要求。此外,还存在大量的简易小学,如西营的正式小学只有4所,简易小学(教学点)却有15所。这些简易小学是山区教育的重要组成部分,其教学条件、建设水平亟待改善。

为解决学生活动场地不足等问题,个别学校租用了少量的农民土地,但是,高额的土地租赁费用给学校的发展带来了沉重负担。

表4.3 2007年济南南部山区乡镇教育设施　　　　　　　　单位:个

乡镇名称	中学	小学	职专	成教中心
仲宫镇	5	22	—	1
柳埠镇	1	11	1	1
西营镇	1	12	—	1
归德镇	2	9	—	—
孝里镇	1	8	—	—
张夏镇	2	12	—	—
万德镇	6	22	—	—
双泉乡	1	8	—	—
马山镇	2	6	—	—
五峰山街道	1	7	—	—

(4) 公共服务水平较低

济南南部山区居民点建设分散,乡镇设置过多,各乡镇大都趋于小而全的发展模式,都在各自的行政区域内组织基础设施和公共设施建设,使得投资分散。各乡镇基础设施和公共设施形不成规模,建设速度缓慢。山区城镇的经济条件不足、地方财政匮乏及长期缺乏规划参与,也导致了公共服务水平的落后。

① 医疗卫生设施

济南南部山区乡镇部分医院、卫生所占地局促,规模偏小,给居民造成不便。各片区的医疗设施水平差异较大,其中历城区人民医院的设施水平等各项指标均远高于其他乡镇卫生院。

4 济南近郊山区的实证研究

表 4.4 2007年济南南部山区区级、乡镇级医疗设施一览表

单位名称	建筑面积/m²	用地面积/m²	职工人数/人	床位数/床	年住院人数/(人次/年)	年门诊人数/(人次/年)	最高日门诊数/(人/日)	污水排放情况/(吨/日)	备注
历城区人民医院	40 000	30 000	212	150	5 177	55 397			二级医院
仲宫镇卫生院	4 381	3 370	19						防疫、妇幼
锦绣川卫生院	5 573	24 000	84	150	264	7 250	35	1 000	
高而卫生院	2 386	2 593	11			6 400			
柳埠镇卫生院	5 200	3 000	54	40	800	20 000	100		
西营镇卫生院	2 600	3 400	52	30	2 106	7 102	72	500	
锦绣川精神防治中心	3 859	23 976	136	150	164	11 043			
归德镇卫生院	3 546	17 550	82			45 602			
孝里镇卫生院	4 474	16 800	73	9					一级甲等
济南市老年人医院	5 573	24 000		150		264			
合计	77 592	148 689	723	679	8 511	153 058	207	1 500	

② 体育设施

公共体育设施数量少、占地规模小、设施水平较差,且无大规模体育场地。大部分体育设施陈旧落后。以济南南部山区东片为例,仲宫、柳埠、西营三个镇的体育设施主要是教育机构或其他单位内部建设的,由于在开放时间、功能及分布上的局限性,发挥的作用有限。

表 4.5 2007年历城区南部山区乡镇体育设施

	镇级体育设施或场地				村级体育设施或场地			
	名称	数量/处	占地面积/m²	设施	名称	数量/处	占地面积/m²	设施
仲宫镇					室外健身场地	53(锦绣川)	13 500	篮球场、单杠、双杠、旋转器材
柳埠镇	运动场	2	6 680	田径运动场、排球场、篮球场、羽毛球场、联合攀登器等30余种设施	健身广场	52	11 000	篮球场、乒乓球活动室、健身器械

根据调查显示:南部山区农民对公共服务设施满意度不足50%的有9项,涵盖医疗、教育、文化、体育、排水、垃圾收集、集贸市场等7个方面。(图4.10)

而亟待改进或增设的基础设施中,排在第一位的前三项依次为村内街道状况、医疗服务站与村外街道,第二位的前三项分别为医疗服务站,文化活动站与小学、幼儿园,第三位的前三项分别为小学、幼儿园、室内健身设施和集贸市场,第四位的前三项分别为垃圾收

大城市近郊山区保护与发展规划

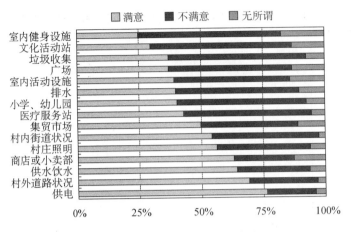

图 4.10　公共服务设施的满意度

图片来源：自绘

集、排水和广场，第五位的前三项分别为村庄照明、垃圾收集和排水。由此可见，山区居民对于道路交通、医疗卫生、文体设施有着较为迫切的需要，而垃圾收集、照明、排水等公共服务设施亦有待改善。(图 4.11)

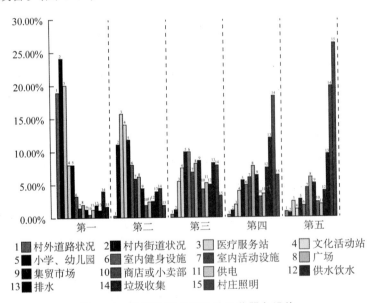

图 4.11　亟待改善或增设的公共服务设施

南部山区东片设有学校、体育设施、文化设施等公共服务设施的村庄仅有 64 个，占村庄总数的 19.7%；而不具备文体教等公共服务设施的村庄有 261 个，占村庄总数的 80.3%。公共基础服务设施的缺乏是山区乡镇迫待解决的普遍问题。

4.2.2　经济特征

(1) 城乡经济发展失衡

山区城镇的经济发展普遍落后，南部山区西片（属长清区）乡镇人口约占全区人口的

76.3%,而财政收入仅占全区的约9.6%,属于较为贫困的农业区;南部山区东片(属历城区)乡镇经济发展水平也普遍低于济南市、历城区平均水平及其他平原城镇。南部山区东片主要涉及的仲宫镇、柳埠镇、西营镇、彩石镇的农民人均收入都低于济南市和历城区的平均水平,只有港沟镇高于济南市的平均水平。但是这5个镇的农民人均收入都低于同属历城区的平原地区——郭店镇和遥墙镇。"十五"期间,除彩石镇外,南部山区其余各镇的GDP增长率都不低于济南市的平均增速。但这5个镇的发展速度并不同步,发展速度都低于历城区的平均水平。(图4.12,图4.13)

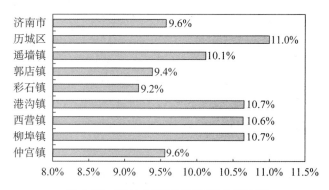

图4.12　2004年济南GDP增长率比较

图片来源:自绘

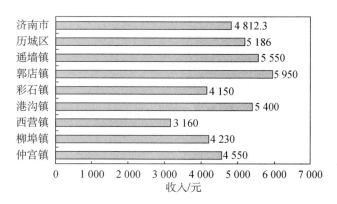

图4.13　2004年济南人均年收入比较

图片来源:自绘

(2) 产业结构不尽合理

从产业结构来看,济南南部山区第一产业仍占相当比重,尽管近年来有所减少,但农业劳动生产率提高较慢,从事农业的劳动力比重仍然较大,农业剩余劳动力转移存在较大压力。西片区乡镇第二产业比重均占40%以上,以加工业为主,农产品加工业少;旅游业发展缓慢,第三产业不发达。东片区旅游业发展相对较快,在退耕还林、流域治理等措施积极实施下,开发建设了一批颇具地方特色的旅游景点和旅游项目群。2004年东片区第一、第二、第三产业结构为30∶33∶37,以旅游业为主导的第三产业已初具规模。

目前,济南南部山区的产业结构不尽合理,第一产业比重偏大,第三产业比重近年来虽加速上升,但仍然较小。

表4.6 2004年济南南部山区西片乡镇产业发展状况

乡镇	2004年GNP/万元	第一产业/万元	第二产业/万元	第三产业/万元	三大产业比重/%
张夏镇	64 000	12 800	32 000	19 200	20∶50∶30
双泉乡	72 663	12 490	55 453	4 720	17.19∶76.32∶6.50
孝里镇	58 767	16 156	25 115	17 496	27.49∶42.74∶29.77
归德镇	84 896	30 556	43 538	10 802	35.99∶51.28∶12.72
万德镇	89 000	22 000	40 000	27 000	24.72∶44.94∶30.34

(3) 农村金融问题突出

对济南南部山区东片乡镇的居民调研结果表明,山区农民认为制约农业发展的三个主要障碍分别是:缺乏资金、市场销售难和农业经营成本太高。这表明现实中的农村金融问题突出,农民经济合作组织并未起到相应成效。(图4.14)

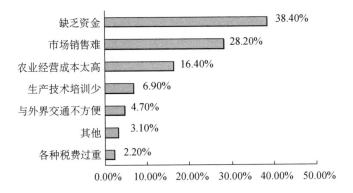

图4.14 山区农民对农业发展影响因素的认识构成

图片来源:自绘

(4) 乡村经济规模小、水平低

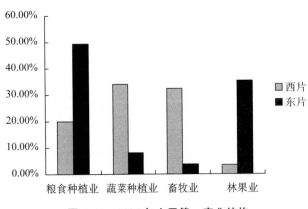

图4.15 2004年山区第一产业结构

图片来源:自绘

在第一产业中,西片区以蔬菜种植业与畜牧业为主,占66.60%,其次是粮食种植业,占20.00%,林业与渔业比重较小。2004年粮食种植业、蔬菜种植业、畜牧业、林果业产值比重为20∶34.1∶32.5∶3.5;而东片区则以粮食和林果业占主要地位,粮食种植业占一产产值的49.40%。(图4.15)

截至2005年,南部山区东片共有规模以上的企业47家,从业人员6 005人。这些企业基本上都是民营企业,涉及17个行业,主要分布在饮料、通用设备、食品、专用设备四个行业,并没有形成产业集群,更没有形成产业链。

表 4.7 2007 年济南南部山区东片工业行业分类

行业	企业个数	所占比重
非金属矿采选业	1	2.13%
农副食品加工业	1	2.13%
食品制造业	5	10.64%
饮料制造业	6	12.77%
纺织服装、鞋、帽制造业	3	6.38%
家具制造业	2	4.26%
印刷业和记录媒介的复制	1	2.13%
化学原料及化学制品制造业	2	4.26%
医药制造业	3	6.38%
橡胶制品业	1	2.13%
塑料制品业	4	8.51%
非金属矿物制品业	2	4.26%
金属制品业	1	2.13%
通用设备制造业	6	12.77%
专用设备制造业	5	10.64%
工艺美术品制造	2	4.26%
电气机械及器材制造业	2	4.26%
合计	47	100%

4.2.3 生态特征

济南市南部山区属暖温带半干旱大陆性季风气候,植被以针阔混交林为主。春季干旱多风,夏季炎热多雨,秋季凉爽温湿,冬季寒冷干燥。年平均气温 14.3 ℃,雨热同期,降水大部分集中在 6~9 月,多数地区无霜期不足 200 天。

(1) 水土流失严重

由于地质、水文等多方面的因素,济南市南部山区的原生环境较为脆弱,植被发育不良,水土保持、蓄留能力差,生态系统多数处于低水平维持状态。目前南部山区森林覆盖率在 36.5% 左右,较高如西营镇森林覆盖率达 63.5%,而郭店街道仅为 4%。防护林树木品种单一,林相简单,降低了抵御病虫害及保持水土、涵养水源的生态功效。石灰岩山地裸石荒坡较多,土层很薄,在季节性河流与冲沟侵蚀下,水土流失现象不容忽视。

表 4.8 2005 年济南南部山区土壤侵蚀类型与强度统计

县市区名称	土地总面积	轻度侵蚀以上		水蚀面积/平方千米						风蚀面积/平方千米	工矿侵蚀面积/平方千米
		面积/平方千米	占总面积比例/%	微度	轻度	中度	强度	极强度	剧烈	轻度	
章丘市	1755.03	379.32	21.61	1375.70	89.53	153.72	102.61	14.26	2.19	7.57	9.45
平阴县	728.56	178.69	24.53	549.87	44.68	56.32	57.90	10.18	1.74	0.00	7.87
长清区	1209.12	384.65	31.81	824.52	42.57	151.39	142.06	21.99	2.05	0.00	24.60
历城区	1304.08	374.88	28.75	929.20	84.67	159.11	92.05	11.53	0.42	8.27	18.83
市中区	282.23	83.83	29.70	198.38	9.69	31.66	20.69	3.59	3.28	0.00	14.94
历下区	105.94	12.91	12.19	93.03	2.84	4.02	2.71	0.36	0.00	0.00	2.98
槐荫区	155.79	3.47	2.23	152.32	0.00	0.00	0.00	0.42	0.00	3.04	0.01
天桥区	269.82	5.69	2.11	264.13	0.00	0.00	0.00	0.00	0.00	5.53	0.16
合计	5810.59	1423.44	24.50	4387.14	273.98	556.21	418.02	62.33	9.67	24.41	78.83

水土资源流失的主要表现为:山丘土壤层变薄、土质变粗,蓄水能力减弱,部分地区出现裸露岩。水土流失、土地退化使得本已十分紧张的耕地面积进一步减少,土地肥力降低,增加了河道、水库、塘坝的淤积量,使得库容量减少,抵御自然灾害的能力降低。

山区土地资源不多,且被地形地貌分割得零散,导致了集约利用的困难。随着济南市工业化与城市化的发展,耕地稀缺、土地后备资源不足的问题已日渐暴露。1996~2004 年间,济南市的用地增长弹性系数(城市用地增长率与城市人口增长率之比)达 1.07,城市用地增长明显高于人口增长,土地资源短缺与城市扩张的矛盾加剧。由于宏观调控力度不足,随着城市的南侵与项目开发零星蚕食,南部山区的土地资源也进一步被压缩,目前已处于低度超载状态。

济南市属北方严重缺水城市,南部山区作为市区饮用水水质的敏感控制区与地下水直接补给区,无异于泉城的命脉。然而近年来水利设施老化严重,地表水拦蓄能力不足,且由于缺乏宏观调控与规划,山区城镇无序扩张,地下水重点渗漏区不断遭到侵占。据统计南部山区泉水直接补给区面积减少已超过 15%。(图 4.16)

(2) 环境污染加剧

济南南部山区依河流水系可分为北沙河、南沙河、清水沟、玉符河、小清河五大流域,是济南市域泉水的重要补给。环境监测表明:南部山区地下水总体质量基本符合国家标准,水质评价结果优良。但是,随着由南向北山区居民的增加,地下水质量有所下降,与 90 年代监测数据相比,地下水有机物污染呈加重趋势。有机污染物包括多环芳烃、杂环化合物、苯系物、氯苯类、酚类等,判断来源为附近的工业区废水和生活污水。地表水体污染严重,水库与河流水质均不符合国家标准,且由南向北污染逐渐加剧,亟待治理。

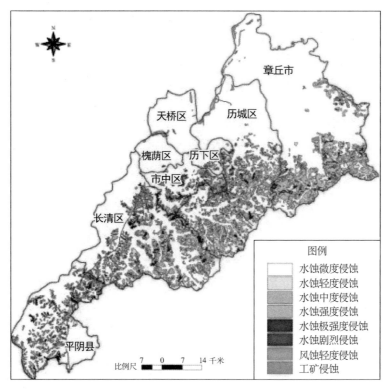

图 4.16　2005 年济南南部山区土壤侵蚀分布示意图

资料来源：济南市规划局

济南市南部山区尚未建设污水处理厂，在工业废水与生活污水直接排放下，山区地表河流水系受到了不同程度的污染。多数点源污染企业排放量达到日排废水 100 吨或 COD 30 千克的重点排污企业标准，且主要位于地表水渗漏强烈的灰岩地区，对地下水与地表水体污染严重。

表 4.9　济南南部山区东片重点污染源 2002 年度废水统计

企业名称	废水排放量/ （吨/年）	COD 排放量/ （吨/年）	排放去向
中国重型汽车集团济南卡车有限公司锻造厂	92 473	7.524	玉符河
中国重型汽车集团济南卡车有限公司车桥厂	35 782	5.010	玉符河
山东重骑摩托车(集团)厂	165 047	14.826	玉符河
济南趵突泉酿酒有限责任公司	48 000	6.3	卧虎山水库
济南古塔兽药有限公司	2 400	—	锦阳川
济南三株福尔制药有限公司	3 600	—	玉符河
济南恒舜制衣有限公司	265	—	玉符河
合计	347 567	33.66	

一方面污染对水环境的影响同样不容小觑,生活垃圾清运不力,建筑、开矿等废弃渣料随意堆置,垃圾渗透液及生活污水排放对地下水造成了较大的危害。另一方面,山区耕地使用化肥量远大于全国的20千克和国际13.3千克警戒值,年施用农药折成0.81千克,也高于全国0.56千克的水平。降雨淋溶和地表径流是地表水体富营养化的主要原因。

(3) 生态低度超载

目前,济南南部山区生态出现低度超载状况,以西片为例:

① 在生态环境需水承载力层次,黄河冲积平原带、南大沙河流域、北大沙河流域、全区四个层面的水资源供给都出现盈余;在流域综合用水承载力层次,黄河冲积平原带、南大沙河流域、北大沙河流域、全区四个层面的水资源供给都出现盈余;在生态战略用水承载力层面,黄河冲积平原带、南大沙河流域层面的水资源供给出现盈余,而北大沙河流域、全区层面水资源供给出现赤字。具体数据如下表所示:

表4.10　三层次四层面水资源评价结果　　　　　　　　单位:%

层面	第一层次	第二层次	第三层次
黄河冲积平原带	1.372	1.322	1.052
南大沙河流域	1.452	1.411	1.050
北大沙河流域	1.467	1.415	0.841
全区	1.433	1.385	0.954

② 在生态环境需水承载力、流域综合用水承载力层次,黄河冲积平原带、南大沙河流域、北大沙河流域、全区四个层面的水资源供给都出现盈余,但指数都不大,盈余量少,处于水资源超载的边缘;北大沙河、全区层面的战略用水已出现超载,但超载量并不是很大。

综合分析,全区用水处于紧张状态。由于北大沙河流域水资源的生态战略地位,其承担更多的战略用水,因而用水更为紧张。目前对全区水涵养地进行保护,对各类用水进行控制,并扭转用水紧张的局面迫在眉睫。

③ 全区土地资源利用处于低度超载状态。现状土地资源承载人口规模为319 270人,土地资源实际可承载人口规模为317 950,超载1 320人。

黄河冲积平原带、北大沙河流域土地资源利用都处于超载状态,超载人口分别为9 305、2 372人;南大沙河流域土地资源利用处于盈余状态,盈余土地资源可承载人口规模为10 520人。

④ 全区水资源利用处于低度超载状态。全区可利用水资源总量为649 035 048米^3/年,现状水资源需求总量为657 821 118米^3/年,赤字量为8 786 070米^3/年。

北大沙河流域水资源利用处于超载状态,赤字量为13 907 070米^3/年;黄河冲积平原带、南大沙河流域水资源利用处于盈余状态,盈余量分别为2 285 325米^3/年、2 835 675米^3/年。

生态承载力分析表明:南部山区水资源供给已出现赤字,但超载量尚不是很大。但作为市区的水源涵养地,其需承担城市发展更多的用水需求,保护水资源、控制各类用水、扭转用水紧张趋势迫在眉睫。

(4) 自然山体不断遭到破坏

济南南部山区内的矿石生产以石料、石材生产企业为主,受到资源分布的制约,独立工矿用地多呈点状或沿山体呈线状分布。由于目前矿山生产企业的规模普遍偏小、管理利用方式粗放,使得矿石开采区的自然景观、生态环境受到了很大的破坏。土地退化、山体滑坡、水土流失的情况日益增加。(图 4.17)

同时,工矿废弃地的复垦工作相对滞后,工矿废弃地的治理力度亟待增强。

图 4.17 济南南部山区西片采石场照片

图片来源:自摄

4.2.4 空间特征

(1) 规模小、布局散

受地形地貌及中心镇分布的影响,济南市南部山区城镇的城市化水平较低。以济南南部山区东片为例,其现状总用地 839.34 平方千米,现状城市建设用地 42.59 平方千米,仅占总用地的 5.07%。另外,村庄规模普遍不大,1 000 人以下的小村庄占 62.5%,而规模在 2 000 人以上的仅有 25 个,占村镇总数的 10.9%。

除此之外,由于地形地貌的影响作用,济南南部山区的村庄分布较为零散,不存在集中分布态势,村庄之间的连通性较弱。村庄的小而分散符合山区因地制宜的发展规律,却也造成了基础设施的不足与重复建设,导致了资源的分配不均与浪费。

根据住宅群之间的凝聚状态,将村庄分为 3 种形态:多数住宅集中在一起而形成的集村、住宅零星分布的散村和半集聚的农村聚落。

根据德芒戍公式:

$$D = Pe/Pl \cdot Ne$$

式中:D 为分散指标;Pe 为散居部分(核心聚落以外)的人口数;Pl 为全聚落的总人口;Ne 为核心聚落以外的聚落数量。

取 $Pe=4\,112$ 人、$Pl=10\,647$ 人、$Ne=31$ 个,得出村庄的分散指标 $D=11.97$。

取 $Pe=881$ 人、$Pl=7\,416$ 人、$Ne=8$ 个,得出城镇的分散指标 $D=0.95$。

根据索尔公式:

$$D = (Pe \times Ne)/(Pl \times S)$$

式中:D 为分散指标;Pe 为散居部分(核心聚落以外)的人口数;Pl 为全聚落的总人口;Ne 为核心聚落以外的聚落数量,S 为全聚落面积。

取 $Pe=4\,112$ 人、$Pl=10\,647$ 人、$Ne=31$ 个、$S=10\,465\,707$ 平方米,得出村庄的分散指标 $D=0.000\,001\,144$。

取 $Pe=881$ 人、$Pl=7\,416$ 人、$Ne=8$ 个、$S=10\,465\,707$ 平方米,得出城镇的分散指标 $D=0.000\,000\,091$。

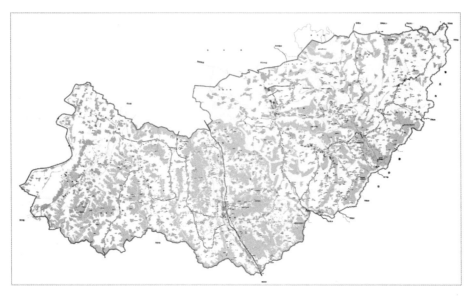

图 4.18 济南南部山区村庄布局现状

图片来源:自绘

济南南部山区城镇的建设用地现状也存在同样的空间分布特征。镇区的紧凑度指数如下表所示(紧凑度指数 $C=A/A'$,其中,A 为区域面积,A' 为该区域最小外接圆面积)。镇区周边有大量飞地,镇区形态不利于形成中心。

表 4.11 2004 年济南南部山区城镇镇区紧凑度分析

地名	现状图	紧凑度
西营镇		$A=49$ 公顷 $A'=424$ 公顷 $C=A/A'=0.12$
柳埠镇		$A=78$ 公顷 $A'=1\,078$ 公顷 $C=A/A'=0.07$

(续表)

地名	现状图	紧凑度
仲宫镇		$A = 269$ 公顷 $A' = 4\,172$ 公顷 $C = A/A' = 0.06$
张夏镇		$A = 188$ 公顷 $A' = 1\,140$ 公顷 $C = A/A' = 0.16$
万德镇		$A = 269$ 公顷 $A' = 3\,318$ 公顷 $C = A/A' = 0.08$
归德镇		$A = 209$ 公顷 $A' = 1\,980$ 公顷 $C = A/A' = 0.11$

(续表)

地名	现状图	紧凑度
双泉乡		$A = 82$ 公顷 $A' = 882$ 公顷 $C = A/A' = 0.09$
孝里镇		$A = 190$ 公顷 $A' = 1\,001$ 公顷 $C = A/A' = 0.19$
马山镇		$A = 98$ 公顷 $A' = 474$ 公顷 $C = A/A' = 0.21$
五峰山街道		$A = 60$ 公顷 $A' = 810$ 公顷 $C = A/A' = 0.07$

(2) 城镇沿路组团或轴向扩展

济南市南部山区城镇线性发展趋势明显。城镇建设用地被山脉、沟谷、水系分割,向多中心组团模式发展,形成整体分散、局部集中的空间形态。

表 4.12 2004 年济南南部山区城镇沿路组团或轴向扩展

地名	分析图	轴线数	组团个数
西营镇		2 条 327 省道发展轴线 南商业街发展轴线	3
柳埠镇		2 条 柳埠商业街发展轴线 锦中商业街发展轴线	3
仲宫镇		1 条 103 省道发展轴线	2
张夏镇		1 条 104 国道发展轴线	0

(续表)

地名	分析图	轴线数	组团个数
万德镇		1条 104国道发展轴线	3
归德镇		2条 长虹路发展轴线 济平路发展轴线	2
双泉乡		1条 双泉公路发展轴线	2
孝里镇		1条 孝里东西向发展轴线	2

(续表)

地名	分析图	轴线数	组团个数
马山镇		1条 104省道发展轴线	2

山区城镇的空间分布呈现明显的交通指向性,城镇规模较小,结构单一,以主要交通线路为骨架,城镇空间发展沿道路轴线分布。以西营镇为例,镇区的发展以两条二级路的交点为中心,沿路轴向发展。另一些城镇则呈现出沿路组团发展的特点。以双泉镇为例,镇区沿双泉公路及河流轴向发展,并形成南北两个组团。

(3) 旅游休闲空间类型多样,布局凌乱

济南南部山区的旅游休闲资源丰富,但是旅游点现状规模较小且布局分散,旅游休闲体系不完善。旅游资源形成东多西少的局面,绝大部分旅游景点位于历城区内。历城区南部山区农家乐大多集中在柳埠、西营境内,景点景区在仲宫、柳埠、西营分布较为均匀。(图4.19)

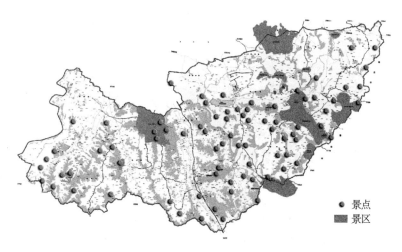

图 4.19 济南南部山区旅游景点分布图

图片来源:自绘

历城区南部山区投资1 000万以上的旅游景区已有13处,农家乐431户。2005年,全区旅游业综合收入达到8.6亿元,旅游景区接待游客162.3万人次,农家乐接待游客143.7万余人次,带动直接就业2 137人。旅游资源综合开发已经成为推动当地经济发展和提高农民收入的有效途径之一,同时也带来了良好的生态效益。南部山区旅游总投资15亿元,其中用于生态建设10亿元左右,新增育林面积2万公顷①。

(4) 生态空间持续碎化

根据济南南部山区地面覆被类型,将南部山区生态系统划分为5大类生态系统类型进行生态系统服务功能价值评估,即森林生态系统、水域生态系统、农田生态系统、草地生态系统、其他种类生态系统(包括城镇生态系统及工矿、未利用土地等),最终形成生态系统服务功能价值的五个等级(以东区为例)。

从图中可以看出,极高和高等级的生态系统服务功能区被低或极低生态系统服务功能区切割成若干细碎团块,原有的完整生态功能难以完全发挥其原来的作用,生态效应被大大削减。(图4.20)

图4.20 济南南部山区生态系统服务功能空间分布图

图片来源:自绘

(5) 产业空间规模小、布局相对集中

济南南部山区企业布局相对集中但规模不大。以东片为例,2005年,共有规模以上的企业47家,从业人员4 309人。这些企业基本上都是民营企业,涉及17个行业,主要分布在饮料、通用设备、食品、专用设备4个行业。

这些企业集中在仲宫镇,有28家企业,占全部企业总数的60%;其次是柳埠镇,有10家企业,占21%;再次是西营镇,有6家企业,占13%;港沟镇、彩石镇、党家镇各一家企业②。这些企业主要分布在327省道的仲宫—西营段、103国道的仲宫—柳埠段,大多聚集

---

① 数字来源于《关于南部生态经济区建设发展情况的汇报》。
② 数字来源于《南部山区规模工业规划调研情况》《济南市南部山区保护与发展规划工业情况调查表——全市汇总》。

在镇区及周边的村落,共占地24 203.58公顷。其中,仲宫镇的企业用地规模大约占到南部山区规模企业全部用地的97.88%,并绝大多数集中在锦绣川,单单锦绣川的7家企业就占去南部山区规模企业用地的96.27%;柳埠镇规模企业用地占南部山区的1.47%,其余各镇的企业用地占南部山区的比例均不足0.5%。

表4.13 2005年济南南部山区东区企业用地情况

镇名	企业数占比		企业用地	
	企业数/个	所占比例/%	用地/公顷	所占比例/%
仲宫镇	28	60	23 690	97.88
柳埠镇	10	21	355.27	1.47
西营镇	6	13	73.31	0.30
党家镇	1	2	40	0.17
港沟镇	1	2	35	0.14
彩石镇	1	2	10	0.04
合计	47	100	24 203.58	100.00

(6) 村庄沿路、沿川、沿峪布局

济南南部山区的村庄空间地域分布不均衡,具有明显的交通指向性,呈现出以交通线路为骨架,沿路轴线分布的特征。

分析南部山区东片村庄离主要两条省道的时间距离可以发现,在5分钟之内就能上省道的村庄为158个,占村庄总数的48.5%;在5~10分钟之内能上入省道的村庄为88个,占村庄总数的27%;在10~15分钟之内上省道的村庄为46个,占村庄总数的14.1%;而在15分钟以上入省道的村庄为34个,占村庄总数的10.4%。

省道103、省道327、济平公路等交通干线沿线形成较为密集的村庄带,在南部山区的仲宫镇、孝里镇,聚集在主要交通干道附近的村庄占镇域内村庄的80%以上,已呈现村镇连绵带的特征。

由于地形的限制,山区城镇往往呈主河带集中的特点。山区村庄主要沿北大沙河、南大沙河、锦绣川、锦云川及其支流发展。大于2 000人和1 000~2 000人的村庄集中在北大沙河主河带、锦绣川主河带、锦云川主河带及黄河平原带地势平坦地区。

除了沿路、沿川分布之外,沿峪分布也是济南南部山区村庄布局的又一特征。山区村庄建设主要集中在地势相对平坦的山谷之中,沿峪轴向分布。

(7) 道路体系呈枝状形态

济南南部山区的道路等级明确,形成了一级路、二级路、三级路、村镇公路层层深入的枝状道路网形态。这种路网结构的形成主要是由于自然地形地貌的切割作用。济南南部山区中,大部分峪之间都由一级或二级道路连接,而在单个峪内部则由三级道路或村镇公路联系,从而形成等级分明的枝状形态。

4.3 济南南部山区空间演变动力机制

4.3.1 外在因素

(1) 农业产业逐渐优化

济南近郊山区特色农业的发展已经具有一定规模,例如在距离市区相对较近的都市农业区能比较便利地向市区居民提供农产品和加工类食品。这个区域主要发展高效农业、设施农业和食品加工业。规模农业的发展有利于经济水平的提高,从而促进了空间集聚。

以南部山区西片为例:第一产业以蔬菜与畜牧业为主,占 66.6%;其次是粮食种植业,占 20%;林业与渔业比重比较小。这体现了都市农业的发展特点,呈现了较快的发展势头,2004 年第一产业(农、林、牧、渔)实现总产值 25.1 亿元,占全区生产总值的 7.1%。其中粮食、蔬菜、畜牧业、林业的比重为 20∶34.1∶32.5∶3.5。

2004 年,第一产业增加值为 161 407 万元,同比增长 8.1%。其中,农业增加值为 114 183 万元,占第一产业增加值的 70.74%;林业增加值为 6 934 万元,占 4.30%;畜牧业增加值 40 117 万元,占 24.85%;渔业增加值为 173 万元,占 0.11%。从中可知:由于受自然条件等因素的影响,长清区第一产业的职能分工中,以种植业与牧业为主,两者占到 90% 以上,林业与渔业比重较小。

虽然传统农业仍占相当比重,但近年来有所减少,农业劳动生产率有所提高,从事农业的劳动力比重有所下降,实现了部分农业剩余劳动力的转移。

(2) 新农村建设不断推进

在全国各地大力推广社会主义新农村建设的背景下,南部山区将新农村建设纳入日程,按照生产发展、生活宽裕、乡风文明、村容整洁、管理民主的要求,稳步推进新农村建设发展,完善农村各项基础设施,改善生产生活条件,提升公共服务水平,促进农村经济社会全面进步、农民生活水平提高,努力将传统农村建设成为经济繁荣、布局合理、配套完善、生态协调的新农村,由此实现南部山区农村地区的良性发展。

居民点建设应形成规模体系,并与资源环境承载力相适应。大力推进生态村、生态镇建设,集中与分散相结合,建筑与环境相结合,乡土文化与绿色节能相结合。建设生态人居环境是历史的要求、必然结果,可持续发展的重要方面,"以人为本"原则最直接的体现。应对破坏的山体、景观实施生态恢复与重建,融合自然与文化、设计与生命、美的形式与生态功能,让山区城镇与山水景观融为一体。

经过这些年的努力,南部山区"镇区—中心村(办事处)—基层村"的三级居民点体系基本形成,各级居民点基本配备了相应的设施,新农村建设呈现了良好的态势。

以南部山区东部为例:村庄居住环境通过旧村改造得到一定的改善。旧村改造工程共建房屋 330 栋,面积 193.6 万平方米,置换出可利用土地面积 1 920 公顷,近 2 万户居民迁入新居。

历城区自 2005 年 3 月起启动了以"道路硬化、村庄净化、环境绿化,建设完善文化大院"为主要内容的文明生态村镇创建工程,并提出了"三步走"的奋斗目标:第一步,2005 年抓好试点工作,完成100个村的创建任务;第二步,到2006年,再使更多的村进入文明生态村行列;第三步,到2007年,实现全区农村基本建成文明生态村镇的目标。

在文明生态村创建中,该区充分尊重生态规律,区分山区、丘陵、沿黄、平原等不同地带,选择适宜树种,确保成活率。在南部山区,推广"猪—沼—果"生态循环模式,掀起了建设沼气池、发展生态循环经济的高潮,新增沼气池800个。2005年,该区在创建工作中,累计投资6767万元,硬化道路153万平方米,栽植各类树木295万株,建设垃圾池321个、公厕137个,新建改建文化大院58个,藏书量(光盘)达到13万册。

2006年,历城区提出以"建设新村居、完善新设施、营造新环境、造就新农民、形成新风尚、健全新保障"6个新为目标的新农村建设思路,又有100多个村镇开始了文明生态村的创建工作。

(3)"南控"方针成效显现

"南控"是济南市政府及规划管理部门长期以来的一项重要方针。从1996年济南市城市总体规划、2002年中国城市规划设计研究院与济南市规划设计研究院合作完成的《济南市城市空间战略及新区发展研究》及同年4月10日山东省省会规划建设委员会三届四次会议到2003年修编的济南市城市总体规划,均对南部山区的控制、发展与保护提出了相应的规划意见和明确要求。由于关系到济南市经济社会发展、城市生态保护和城市规划建设的重大战略,济南城市规划部门于2004年开展了市区南部市镇组团协调发展规划研究,并在进行了充分的多方思考、专家论证之后,确定了"南控"战略的基本方针:坚持统筹城乡发展、统筹区域发展、统筹经济社会发展、统筹人与自然和谐发展的思想,树立科学发展观,以将南部山区建成生态保护区为目标,生态优先,统筹兼顾,妥善协调控制、保护与发展的关系,在满足南部山区生态良性循环的环境承载力的前提下,通过严格控制城市建设区向南扩展和引导南部山区的合理发展,实施生态保护和基础设施建设工程,达到建成生态保护区的目标,并在生态保护和建设中获得最佳效益,从而实现在保护中发展、在发展中保护和生态保护与经济社会的全面、协调、可持续发展。

2006年的济南市总体规划中,将南部山区、中部平原和北部黄河沿岸三个带状区域分别定位为南部山区保护发展带、中部城市空间与产业发展带、北部黄河保护发展带。中间带是城市空间和产业的主要发展区,是中心城发展的主体;南北两带是为城市发展提供生态支持和服务的重要生态功能区,其中南部山区保护发展带是以生态保护为主导、积极发展生态农业和生态旅游的综合性生态功能区。

生态保护主要指水源涵养、地下水补给、地表水源保护、水土保持、自然地质结构保护和生物多样性保护;生态农业是指积极发展生产林果、蔬菜等绿色有机农产品和农副产品精深加工业;生态旅游是指在环境容量许可条件下,利用其自然与人文景观发展旅游业,适度发展休闲、观光、度假产业。规划将南部山区城镇组群分为西部与东部两片区,西部组群规划市镇人口约17万人,建设用地约20平方千米,承接部分无污染城市工业的协作配套生产,适度发展工矿产品开发和加工业,积极发展林果等农副产品加工业、旅游观光及相关服务业、生态农业等;东部组群规划市镇人口约12万人,建设用地约13平方千米,充分利用当地旅游和农业资源优势,积极发展商贸、旅游和相关配套服务业、林果等农副产品加工业和生态观光农业,严格控制工业发展,禁止发展有污染的工业,避免破坏南部山区脆弱的生态环境。总体规划要求落实"南控"方针,严格控制中心城建设向南部山区蔓延扩展,突出脆弱资源和生态环境保护,强化用地分区管制,划定禁止建设区、限制建设区、适宜建设区,界定城镇建设范围、各类重点资源和生态区域的保护范围,并针对不同分区提出相应的管制要求和措施。"南控"战略的发展目标为以生态保护为主,并积极发展生态农业和生态旅游的综合性生态功能区。而这一战略的落实则意味着南部山区的统筹规划,集中、有序发展。

南部山区的控制开发战略并非以牺牲南部山区农民利益为代价,而是围绕改善南部山区生态环境和改变生产生活条件进行科学有序的保护性开发。统筹南部山区发展,加强政策调控力度的同时,按照城市总体规划的要求,贯彻相应的南部山区保护与发展规划,从城乡资源的合理利用出发,形成层次分明、功能明确、结构合理、优势互补的城镇体系与产业结构,加快山区基础设施规划建设,努力形成中心镇、中心村、基层村一体化规划体系。各山区乡镇应本着科学发展观的原则,体现以人为本的发展理念,从山区实际特点与功能定位出发,研究制定地区保护与发展目标。

除政策、规划层面的努力外,转变公众观念、培养环保意识同样势在必行。政府应制定优惠政策,鼓励环保型高新技术企业入驻乡镇政府驻地,替代生产工艺落后、产品附加值低的落后乡镇工业;扶持生态旅游、都市休闲观光农业等生态产业发展,加大基础设施投入,在保护生态环境、自然资源的同时,促进山区城镇社会经济健康发展及人民生活水平的提高。

工业化中期阶段不仅是工农业相对平衡增长、协调发展的阶段,也是工业反哺农业、国民经济初次分配和再分配向农业、农村和农民倾斜的阶段。这也要求地方政府深化投融资体制改革,加大对南部山区的财政支持力度,逐步形成政府投资为导向,农民与企业投入为主体,信贷投入为补充的市场化、社会化、多元化的南部山区开发投入新机制,促使山区生态化、现代化、都市化新产业格局的形成。

(4) 生态旅游、乡村旅游快速发展

南部片区自然旅游资源和人文旅游资源丰富。近年来,积极实施退耕还林,开展小流域综合治理,大力发展生态旅游,将资源优势转变为景区优势,建有多个高标准综合旅游项目(如红叶谷生态文化旅游区、锦云川乐园、槲树湾民俗旅游区、波罗峪旅游度假区、卧虎山国际滑雪场、水帘峡景区等综合性旅游景观)及生态旅游项目(如柳埠国家森林公园、药乡国家森林公园和蟠龙山森林公园、跑马岭野生动物世界)。目前,历城区南部山区投资1 000万以上的旅游景区已有 13 处,农家乐 431 户。2005 年,全区旅游业综合收入达到 8.6 亿元,旅游景区接待游客 162.3 万人次,农家乐接待游客 143.7 万余人次,带动直接就业 2 137人,成为南部山区旅游业的支柱产业。

此外,结合名胜古迹的保护,建设了一批历史、人文景观旅游项目,如四门塔、龙虎塔、九顶塔、千佛崖造像、古长城遗址等旅游项目。

再次,结合农业结构调整,建设了一批城郊特色型观光、休闲农业旅游项目和绿色观光农产品项目。

最后,建设一批独具特色的"农家乐"旅游项目,形成了以仲宫门牙景区为代表的"餐饮型农家乐"和以西营梯子山、阁老村为代表的"客栈型农家乐"。

南部山区的旅游产业自起步以来,发展迅速,游客接待量、旅游总收入逐年提高且增长率较大。其中,旅游总收入年均增长率为 27.4%,游客总数年均增长率为 33.8%,到 2005年旅游总收入达到 4.3 亿元,游客总人数为 153 万人。历年接待游客量和旅游总收入变化如下表所示：

表 4.14　济南南部片区旅游发展情况(2003～2006 年)

年份	旅游总收入/亿元	年增长率/%	游客总数/万人	年增长率/%
2003	5.3×0.5=2.7		171×0.5=85.5	
2004	6.9×0.5=3.5	30.1	242×0.5=141	64.9
2005	8.6×0.5=4.3	24.6	306×0.5=153	8.5
2006	10×0.5=5	16.3	360×0.5=180	17.6

(5) 基础设施不断完善

南部山区在小城镇建设过程中，重视基础设施和环境建设，取得显著成效。各乡镇结合农田低压电网改造、县乡道路管理体制改革、农村卫生改水改厕、光缆传输网建设等工作，大力实施水、电、路、通信、广播、电视等基础设施的规划建设和改造，兴建了一大批基础设施项目。以历城区为例：到目前为止，各镇区道路硬化率已经达到100%；16 个乡镇全部开通国际、国内直拨程控电话，有线电视网覆盖面达到100%；集中供水达到90%以上，污水排放系统建设已基本完成。有 14 个乡镇经过合理规划，在有限的存量土地中，划出地段佳、位置好、便于群众休闲娱乐的地片，建成 23 处乡镇中心广场、小游园，并安装灯具，建设雕塑、凉亭、喷泉等设施，购置大型健身器械等，使乡镇群众拥有了以前城市居民才能拥有的休闲娱乐场所。

在交通方面，黄河平原流域内 220 国道、济兖、济平省道贯通南北，济菏高速已建成。

济菏高速公路在归德镇胡同店设有出入口一处，220 国道于孝里镇驻地附近处设有出入口，对带动归德和孝里的经济发展起到触媒效应。

北大沙河流域对外交通道路主要有：京福高速、104 国道、京沪铁路。三条对外交通道路向北都可以连接到济南，直达北京；向南经过泰安，直达上海和福州。此外，还有京沪铁路辅线与军用铁路。

南大沙河流域的对外交通，主要依托以 104 省道为核心的公路交通连通到济南与肥城。

乡镇公路较为发达，村镇道路由老 220 国道、104 国道及 104 省道连接至各中心村和各规模较大的村，各行政村基本实现了"村村通"工程。而且为方便郊区和农村群众出行，济南市交通局从 2003 年开始，大力实施"村村通客车"工程。目前已开通农村客运线路 326 条，率先在全省基本实现了所有建制村通客车。

目前，历城区"村村通客车"线路已经覆盖了辖区 99.1%的建制村，城乡客运线路已达 43 条，基本形成了以区政府驻地洪家楼为中心，辐射各乡镇、村的客运交通网络。历城区道路客运业的快速发展不但极大地方便了人民群众的出行，而且有力促进了当地的经济和社会发展，推进了城乡一体化进程。

4.3.2　内在因素

(1) 地形地貌的限制

济南南部山区地处鲁中山地北缘，地形复杂，低山、丘陵、山间盆地、洼地和冲沟等地貌形态交错分布。总体地势南高北低、东高西低,总体呈现山地—丘陵—山间平原明显的多层性地貌阶梯格局。

以南部山区东部为例:现状规划区内的耕地、林地和水面比例为1∶0.67∶0.04,人均耕地高于济南市平均水平。但由于南部山区特殊的地形地势,耕地以坡耕地居多(坡度20%以上的用地占规划区总面积的22.2%),小型耕地的生产成本较高,并受市场经济集约化、产业化、规模化农业模式的影响,区内农业经营者兼营其他产业的情况十分普遍,重用轻养、水土流失、土壤污染的问题日益突出,耕地质量下降,制约了农产业和地区经济的可持续发展。

受地形地貌及城镇分布的影响,山区村庄分布零散,村庄之间的连通性较弱。村庄规模普遍不大,1 000人以下的小村庄占62.5%,而规模在2 000人以上的仅有25个,占村镇总数的10.9%。村庄的小而分散符合山区因地制宜的发展规律,却也造成了基础设施的不足与重复建设,导致了资源的分配不均与浪费。

(2) 山区居民文化观念的限制

南部山区的农民绝大多数不愿意离乡。

以南部山区东部为例:南部山区居民在子女均不在本村的情况下,首先是选择留在本村自家的最多,占了71.94%;其次是愿意离开本村与子女同住的,占了15.56%;最后是选择留在本村与其他熟人一起住的,占12.51%。

此外,山区相对封闭的社会文化生活、纯朴的民风使人们更倾向于聚集而居,培养了良好的邻里关系。文化心理的这种特殊原因,造成了近郊区特有的相对集聚型空间结构和特殊的二元景观,尤其在用地形态上深刻地表现出来。

但是南部山区的大多数农民在获得新住宅和现金补偿时,是可以考虑离开原住地的。以南部山区东部为例:农民对现金补偿要求在5万~20万之间。南部山区居民在当地政府为其在本村外的地方安排好住宅的情况下,愿意将本村的住宅和宅基地归还集体,同时获得比较合适的现金补偿的农民比较多,比例为74.39%;表示不愿意的居民次之,占了17.14%;有8.46%的居民表示无所谓。(图4.21)

南部山区东部征地补偿意愿。南部山区居民期望现金补偿金额为5万~10万元的最多,占27.70%;其次是期望补偿金额为10万~20万元的,占23.96%;再次是30万元以上的,占23.55%;再其次是20万~30万元的,占14.42%;最后是5万元以下的,占10.37%。(图4.22)

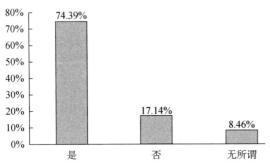

图4.21 考虑离开原住地民意调查结果
图片来源:自绘

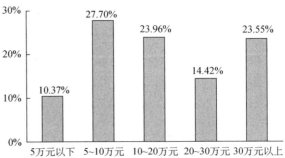

图4.22 期望补偿金数额分布
图片来源:自绘

(3) 山区自然禀赋的限制

土地是农民赖以为生的根本。山区土地资源不多,且被地形地貌分割零散,导致了集约利用的困难。随着济南市工业化与城市化的发展,耕地稀缺、土地后备资源不足的问题已日渐暴露。1996～2004年间,济南市的用地增长弹性系数(城市用地增长率与城市人口增长率之比)达1.07,城市用地增长明显高于人口增长,土地资源短缺与城市扩张的矛盾加剧。由于宏观调控力度不足,随着城市的南侵与项目开发零星蚕食,南部山区的土地资源也进一步被压缩,目前已处于低度超载状态。

以南部山区东部为例:由于南部山区特殊的地形地势,耕地中质量较好的一级地并不多,只占21.2%,主要分布在山前洪积、冲积平原上,土壤类型为普通棕壤、褐土、潮棕壤、潮褐土,这些耕地一般质地适中,土层深厚,排灌条件好,肥力高。中低产田面积较大,占78.8%,主要分布在黄泛平原和山前坡麓阶地之上,这些耕地,土壤结构较差,有轻度、中度侵蚀或盐碱化影响,排灌条件差,土壤养分不协调。小型耕地的生产成本较高,并受市场经济集约化、产业化、规模化农业模式的影响,区内农业经营者兼营其他产业的情况十分普遍,重用轻养、水土流失、土壤污染的问题日益突出,耕地质量下降,制约了农业产业和地区经济的可持续发展。目前,规划区内耕地的单位产值为1 600元/公顷,大大低于济南市平均水平(约2 800元/公顷)。

4.4 济南南部山区的发展模式

4.4.1 组团扩展与轴向扩展结合的城镇空间演变模式

济南南部山区自然资源相对匮乏、经济水平相对落后,对外交通成为影响城镇发展的关键要素。城镇空间主要以道路、河流沿线形成的优势发展轴线向外扩展。但由于山区地形地貌的限制,山区城镇建设用地难以连绵成片,城镇的轴向扩展的通道往往会被山体或河流等因素打断,从而形成组团扩展与轴向扩展结合的城镇空间演变模式。

镇区的规划也应符合山区的发展特征,采用组团扩展与轴向扩展结合的城镇空间演变模式。

表 4.15 镇区空间发展模式

地名	镇区规划结构	组团数	轴线数
西营		5	4条 327省道发展轴线 南商业街发展轴线 府前路发展轴线 西经路发展轴线

(续表)

地名	镇区规划结构	组团数	轴线数
柳埠		0	2条 柳埠商业街发展轴线 锦中商业街发展轴线
仲宫		3	2条 103省道发展轴线 工业路发展轴线
张夏		0	2条 104国道发展轴线 府前大街发展轴线
万德		2	2条 104国道发展轴线 万五路发展轴线

（续表）

地名	镇区规划结构	组团数	轴线数
归德		2	2条 长虹路发展轴线 济平路发展轴线
双泉		2	1条 双泉公路发展轴线
孝里		2	1条 孝里东西向发展轴线
马山		4	2条 104省道发展轴线 马山东西向发展轴线

4.4.2 总体分散、局部集中的乡村空间演进模式

济南南部山区经济社会发展较为落后,村庄空间布局总体较为分散。但是由于山体、河流等自然要素的切割作用,可建设用地被割裂为若干块,村庄往往相对集中布局在地势相对平坦的地区,所以济南南部山区村庄空间布局呈现出总体分散、局部集中于平原河谷地带的空间演进模式。(图4.23)

图4.23 总体分散、局部集中的乡村空间演进模式
图片来源:自绘

济南南部山区村庄总体布局应当符合这种山区特征——总体分散,但同时应当将村庄相对地集中于黄河平原区以及仲宫镇等地形较平坦地区,以达到集约管理的目的,形成总体分散、局部集中的乡村布局模式。

4.4.3 系统、整体的生态空间整合模式

济南南部山区的生态空间因为人为破坏,出现了持续碎化的趋势,建立"点—线—面"整体的生态空间整合模式势在必行。(图4.24)

(1) 点

对泉眼、水库等点状生态资源进行整合保护,杜绝资源开采、山体开挖、污染性工业等破坏影响。

(2) 线

重点维护和完善生态廊道建设,其一是河川生态廊道,如锦绣川、玉符河、锦云川、北大沙河等;其二是道路生态廊道,如高速公路、国道、省道等;其三是历史古迹生态廊道,如齐长城等。对生态廊道沿线的污染企业进行治理,对该关闭或该后撤的采石矿、灰窑坚决关撤,恢复原有的自然地貌。对河川及道路两侧不小于30米的范围内进行重点植被设计,建立完善的生态廊道体系。

(3) 面

依托区内的森林公园,如柳埠国家森林公园、药乡国家森林公园、马山森林公园等,保护和完善现有的以种植林果和旅游观光为依托的产业体系,建立实时监控的森林安全体系,完善森林公园的整体建设。

图 4.24　生态系统整合模式

图片来源:自绘

4.4.4　总量控制、区域整合的休闲空间演化模式

(1) 总量控制

旅游休闲活动会对南部山区的生物资源、水资源及文化资源造成一定破坏,所以只要这些资源的自然状况和自然过程还处于相对原生的状态,就应该尽量减少人类的干涉程度。目前,济南南部山区的旅游休闲空间发展迅猛,但应当注意控制其总量。

(2) 区域整合

济南南部山区应当充分利用区位优势和资源特色,从大旅游的角度来整合资源,化零为整,打造区域性的旅游发展带(区),成为山水圣人黄金旅游线上的重要一环。

目前,南部山区的旅游休闲空间布局较为零散,休闲空间应当积极整合。首先,南部山区应适当合并相邻的旅游休闲空间,扩大单个旅游休闲空间的规模;其次,南部山区应构建完善的旅游休闲线路,将原来割裂的旅游休闲空间串联起来,加强区域内部旅游休闲资源的整合。(图 4.25)

除了加强区域内部整合,济南南部山区应依据南临泰山的重要区位优势,加强区域间的整合力度。南部山区需加强与泰安市旅游资源的合作整合,形成大泰山的格局,打造成为泰山的北大门,成为南部山区的旅游亮点。(图 4.26)

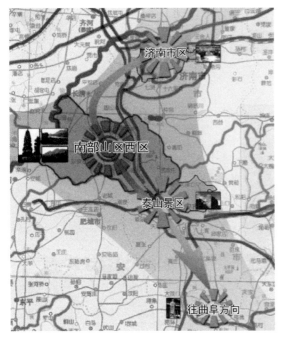 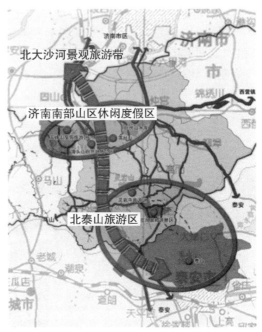

图 4.25　区域旅游资源整合　　　　　　**图 4.26　北大沙河片区旅游资源整合**
图片来源：自绘　　　　　　　　　　　　　图片来源：自绘

4.4.5　绿色产业为主体的产业空间优化模式

要实现济南南部山区的经济社会可持续发展，就必须把产业发展建立在南部山区生态环境可承受的基础之上，在保证自然再生产的前提下扩大经济的再生产，建立经济、社会、自然良性循环的复合型生态系统，形成以绿色产业为主体的产业空间优化模式。

（1）绿色农业优化模式

积极推进现代化农业发展，调整农业产业结构，推进产业化经营。改善农业基础设施，推广生态农业实用技术，提高肥力，精耕细作。大力实施无公害工程，培育名、优、特、新的绿色、有机农产品，实施标准化种植，提升生态农业品位，打造生态产品品牌。依靠科学的生产组织方式，按照产业化经营的思路，实施区域化布局、专业化生产、社会化服务、企业化管理，使生产、加工、销售一体化，促进南部山区农业经济的发展。

（2）绿色工业优化模式

稳步推进工业清洁化之路，发展环境友善型产品。整顿现有工业产业，分类指导，引导企业集中。积极引进、发展无污染、低投入、低消耗、科技含量高的工业产业。遵循环境影响最小化原则、资源消耗减量化原则、优先使用再生资源原则、循环利用原则和原料与产品的无害化原则。要求企业采取措施改进设计，采用清洁能源和原料以及先进的工艺和设备，提高资源的利用效率，减少或避免生产过程中污染物的产生和排放，实现清洁生产和可持续发展。

（3）绿色服务业优化模式

把服务业作为拉动经济增长的重要支撑点来抓。以大项目建设为重点，坚持招商和改革并举，大力改造提升传统服务业，整合现有旅游资源，积极培育发展新兴服务业，尝试发展总部经济,加快建立"服务多元化、设施现代化、结构高级化"的现代服务业体系,不断提升产业素质和竞争能力。

(4) 产业发展体系优化模式

南部山区的产业体系是一个以休闲旅游为核心的生态产业体系。它是以休闲旅游业为核心,以教育培训业、观光农业、设施农业、工艺美术制造业为支撑,层层带动下游产业——商贸、餐饮、零售、住宿、运输交通业蓬勃发展的产业联动体系。同时,商贸业的繁荣进一步带动花卉林果蔬菜等农产品和农副产品加工业、都市工业的发展;教育培训业等也会带动创意产业、总部经济的萌芽。

南部山区的产业体系是一个外向型的服务经济,以外界城市化、工业化进程为动力,以生态服务业为先导,带动生态农业和生态工业的发展。南部山区生态经济的繁荣不仅在保护生态的前提下解决了农民就业问题,提高了人民生活水平,而且还打破了南部山区与市区长期分割的二元格局,使城乡之间的发展呈现出相互依托、互利互惠的新局面。(图4.27)

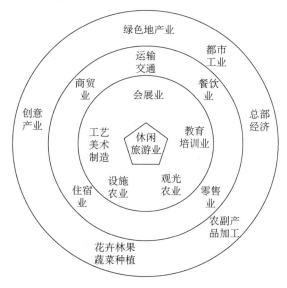

图 4.27　南部山区规划产业发展体系

图片来源:自绘

采用"限制、治理、扶持"的发展策略,大力发展环保产业、新兴高科技产业和信息产业,提高工业产品的科技含量和市场竞争力,发展节水型技术和产品;在产业发展政策上限制高耗水、重污染的企业新建或扩建,对现存类企业严格按照国家规定进行治理或关停并转,优先发展科技含量高、市场竞争力强的行业。

表 4.16　流域工业企业选择列表

企业类型	禁止发展企业	限制发展企业	维持发展企业	优先发展企业
企业	包括造纸、化肥、水泥等行业	包括食品、化工、医药等	包括电力、金属、皮毛等,通过提高生产要素效率,推行节水技术,逐步完成粗放式向集约式的转变	包括机械电子、电力、高科技产业及信息产业;通过扶持发展,使工业产业结构逐步升级,形成节水、清洁生产型的流域产业新结构

(5) 中心城镇产业选择

表 4.17 产业选择

地名	乡镇性质	第一产业	第二产业	第三产业
归德镇	以工业与居住为主的综合性城镇	郊区农业、有机农业	机械、电子、电力、信息业	旅游业、房地产
孝里镇	以历史文化为特色的旅游镇	现代科技农业	限制发展	历史文化产业
马山镇	以生态农业与农产品加工为特色的农业镇	生态农业、林果业	农产品加工业	休闲旅游
张夏镇	以旅游服务、休闲居住与商贸为特色的商业镇	生态农业	冶金、供水、制冷设备	商贸
万德镇	以商贸、旅游服务与生态工业为特色的综合性城镇	有机农业、现代科技农业	旅游工艺品、毛纺织品、食品、高新技术及环保产业	旅游业
五峰山街道	以休闲度假为特色的旅游区	林果业	限制发展	休闲度假
双泉乡	以休闲农业为特色的生态乡	休闲农业、林果业	限制发展	餐饮、旅游
仲宫镇	以农副商贸为特色的综合性城镇	郊区农业、有机农业、现代科技农业	机械、电子、电力、信息业	教育培训业
西营镇	以旅游服务为特色的综合性城镇	休闲农业、林果业	电力、金属、机械	观光农业、餐饮业、旅游业
柳埠镇	以生态农业与农产品加工为特色的农业镇	林果业	农产品加工业	观光农业、旅游业

4.5 济南南部山区保护与发展对策

4.5.1 适度调整行政边界

济南南部山区的自然保护区、地表水涵养区有部分跨行政边界,造成了地区管理与保护的行政权属及利益分配问题。药乡国家森林公园、柳埠国家森林公园、蟠龙山森林公园、龙洞风景名胜区等自然保护区就跨越了行政边界,导致保护区内生态保护工作、设施建设工作不力。(图 4.28)

所以,依据生态环境保护区、地表水涵养区等边界适度调整行政边界有利于济南南部山区社会、经济、生态效益的全面提升。

4.5.2 建立统一规划管理机构

济南南部山区地跨历城区、市中区、长清区,它的规划与发展需要一个权威部门来协调。因此,济南成立了南部山区保护与发展规划办公室,副市长任主任,历城区和市中区农办、建委、规划局、农业局、水利局、交通局、旅游局、国土资源局、环保局、林业局、统计局等有关部门及当地协作银行为成员单位,抽调部分人员组成新的协调委员会,具体负责南部

4 济南近郊山区的实证研究

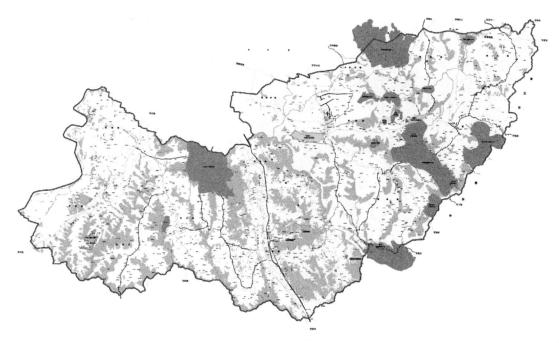

图 4.28 济南南部山区旅游景点布局

图片来源：自绘

山区保护性发展的协调组织工作。

对于风景区、森林公园等也要建立统一管理机构，保证南部山区的生态建设。

以南部山区保护与发展规划办公室及辖下的规划处、生态保护处、非农产业处、农业处、公共服务处、财税处、信贷处、民政处、统计处为核心行政机构，形成以南部山区生态环境保护为目的，以生态补偿和生态移民为手段，以空间增长和产业发展为主体，以农村金融、公共服务为支撑，以合作组织为媒介，以干部考核为引导的规划实施保障机制。（图4.29）

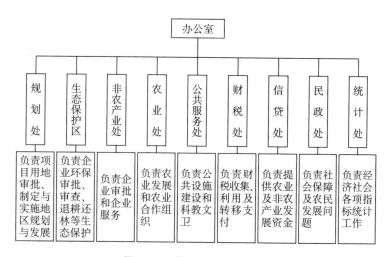

图 4.29 管理机构职能分工

图片来源：自绘

4.5.3 逐步调整村庄布局

目前,济南南部山区村庄布局过于零散,公共服务设施建设难以达到规划要求,部分生态保护重点地带仍有大量农民散居,给当地的生态保护工作带来困难。因此有必要开展村庄调整工作,将分散居住的居民集中到新的村镇,实现人口、资源环境和经济社会的协调发展。

为搞好南部山区的村庄调整工作,我们建议从迁出地、迁入地和移民安置三个角度出发,建立以下三种机制。

(1) 迁出地的生态恢复机制

村庄调整居民迁出后,应在政府的主导下对迁出地的生态环境进行恢复治理。建议具体工作由生态保护处负责,通过财税处从生态环境补偿金专用账户提取资金,通过公开招标的方式聘请专业化环境整治企业,综合治理迁出地的生态环境。具体而言,要从以下两项工作入手:

① 加强绿化体系建设

根据南部山区的生态特征,我们建议采用两种方式建设绿化体系:

第一,封山育林育草。对于造林难度大,但尚有一定植被基础以及新近营造的未成林地,应严格实行封山育林,将生态系统置于自然恢复环境中,通过自然培育促进被破坏的植被沿着群落自身发展规律顺行演替,恢复到相对稳定状态。这样既不过多干扰待恢复的生态系统,又可以减少投资,达到事半功倍的效果。

第二,人工植树造林。在宜林荒地植树造林,重建一个具有生态和经济价值的新型生态系统。造林范围主要包括现有的荒草地、坡度大于25度的坡耕地以及土壤状况较好的重点渗漏区。考虑到南部山区是济南市的水源地,林地建设应以生态型水源保护林为主,尤其要注重禁伐型水源涵养林和禁伐型水土保持林的建设。在重点渗漏区、主要河流及其汇水区与沟头地带,营造禁伐型水源涵养林;在坡度大于25度、土层薄且容易发生土壤侵蚀的地带,建设禁伐型水土保持林,实施退耕还林还草。为兼顾经济发展,也要酌情培育部分经济生态型水源保护林。可以在水肥条件优越的缓坡地及沟谷地带通过科学整地,选取速生树种营造经济林木,建设苹果、山楂、胡桃、枸杞等名优果品基地。

② 实施小流域综合治理,遏制水土流失

南部山区内沟壑纵横,易受流水侵蚀,单靠植树造林难以从根本上实现生态恢复。因而在植树造林的同时必须配套建设水土保持工程,实施小流域综合治理,改善植被的恢复条件。

根据南部山区的地形特点及沟坡侵蚀程度,建议采取"自上而下"的方式治理。山顶以自然封育为主,缓坡地采用梯田、水平阶、反坡梯田等措施,较陡坡地开挖鱼鳞坑、水平沟等,使坡面形成截留水土的阶梯状地形。根据汇流区面积和水土流失情况,按照先易后难、稳步推进的原则,将现有蓄水工程分期分批除险加固。配合济南市大型水利工程规划,在沟谷中适当兴建小水库、塘坝等蓄水工程,提高地表水拦蓄能力,增加地下水的补给,减少汛期弃水量和坡面冲刷,尽快控制水土流失。在直接补给区的渗漏、强渗漏地段,要因害设防,在干、支、毛沟修建多级塘坝、蓄水坝、地下渗漏水库截潜、护岸等泥沙拦截与水分蓄积工程防护体系,从而有效增加市区泉群的地下水量。

(2) 迁入地的选择机制

要按照南部山区城镇规划布局,本着化分散为集中的原则,考虑以下因素选择迁入地:

① 环境承载力

迁入地首先要保证足够的环境容量,确保移民的迁入不会对迁入地造成新的环境问题。南部山区作为济南市重点生态保护区,在做迁入地的环境承载力评价时应侧重生态状况、可容纳的人口总量、人口分布现状等指标,尤其要考虑迁入地水资源的承载能力,避免对地下水补给区和重点渗漏带造成新的生态破坏。

② 基础设施条件

良好的基础设施能改善生态移民的生产和生活环境,提高生产效率和生活质量。迁入地不仅要保证道路、自来水、高压电等传统意义的基础设施,还要具备电话、网络、有线电视等信息化时代的基础设施,使移民能够在较高的发展平台上从事经济活动,避免在生态移民和城市居民之间出现"数字鸿沟"。

③ 公共服务水平

南部山区生态移民的生活水准、文化素质均较低,优质的公共服务能够提高移民的生活质量,帮助他们尽快适应新的生活方式,走上致富之路。在选择迁入地时要特别注重当地的文化、教育和科技部门的服务水平,这些部门是提高生态移民的科学文化素质和生存技能实现可持续发展的关键。

(3) 移民安置机制

移民安置机制主要包括安置补偿和社会保障两项。

① 安置补偿

安置补偿可分为货币补偿和非货币补偿。货币补偿指政府通过生态环境补偿金专用账户向生态移民一次性支付的安置补偿费,每户的补偿金额不应低于10年家庭纯收入。非货币补偿可分为三类:第一,通过公共服务处对迁入地基础设施建设项目的投资;第二,针对生态移民建立的职业培训制度:给每个有就业要求的劳动力建立档案并发放培训卡,凭卡可在政府指定的培训机构免费接受一期职业培训,使移民能够系统地学习一种生产技能,促进其再就业;第三,完善教育制度,让移民子女享受和迁入地适龄儿童同等质量的义务教育,从根本上提高移民新生代的科学文化素质,由此给当地教育机构增加的费用由财税处直接向迁入地教育机构发放等额的补偿。

② 社会保障

建立生态移民社会保障制度,化解搬迁给他们的生产生活带来的风险,这点对放弃原有耕地进入城镇定居的失地农民尤为重要。具体地说,要建立移民的社会养老保险、医疗保险和失业保险,低收入群体还可享受城镇最低生活保障待遇,从而为移民设置了一道安全网,从根本上解决生态移民搬迁的后顾之忧。

(4) 村庄调整分类

将村庄分为鼓励型发展村庄、控制型发展村庄、限制型发展村庄三类。

① 鼓励型发展村庄

包括中心镇区边缘的村庄,经济水平较高的村庄、中心村、特色村等。

中心镇区边缘的村庄:对于那些位于中心镇区边缘的村庄,由于要向中心地提供农副产品,因此在改造的过程中人口应向交通等基础设施好的地方集中,就近把同类型的村和产业联系紧密的村合并,以形成规模效应,而对于那些发展潜力较大的村庄应重点建设,使村民逐渐向城市居民转变。

经济水平较高的村庄:对于经济水平较高的村庄,可以利用自身优越的地理位置,大力发展工业和第三产业经营。根据市场需要,合理利用土地,产业发展应以向中心城区和镇区提供蔬菜和各种鲜活副食品为主,节约用地,以形成规模经济是这一类型的村庄调整的目标。

中心村:对于条件好、非农化程度高的中心村,要在群众自愿的前提下,引导规划建设新型农民居住社区,通过完善基础设施,整治村庄环境,提高公共服务水平,实施综合性村庄改造,尽快建设改造为布局合理、设施配套、环境整洁、村貌优美的新农村。

特色村:对具有资源优势或产业特色的村庄,应充分利用资源优势或特色产业带动村庄经济发展,加快村庄建设。对具有悠久历史文化和传统民居特色的古村落,要加强保护,传承历史文脉,突出乡村特色、地方特色和民族特色,分类指导、统筹安排,扎实稳步地推进村庄建设与整治,立足于村庄现有基础进行房屋和设施改造,优先建设与整治村内道路、供水、排水、公共活动场所等。对于那些有旅游资源的村庄,应以旅游资源为中心,几个村合并,着力于旅游基础设施建设,形成具有一定规模的旅游产业,以满足中心城区居民短途旅游的需要。

② 控制型发展村庄

包括空心村、分散整治村、发展条件一般的村庄等。

空心村:目前南部山区"里面土坯房,中间砖瓦房,外围小楼房"式的空心村大量形成。本次规划重点整理村内闲置宅基地和集体建设用地,在小范围实施有偿流转方面取得突破。对现有村庄中一户多宅者进行有效清理,对经济基础好、住宅条件差的村庄,实行连片拆旧;对经济实力一般的村庄,拆旧建新,填实"空心村"。

分散整治村:对居住分散、暂不具备集中建设农民新村的地方,组织农民调整产业结构、改造农民住宅、整治内外环境,促进村庄面貌明显改观。由两个以上自然村合并组成的村庄,应按照集中紧凑布局的原则,选择一个区位条件优越、现状基础设施和建设条件良好的自然村,作为建设重点,其他自然村应控制发展。

发展条件一般的村庄:一方面应采取积极有效措施加以改造,鼓励各种农业设施建设,改善生产条件,提高农业现代化生产水平,逐步向高效农业、生态农业和观光农业、设施农业的方向发展;另一方面,在确需占用进行城镇建设的情况下,可采取耕地占补平衡措施,转换为城镇建设用地。

其他:对于暂时不具备进行综合改造的村庄,要实施环境整治,以"四清四改",即清粪堆、清垃圾、清柴草堆和清路障,改水、改厕、改灶、改圈栏为主要内容,推动村容村貌整村整治,同时整理废旧坑(水)塘和露天粪坑,清理村内闲置宅基地和私搭乱建,打通乡村连通道路,配套建设供水设施、排水沟渠及垃圾集中堆放点、集中场院、农村基层组织与村民活动场所、公共消防通道及设施等,使整治后的村庄村容村貌整洁优美,饮用水质达到标准,厕所卫生符合要求,排水沟渠和新旧水塘明暗有序,垃圾收集和转运场所无害化处理,村内主要道路照明符合要求,村内道路和公共活动场所绿化到位,农村住宅安全、经济、美观,富有地方特色,面源污染得到有效控制,医疗文化教育等基本得到保障,农民素质得到明显提高,农村风尚得到有效改善。村庄整治中,要注重保护特色民居建筑、街区等历史文化遗存及有价值的自然景观,注重弘扬传统文化,突出地方特色。

③ 限制型发展村庄

包括态敏感性村庄、劣势村庄、区域角度发展受限村庄。

生态敏感性村庄：这类村庄的主要问题是生态环境的破坏和村庄的不可持续发展问题。因此，对位于水源保护区、自然保护区、行洪区、滞洪区或存在地质灾害威胁、受地形限制交通条件难以改善的村庄进行搬迁、合并，向其他位于禁止建设区外的村庄转移；对位于限制建设区内的村庄，逐步缩减用地规模，其中对周围存在潜在地质灾害威胁影响的村庄，或位于山区、受地形条件限制难以发展的村庄，逐步进行搬迁撤并，向其他用地和交通条件较好的村庄转移。在用地和交通条件较好、对生态环境影响小的地方集中建设农村居民点。

劣势村庄：引导那些人口少、地处偏远、生活不便的自然村庄通过迁村并点的形式，整体搬迁、搭车改造。对于合并后的居民点，应规划充足的产业发展用地，利用本地的传统产业和特色资源积极发展地方产业，增强对外来人口的吸引力，逐步引导人口向其他人口规模较大、发展条件较好的中心村或其他村庄转移，引导人口合理集聚。

区域角度发展受限村庄：逐步搬迁对大型交通设施、基础设施管廊带存在影响的村庄，集中统一安置。

4.5.4 积极发展生态旅游产业

济南南部山区旅游资源类型丰度较高，拥有济南市全部旅游资源类型，特别是南部山区东片，其旅游资源类型占了全国主类的88%，亚类超过50%，基本类型占全国资源类型的32%，类型多种，丰度很高。(图4.30)

表4.18 济南南部山区东片旅游资源类型比较分析 单位：种

旅游资源类型数分区	主类	亚类	基本类型
全国旅游资源类型数	8	31	155
济南市旅游资源类型数	7	17	
南部片区旅游资源类型数	7	17	49

但是，济南南部山区旅游业一是由于刚起步，旅游接待设施不完善，二是资源吸引力不强，致使南部山区旅游业经济还不发达，仅占济南市旅游收入的4%左右。同在泰山脚下的泰安市旅游收入高出南部山区的16~17倍。可见，南部片区尽管处于旅游业高度发达地区，但自身竞争力较弱。(图4.31)

表4.19 济南南部片区旅游业经济发展比较分析

年份	宏观比较		中观比较	微观比较
	占全国旅游总收入/‰	占山东省旅游总收入/‰	与泰山地区旅游收入比较	占济南市旅游收入/%
2003	0.55	4.63	为泰安的1/12	3.68
2004	0.62	4.24	为泰安的1/14	3.67
2005	0.59	4.14	为泰安的1/16	3.52

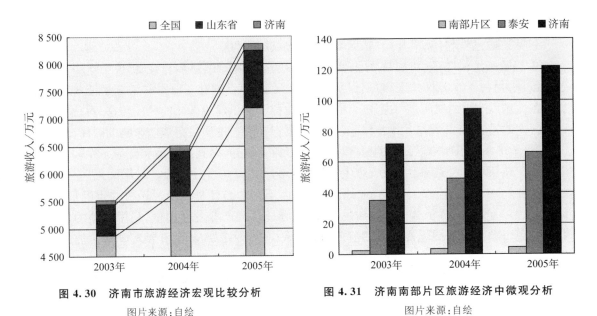

图 4.30 济南市旅游经济宏观比较分析
图片来源：自绘

图 4.31 济南南部片区旅游经济中微观分析
图片来源：自绘

济南南部山区应当作为济南市民短途旅游、周末休闲、会议度假的首选之地，具有城市"后花园"的特质，承担着休闲度假区的功能，定位为济南市城郊公共休闲度假区。在此定位之下，山区应当发挥自身优势，积极发展旅游产业。

但是，南部山区所处山地生态系统有别于其他生态系统。不稳定性和敏感性以及生境多样性的山地环境，使其自身具有资源丰富但生态系统脆弱等特点。长期以来，由于缺乏对山区旅游资源属性、生态环境特征及生态过程的了解，旅游资源开发和旅游环境建设中还存在很大的盲目性，致使旅游资源和生态环境破坏严重，加剧了生态与经济的恶性循环，也威胁到旅游业的持续发展。因此，我们认为，生态旅游业是南部山区未来社会经济发展的主导产业之一。首先，自然保护区的核心区应划为禁止建设区，须严格保护范围，建立界碑、界牌或隔离护栏等设施，严格禁止与保护设施无关的各项建设。其次，自然保护区的非核心区为限制建设区，按照相关保护要求进一步划分控制区，提出具体建设限制标准，科学合理地引导建设行为。风景名胜区、森林公园等限制建设区，在环境容量许可条件下，可适度进行风景旅游资源开发，建设项目和相关设施不得破坏自然环境整体面貌，要充分展现自然风貌，形成人与自然相依存的整体。

4.5.5 完善生态环境保护机制

济南南部山区现有的生态环境保护机制最突出的弊病是简单把生态保护看作由政府负责的公益事业和造成环境危害的单位应该对社会承担的责任，导致在具体运作上单方面强调政府行为，环境治理的效率不高。

我们认为，应当把生态环境保护看作一种经济活动，遵循经济规律改善环境质量。具体地说，应依据以下两点构建生态环境保护的新机制：

第一，促进生态环境保护产业化。济南市城市环保部门应当改变以往对环境保护工作大包大揽的做法，专注于对辖区内环境质量的监控，把具体的污染治理工作委托给专业化的污染治理企业,以优化资源配置,提高运作效率。

第二,校正市场失灵。生态环境保护工作具有很强的外部性,单靠市场机制调节必然导致环境的过度污染,因此在环境保护工作中应发挥政府对市场失灵的校正作用。

从以上两点出发,我们建议生态保护处建立以下机制,实现生态环境保护和经济发展的良性互动。

① 生态环境建设机制

按照南部山区空间管制分区,在禁止建设区和限制建设区内部严格按照规划要求进行保护和建设,通过限制公共服务的进入来限制上述区域的经济活动。即除必须过境的通信光缆、主干道路外,严禁其他公共服务延伸到禁止建设区。对欲进入限制建设区的公共服务项目,施工单位须将用地规模、工期、建筑垃圾处理方式等工程详细情况写成书面形式向规划处申报,通过审批后由规划处予以备案,作为今后监督和评审的依据。工程施工期间,生态保护处应不定期检查工程进展,工程完工后会同规划处依据备案对工程进行联合评审。

同时通过政府免费提供环保设施等手段,引导两区内的居民使用清洁能源,集中处理生活垃圾和污水。

② 环境污染治理机制

按照空间分布特点,南部山区生态保护区内的污染源可分为集中和分散两类,环保部门应针对不同类型污染源的特点实行不同的政策。

对于工商企业聚集地等生产型集中污染源,环保部门应摈弃传统的"谁污染,谁治理"的原则,引导排污企业放弃规模不经济的分散治理模式,把污染治理工作委托给专业的污染治理企业。一方面能够实现污染治理的规模经济,改善治污效果;另一方面可以降低排污企业的生产成本,提高产品的市场竞争力,从而提高污染企业对环境保护工作的积极性,降低环保部门的监督成本。但要注意污染治理存在自然垄断现象,集中污染源内一般只布局一家污染治理企业。环保部门应采取公开招标、定期价格听证等手段防止污染治理企业随意抬高服务价格,损害排污企业的利益。

对于居民区等生活型集中污染源,应采取居民向当地污染治理企业交纳治理费用(如污水、垃圾处理费)的形式。对于享受最低生活保障待遇的贫困人群,政府可以通过民政部门适当给予财政补贴,通过所在街道办事处直接发放给贫困人群。

分散污染源的治理只能建设分散的处理设施,由政府和排污单位或个人按一定比例分摊建设费用。(图4.32)

③ 环境质量监督机制

鉴于南部山区居民居住分散,单靠政府部门监督环境质量成本太大,建议生态保护处建立畅通的居民表达意见渠道,充分借助当地公众的力量监督环境保护状况。可以开通直属南部山区生态保护处领导的免费热线电话,使环保部门能够与公众保持密切联系,对环境质量进行有效的实时监控。

4.5.6 制定生态补偿机制

根据南部山区的生态和对外联系特征,我们建议采用反哺式生态补偿和公益性生态补偿两种机制。(图4.33)

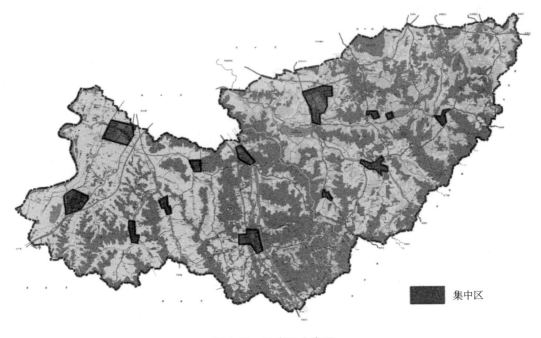

图 4.32　污染源分类图

图片来源：自绘

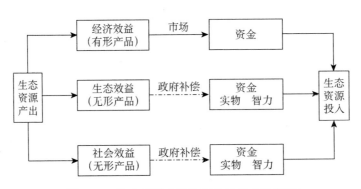

图 4.33　济南南部山区生态补偿方式示意图

图片来源：自绘

(1) 反哺式生态补偿机制

反哺式生态补偿机制适用于内部各子系统生态关联度较高的生态系统，由系统内部的生态环境受益者对供给者进行补偿。根据反哺式生态补偿机制的原理，可以把济南市看作一个生态系统，把南部山区和北部主城区视为两个子系统。北部主城区接收了南部山区提供的大量优质的环境产品，是生态环境受益者，应通过各种渠道对南部山区进行补偿，以弥补其因保护环境而放弃其他发展机会蒙受的损失。

具体来说，主城区从南部山区得到的利益可分为经济效益、生态效益和社会效益。经济效益体现为生态环境产出的有形产品(如符合饮用标准的淡水)，可以通过市场交易实现其价值，以资金的形式回流到南部山区，无须政府介入；生态效益和社会效益则常表现为无形产品，无法通过市场调节反哺给南部山区，需要生态环境的管理者——济南市政府的介入,以弥补市场失灵,保证南部山区的利益。市政府可以采用多种方式协调生态效益和社会效益,资金补偿是最直接的补偿方式。根据国外的实践经验,反馈补偿金是一种比较成熟的资金补偿方式,通过计算南部山区提供环境产品的机会成本(放弃发展其他产业的收益)确定补偿金额,发放给南部山区财税处。

从问卷调查的结果看,南部山区的经济发展水平、居民的生活水准和文化素质均大大低于主城区。因此我们建议市政府在给予南部山区资金补偿的同时考虑采用实物反哺和智力反哺方式,向南部山区提供急需的生产要素和生活要素,改善当地发展经济的条件;提供无偿技术指导,提升当地教育质量,以提高南部山区居民的生存技能与文化素质。在实际运作中,我们建议有关部门综合运用上述三种方式优化反哺绩效。

(2) 公益性生态补偿机制

公益性生态补偿机制指地区政府根据企业的生产经营方式征收生态环境补偿费,对为保护生态环境而放弃其他发展机会的利益受损者提供补偿。公益性生态补偿机制代表了生态补偿机制的发展趋势,目前已成功应用于江苏、福建等省的矿产、土地、旅游、森林等资源的保护。

根据南部山区保护与发展规划,集中规划了一批绿色产业发展区,区内的农产品加工、家具、服装等行业不可避免会对环境造成一定程度的污染,建议由财税处设立生态补偿基金,每年的年末向从事这些行业的企业征收一定数额的生态环境补偿费,作为生态补偿基金的来源之一,用于因这些企业造成的环境污染、生态破坏而损失利益者的补偿。补偿费的征收额度应根据排污企业的污染强度确定,近期可根据企业所属的行业和生产技术水平确定一个比例,按照此比例从产品销售额中提取。远期应按照绿色 GDP 的算法,根据万元 GDP 能耗、万元 GDP 耗水量、万元 GDP 排污强度等指标计算生产活动给生态环境造成的损失,向排污企业征收等额的生态环境补偿费。(图 4.34)

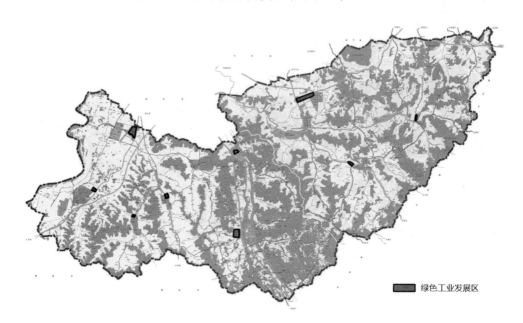

图 4.34 济南南部山区绿色工业发展区布点图

图片来源:自绘

4.6 济南南部山区保护与发展规划

4.6.1 规划背景

在全国各地大力推广社会主义新农村建设的背景下,南部山区将新农村建设纳入工作日程,按照生产发展、生活宽裕、乡风文明、村容整洁、管理民主的要求,稳步推进新农村建设发展,完善农村各项基础设施,改善生产生活条件,提升公共服务水平,促进农村经济社会全面进步、农民生活水平提高,努力将传统农村建设成为经济繁荣、布局合理、配套完善、生态协调的新农村,由此实现南部山区农村地区的良性发展。

随着区域工业化、城市化进程加快,产业结构高级化、服务化的趋势不断加强。济南市人民生活水平迅速提高,客观上需要物质支持的休闲旅游服务业也得到相应发展。当前,旅游业发展得到了国家和地方政府在资金、人才、税收等方面的倾斜性政策支持。这一政策优势作用于南部山区丰富的旅游资源,必将促使当地旅游业的快速发展。

南部山区地处济南主城区和泰安、莱芜等城市之间,位于济南都市圈中部,在产业衔接、资源共享等方面都具有一定优势。济南总体规划中严格控制中心城建设向南部山区的蔓延,强化了南部山区的控制建设强度,限制建设范围。在市区三个产业带和中心城区的产业辐射作用下,南部山区需要在充分保障生态环境的可持续发展基础上开发生态、旅游资源,发展城镇建设,实现经济增长和社会进步发展。

4.6.2 功能定位

(1) 相关规划对南部山区的功能定位

《济南市城市总体规划(2006年~2020年)》将南部山区定位为市域生态保护带。"该带为以生态保护为主导、积极发展生态农业和生态旅游的综合性生态功能区。生态保护,主要指水源涵养、地下水补给、地表水源保护、水土保持、自然地质结构保护和生物多样性保护;生态农业,主要是指积极发展生产林果、蔬菜等绿色有机农产品和农副产品精深加工业;生态旅游,是指在环境容量许可条件下,利用其自然与人文景观发展旅游业,适度发展休闲、观光、度假产业。"

《济南市国民经济和社会发展第十一个五年规划纲要》对南部山区强调生态功能。"坚持生态改善和生态富民并重,强化南部山区生态功能,发挥自然景观、人文资源和特色农副产品优势,实现生态建设产业化、产业发展生态化。"

(2) 济南南部山区的功能定位

本次规划中对南部山区的功能定位是:山东省兼具齐鲁文化特色的风景名胜旅游区、济南都市圈中部的生态经济区、济南市重要的水源保护区和绿色产业发展区、济南市南部主要的商贸物流基地和旅游服务基地。

4.6.3 发展战略

(1) 产业生态化战略

把产业发展建立在南部山区生态环境可承受的基础之上,在保证自然再生产的前提下扩大经济的再生产，从而实现经济发展和生态保护的"双赢"，建立经济、社会、自然良性循环的复合型生态系统。

① 农业集约化

积极推进现代化农业发展，调整农业产业结构，推进产业化经营。改善农业基础设施，推广生态农业实用技术，提高肥力，精耕细作。大力实施无公害工程，培育名、优、特、新的绿色、有机农产品，实施标准化种植，提升生态农业品位，打造生态产品品牌。依靠科学的生产组织方式，按照产业化经营的思路，实施区域化布局、专业化生产、社会化服务、企业化管理，使生产、加工、销售一体化，促进南部山区农业经济的发展。

② 工业清洁化

稳步推进工业清洁化之路，发展环境友善型产品。整顿现有工业产业，分类指导，引导企业集中。积极引进、发展无污染、低投入、低消耗、科技含量高的工业产业。遵循环境影响最小化原则、资源消耗减量化原则、优先使用再生资源原则、循环利用原则和原料与产品的无害化原则。要求企业采取措施改进设计，采用清洁能源和原料以及先进的工艺和设备，提高资源的利用效率，减少或避免生产过程中污染物的产生和排放，实现清洁生产和可持续发展。

③ 服务业高级化

继续把服务业作为拉动经济增长的重要支撑点来抓。以大项目建设为重点，坚持招商和改革并举，大力改造提升传统服务业，整合现有旅游资源，积极培育发展新兴服务业，尝试发展总部经济，加快建立"服务多元化、设施现代化、结构高级化"的现代服务业体系，不断提升产业素质和竞争能力。

(2) 经济发展服务化战略

① 发展面向区外服务经济

在保护生态环境的前提下，依据区位和环境优势，顺应济南市工业化潮流，大力推进、发展与百姓生活相关和与周边地区工业、建筑业、农业等生产型产业内部服务相关的产业经济，面向市区和全省提供消费服务和生产服务经济活动。提高服务质量，改善服务环境，提升服务档次，转变以往粗放型经济发展模式，形成特色服务产业集群，以此来活跃山区经济，带动农民就业，增强区域竞争力。

② 构建农村金融服务体系

加强农村金融基础设施建设，充分发挥公共财政在支农和其他方面的作用，明确当地金融机构用于支持南部山区农业和农村经济社会发展的比例。加大对农业生产基础设施和物资技术装备的信贷投放力度，开拓农业科技自主创新和推广应用能力的贷款项目。当地政府积极推动建立南部山区多层次体系、多渠道支持、多主体经营的农村保险体系。

(3) 社会发展扩展化

坚持以人为本，面向南部山区，着力扩展基本社会服务，特别是加强九年义务制教育，提升农民教育素质，着重培养农民进取精神和增强农民生产技能。加强医疗、教育、文化、体育、排水、垃圾收集等基础设施建设，规范公共财政覆盖范围。基本社会服务的提供以"大集中、小分散"为原则，引导农民有秩序地集中。逐步缩小与市区之间在基本公共服务享有上的差距，保障南部山区广大人民群众共享改革开放的成果。

(4) 管理流域化战略

要从根本上解决利益冲突与资源的集约化利用，必须调整行政区划，实行流域的统一整体管理,统一规划,统一产业布局。

建立强有力的行政运作机制,有效协调和引导建立统一的节水与污染治理的科技方案、工程方案、经济方案;构建流域公众参与的社会化环境保护行动方案,建立有效的行政机制,通过自下而上社会系统工程,确保各类治理工程的绩效,在最基础的社会源头上治理和防治污染;建立行政任期的环境目标责任制,并将任期中的环境后果进行经济核算,从而对任期中发展经济的政绩进行修正,层层把关,级级落实。

(5) 村镇发展层次化

根据人口分布、产业布局、交通条件、自然环境,从区域的角度,把村镇分为三个层次:第一个层次是区域中心——核心区,南部山区经济体系结构的龙头,人口的主要聚集地;第二个层次是中心村——承接区域,主要是农业的服务基地,以居住和服务于农业生产为主要职能;第三个层次是基层村,主要是农业种植基地、旅游区域。

对三个层次分类指导,强化区域核心,充实中心村,整合基层村,规划镇村职能分工。以镇村为结点,以交通线路为脉络,以产业为支撑,建立南部山区层次分明、功能齐全的村镇体系。(图4.35)

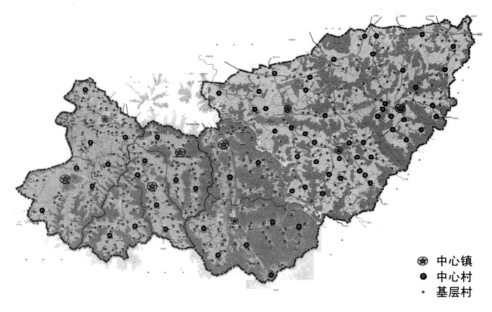

图 4.35 村镇发展体系

图片来源:自绘

4.6.4 规划原则

以循环经济理论、生态化建设、可持续发展为基本原则,从济南城市发展战略的角度探讨南部山区的保护与发展对策,力求生态优先、重点保护、区别对待、持续发展。

(1) 保护与利用统筹原则

以生态承载力为基础,以农民生活质量为参照系,以建设生态山区作为首要的发展目标,遵循"三低一高"的开发原则:低层建筑、低密度开发、低容量使用、高绿化率。

（2）系统原则

山区是由若干子系统——生态系统、景观系统、游憩系统、经济系统、社会文化系统、基础设施系统、经营管理系统等组成的一个复杂系统，规划开发也务必遵循系统学原则，使南部山区成为一个统一的整体。

（3）弹性原则

规划须留有弹性，包括目标弹性、资源弹性、时间弹性，弹性原则要求开发的每一阶段都要紧凑、集中、成组成团，为后一阶段的发展留有空间。

4.6.5 土地利用规划

（1）土地调整原则

① 25°以上耕地退耕还林为生态林地。

② 15°～25°位于山体中上部及水源头的耕地结合周边居民需求及功能结构特色分区退耕为经济林地或果园地。

③ 8°～15°小块耕地，通过土地整理调整为大块面耕地。

④ 0～8°地势平坦地区小块林地改为耕地，保证大块面耕地。

⑤ 荒地、采石场及砖场根据实际情况改造为生态林地。

⑥ 园地不管坡度一般仍保留为园地，并根据需要适当增加其规模。

⑦ 水域结合河道两侧的用地情况适当拓宽并加强周边绿化涵养带。

⑧ 特殊用地基本保留不变。（图 4.36）

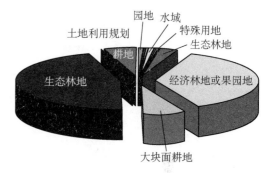

图 4.36 土地利用比例
图片来源：自绘

（2）规划结构："四核六心""五带七廊"

"四核"：3 个重点镇 1 个旅游中心，万德、归德、仲宫分别是省级重点镇，归德邻近长清新城区，万德邻近泰安市区，五峰山旅游度假区是省级旅游度假区，地理位置居中，将成为南部山区旅游发展服务中心，以此为依托向各休闲地推进。

"六心"：6 个区域城镇副中心包括孝里、马山、双泉、张夏、柳埠、西营 6 个镇。柳埠镇作为南部山区的副中心，是南部山区南部的经济、政治中心，以发展生态旅游、休闲度假、生态农业为主；西营镇作为南部山区的另一个副中心，南部山区东部的经济和政治中心，以发展休闲旅游业、生态农业为主；孝里镇是以历史文化为特色的旅游镇；马山镇是以生态农业与农产品加工为特色的农业镇；双泉镇是以休闲农业为特色的生态镇；张夏镇是以旅游服务、休闲居住与商贸为特色的商业镇；万德镇是以商贸、旅游服务与生态工业为特色的综合性城镇。

"五带"：北大沙河产业经济带、黄河平原产业经济带、327 省道产业经济带、103 省道产业经济带、西营—柳埠—万德产业经济带。其中北大沙河产业经济带以生态农业、生态工业和商贸服务业为主导，以万德中心镇、张夏商业镇为依托，工业向万德国家示范工业园集中，以无污染无耗水高产值工业为主；黄河平原产业经济带为黄河泄洪区，以归德中心镇、孝里旅游镇为依托，归德利用其交通区位优势，发展工业和物流仓储业。

"七廊":黄河景观生态廊道、南大沙河景观生态廊道、北大沙河景观生态廊道、齐长城遗产廊道、锦绣川景观生态廊道、锦云川景观生态廊道、锦阳川景观生态廊道。(图4.37、图4.38)

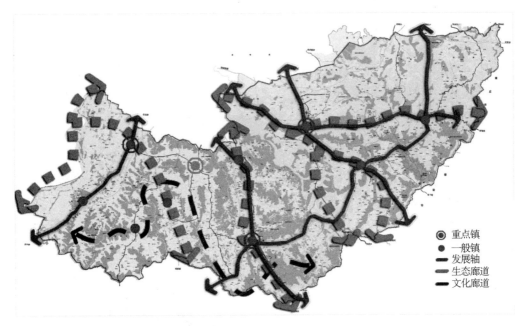

图 4.37 规划结构图

图片来源:自绘

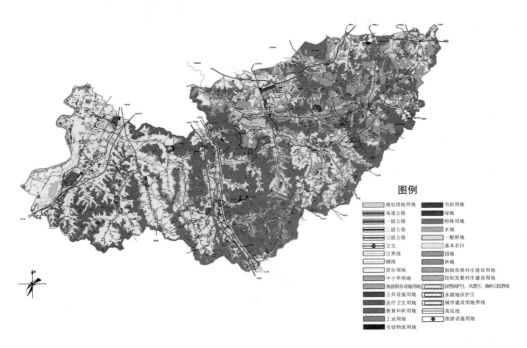

图 4.38 土地利用规划图

图片来源:自绘

4.6.6 综合交通规划

(1) 规划原则

适应南部山区经济和社会发展对公路建设的需要,强调高速公路和省县级干线公路的作用。坚持统一规划、逐步实施的原则,提高公路部门的管理水平,使公路达到"畅、洁、美、绿"的标准。

(2) 规划目标

南部山区(东片)对外辐射的公路出口均达到二级以上标准,主要经济发展轴线公路在规划期末达到一级公路标准;镇、乡及景区、景点间均有二级以上公路相连,村与村之间有等级以上公路相连;层次分明、功能齐全,实现公路建设与管理的科学化、正规化和现代化。

加强旅游道路的建设,形成方便的旅游交通网络,促进旅游业的发展。(图4.39)

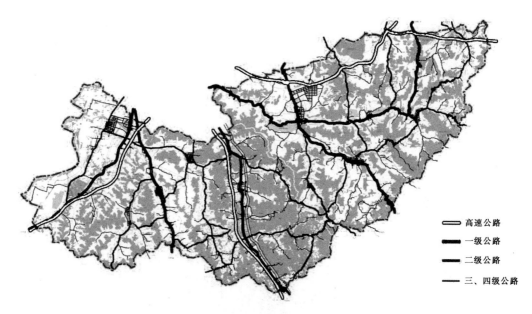

图4.39 综合交通规划图
图片来源:自绘

表4.20 道路控制表

道路性质	道路等级	路名	红线控制宽度	备注
对外交通	铁路	京沪铁路	—	—
	高速铁路	京沪高速铁路	—	
	高速公路	济菏高速、绕城高速、济莱高速、京福高速	—	
	一级公路	104国道、220国道、104省道、103省道、327省道	—	宽度根据交通规划

(续表)

道路性质	道路等级	路名	红线控制宽度	备注
对外交通	二级公路	济平公路、孝双路、农贸路、摩苇公路、彩西公路、五万路、南山路等	25米	—
	三级公路	—	20米	—
	四级公路	—	16米	生态路面铺设
镇区联系	镇区主干路	—	24～30米	
	镇区次干路	—	14～24米	—
	镇区支路	—	7～14米	

4.6.7 旅游业规划

(1) 发展战略

充分利用区位优势和资源特色,从大旅游的角度来整合资源,化零为整,打造区域性的旅游发展带(区),成为山水圣人黄金旅游线上的重要一环,形成泉城之魂、泰山之门、儒齐交汇的总体形象。

(2) 空间结构

旅游发展的空间结构:"两心四轴""五带多区"。(图4.40)

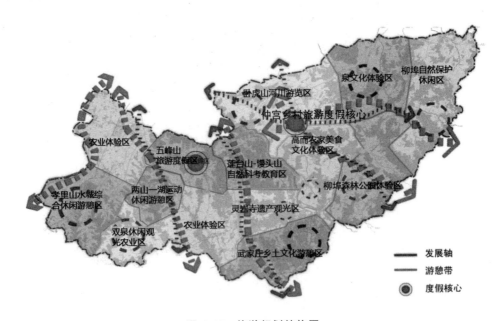

图4.40 旅游规划结构图

图片来源:自绘

"两心":五峰山旅游度假核心、仲宫乡村旅游度假核心。

"四轴":103省道旅游发展轴、207省道旅游发展轴、104省道旅游发展轴、104国道旅游发展轴。

"五带":黄河滩涂湿地观光游憩带、南大沙河休闲游憩带、北大沙河景观游憩带、锦绣川景观游憩带、锦阳川景观游憩带。

"多区":五峰山旅游度假区、两山一湖运动休闲游憩区(马山、杜家山寨、崮头水库)、双泉休闲观光农业区、莲台山-馒头山自然科考教育区、武家庄乡土文化游憩区、灵岩寺遗产观光区、孝里山水城综合休闲游憩区、农业体验区、卧虎山河川游览区、高而农家美食文化体验、柳埠森林公园体验区、泉文化体验区、柳埠自然保护休闲区。

(3) 旅游规划

A. 济南市区—莲台山-馒头山自然科考教育区—灵岩寺遗产观光区—武家庄乡土文化游憩区

    B. 泰安—灵岩寺遗产观光区—莲台山-馒头山自然科考教育区

    C. 泰安—灵岩寺遗产观光区—莲台山-馒头山自然科考教育区—五峰山旅游度假区

    D. 五峰山旅游度假区—孝里山水城综合性休闲游憩区—双泉休闲观光农业区

    E. 五峰山旅游度假区—莲台山-馒头山自然科考教育区—灵岩寺遗产观光区

    F. 五峰山旅游度假区—两山一湖运动休闲游憩区—灵岩寺遗产观光区

    G. 五峰山旅游度假区—两山一湖运动休闲游憩区—双泉休闲观光农业区

    H. 济南市区—卧虎山河川游览区—柳埠自然保护休闲区

    I. 济南市区—锦云川美食文化体验区—泰安

    J. 济南市区—柳埠森林公园体验区

    K. 济南市—卧虎山河川游览区—泉文化体验区(图4.41)。

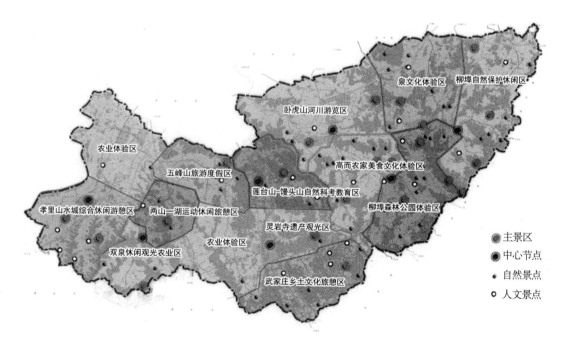

图 4.41 旅游规划图

图片来源:自绘

4.6.8 自然资源与历史文化保护规划

(1) 总体布局规划

确定自然资源与历史文化遗产保护总体布局的目的在于实现南部山区"山水秀地、泉城之源"的自然与文化遗产保护目标。优美的自然山水是南部山区最宝贵的资源,应严格保护其现有的自然环境资源,建立自然山水与文化"点—线—面"的保护建设框架。

① 点

确保地上和地下风景名胜景点,例如人文景观的风景点,对具有良好景观的山体、溶洞周边环境的绝对保护,对水体周边景观的保护和完善,杜绝景点可视范围内的资源开采、山体开挖、污染性工业等不良景观。

② 线

构建景观廊道与遗产廊道:黄河滩涂湿地景观廊道、南大沙河景观廊道、北大沙河景观廊道、玉符河景观廊道、锦绣川景观廊道、锦阳川景观廊道、锦云川景观廊道、齐长城遗产廊道。

③ 面

规划区内有两处国家级森林公园(柳埠国家森林公园、药乡国家森林公园),保护和完善现有的以种植林果和旅游观光为依托的产业体系,不断提升产业档次,建立实时监控的森林安全体系,完善森林公园的整体建设。在此基础上建立柳埠自然保护区,营造山川秀美的南部山区。(图 4.42)

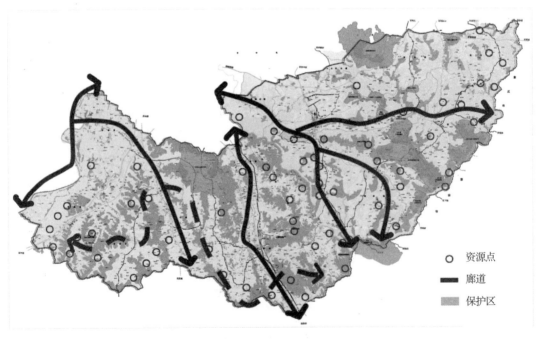

图 4.42 自然资源与历史文化保护总体布局规划图
图片来源:自绘

(2) 自然保护区功能区划与保护对策

根据《柳埠自然保护区可行性研究报告》，将保护区划分为核心区、缓冲区和实验区三个功能区。（图 4.43）

核心区：将赵家、葫芦峪等森林生态系统完整、物种丰富、油松林和珍稀植物集中分布的区域作为核心区。核心区的重要作用是保护区内的自然资源和自然环境，保持其生态系统和生物物种不受人为干扰，在自然状态下演替、繁衍。核心区面积为1 208.9公顷，占保护区总面积的20.7%。核心区分为两部分：一是西营分区的赵家、葫芦峪林，面积830公顷，主要分布着油松林；二是柳埠分区的窝铺林区，面积378.9公顷，主要分布着油松林。此区是保护区的中心地带和物种多样性的集中地。核心区实行严格保护、封闭式管理，只供观测研究，不得设置和从事任何影响或干扰生态环境的设施与活动。

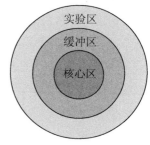

图 4.43　自然保护区模式图
图片来源：自绘

缓冲区：缓冲区位于核心区和实验区之间，区内可进行有组织的科研、教学、考察等工作，但不能进行破坏性经营活动。为更好地保护核心区内的森林生态系统，避免外界人为的影响和干扰。在核心区外围划出50～1 000米的地带作为缓冲区，缓冲区面积1 597.7公顷，占保护区总面积的27.4%；缓冲区的作用是，缓解外界压力和防止人为活动对核心区的影响，对核心区生态环境的保护具有必不可少的作用。

实验区：将位于缓冲区外围、保护区边界以内的区域划为实验区。该区在合理保护资源的基础上，以科学试验、改善自然环境和合理利用自然、人文资源，发展经济为目的。实验区面积3 034.2公顷，占保护区总面积的51.9%。在实验区内，可开展培育经济资源、综合利用、生态旅游、科普宣传教育和局、站址建设，以及服务性设施建设等，以增强保护区经济实力和改善工作、生活条件。

- 局、站址建设应选择在交通、生活便利的地方；
- 管护站设在进出保护区的主要路口，限制人员出入；
- 安全监视设施，如瞭望、监视、观测工程的设置，必须通视良好，视野宽阔，控制范围广；
- 生态旅游要尽量控制在实验区，工程设施的建筑风格应具有乡情习俗的特点，外观应尽量朴实，与自然景观协调。

(3) 历史文化遗产的保护规划

① 保护原则
- 以人为本，自然保护与经济发展并举的原则；
- 文化资源的保护和利用相结合的原则；
- 文化发展的社会效益与经济效益并重的原则；
- 提升南部山区文化竞争力和满足居民文化需求并重的原则。

② 历史文化遗产保护的主要对策

对文化资源进行全面普查、收集、整理与研究。管理部门进行专项文化资源保护规划的制定。在真实记录的基础上进行整理、研究、出版，或以博物馆等妥善方式予以展示、保存。制作文物古迹以及民族民间传统文化项目及其代表人物的文字、音像档案。在资源普查的基础上,对文化资源进行分级评价,确立保护的优先级别,对濒危文化资源优先进行抢救性保护。通过资源评价,对符合一定条件的进行积极申请和命名,通过保护这些特殊的文化载体,进行动态的持续性保护。在相关部门监督与引导的前提下,发展民间传统文化事业的同时,培育机制,将民间传统文化资源转化为文化资产,发展民间传统文化事业。推动民间传统文化与旅游业的有机结合。建立并完善责任明确、运转协调的文化资源保护专业队伍和机构。同时要明确各相关政府部门的保护职责,开展民间传统文化以及文物古迹的研究与保护工作,建立文化资源保护专项基金。

4.7 小结

4.7.1 研究的主要结论

(1) 大城市近郊山区的保护与发展是关系大城市区乃至更大区域发展的重要战略。一方面,它的发展能够为整个大城市区提供基本生态支撑和基底,成为大城市区的"后花园"和"生态园";另一方面,它的发展能够带动周边郊区的共同发展,为区域平衡发展提供支撑。

(2) 大城市近郊山区的保护与发展是涉及多学科、多领域的复杂问题,具有多元化的理论基础。经典的城市化理念为其提供了理论支撑,成为大城市近郊山区发展理论的雏形;直接相关理论中,地理学理论作为核心,强调近郊山区需要注重空间格局的营建和人地关系的和谐;经济学理论则认为大城市近郊山区要着眼于产业结构的差别化设置,注重边缘效应的体现和外部性的应用;社会学理论则说明大城市近郊山区应该重视社会文化背景和谐发展;生态学理论强调了近郊山区生态环境保护的重要性,以达到可持续发展的要求;城市规划理论分析了其基本空间结构和城乡统筹要求,规划中需要合理控制规模和发展。

(3) 大城市近郊山区拥有与一般大城市区和近郊区不同的社会、经济、生态和空间特征。其信息相对闭塞,居民文化素质偏低;同时经济发展水平也不高,产业结构单一,居民收入偏低,生活条件比一般郊区差;它拥有优良的自然环境和生态基础,但却在近年来逐渐遭到破坏;建设用地呈明显的沿路、沿河、沿峪布局,较为零散、破碎,集约化程度不够。

(4) 大城市近郊山区空间结构的发展与演变受到外在推动力和内在驱动力两方面的作用。外在推动力主要来自大城市区及其周边地区,包括区域整体经济发展根本性的推动作用,区域发展政策的直接影响,以及社会文化背景的潜在推动和技术进步的加速推动;内在驱动力主要来自大城市近郊山区自身,包括其特有的自然地理资源,紧邻的大城市的广大市场,人口城市化的迫切需要和本地特有的文化意识和发展意向。

(5) 大城市近郊山区的空间演变过程包括组团扩展模式、团块扩展模式和轴向发展模式,发展模式的选择主要取决于不同的发展现状、发展目标与内外作用力的影响。

(6) 大城市近郊山区的生态保护策略依不同的强度可分为三类:一类是控制型保护,主要针对生态敏感性极高或者具有重要生态涵养功能的区域,以控制开发、全力保护为主要发展策略;二是引导型保护,主要在生态敏感强度一般的地区,允许少量的开发,且限制开发类别,通过产业和空间布局引导,保护生态资源并促进适当发展;三是开发型保护,对于生态敏感性低的地区,以开发型保护作为主要策略,通过适当的开发和重塑,强化近郊山区的特色,在开发过程中保护资源与环境。

(7)依据不同的主导产业和发展战略,近郊山区产业发展模式可分为三类:农业主导型发展模式以生态农业作为发展动力,培育成为大城市区重要的农、林副产品基地和规模农业基地;工业主导型主要依托山区特点,发展小规模的工业制造和农副产品加工;旅游业主导型则主要以都市休闲为卖点,形成都市近郊重要的生态旅游、休闲观光、度假疗养的基地。

(8)针对大城市近郊山区的特点、动力和发展模式等,大城市近郊山区的保护与发展需要在协调、分层次、综合、可持续等原则的指导下,充分利用公众参与,形成保护与发展的内外两方面对策:内部发展可通过功能区划、统筹管理、聚落调整、产业选择、环境整治进行整理,外部推动则可通过来自外界的生态补偿、技术援助和联合决策进行处理。

(9)根据国内外经验和实证,目前大城市近郊山区保护的主要做法包括空间上注重土地的集约利用,产业上培育特色产业和多元化的生态经济,生态方面注重特定资源的保护,形成特有的旅游资源和文化特色,重视近郊山区乡村的发展,并通过制定一系列的保护政策,保障近郊山区建设和发展。

4.7.2 思考与展望

(1)城市规划需要更加关注多方面的协调

目前,我国针对近郊山区的研究相对缺乏,现有的规划多从空间范畴入手,更多地从经济角度考虑其发展,忽视了潜在的生态效益。而其特有的社会、文化、生态特点还不够突出,彼此之间的联系也不强,未来发展需要注重各方面利益的协调,以保证大城市近郊山区的整体可持续发展。

(2)城乡统筹发展和管理对大城市近郊发展至关重要

近郊山区一方面是城市化扩展的主要方向,因此具有明显的城市特征;另一方面,其本身又保留着明显的乡村特性。探讨如何在两者中寻求一种平衡,使其既满足"大城市近郊"的发展需求,又满足"近郊山区"的特有保护的需要,有着十分重要的意义。

(3)大城市近郊山区发展亟待多学科、多领域的综合研究

大城市近郊山区的复杂特点要求对其的研究不能仅仅局限于单一的角度,虽然在生态学、社会学、经济学、规划学方面已经有了一定的理论基础,但都并未针对此课题进行过深入探讨,与其直接相关的研究仍然十分稀缺。因此,大城市近郊山区的发展亟待多学科、多领域的研究与合作为其提供依据。

5 结　语

　　通过探索大城市近郊山区空间演变机制来科学解决城乡空间协调发展问题是一项亟待研究的课题。在学术理论方面，目前我国对近郊山区的种植技术和近郊区的经济发展有所研究，但是对近郊山区这一特定地区的经济、社会、空间的发展研究涉及很少。因此进行大城市近郊山区规划与发展研究，不仅对深入揭示大城市近郊山区空间演变规律和动力，而且对建立大城市近郊山区规划与发展治理方针具有重要的科学意义和应用价值。

　　利用现有数据，结合济南市南部山区实例展开的生态承载力研究，将为南部山区城郊用地格局、发展规模、人口规模及分布、社会发展方向等提供了理论依据与数据支撑，成为城郊生态规划建设的重要基础。以上空间发展潜力的评价，侧重点在于从城郊的人均生态足迹、外部生态补给等资源需求方面出发，评价该地区的合理容量、承载力与其他空间要素间的关系。

参考文献

包广静,杨子生,莫国芳,2008.山区生态友好型土地利用对策研究——以云南江川为例[J].云南师范大学学报(自然科学版)(03):66-70.

包书政,王志刚,2010.日本绿色观光休闲农业的发展及其对中国的启示[J].中国农学通报,26(20):413-416.

曹娜,葛京凤,2007.河北太行山区土地利用变化及其社会驱动机制分析[J].农机化研究(10):12-15,24.

曹子剑,张凤荣,赵婷婷,2007.都市山区耕地资源可持续利用途径探索——以北京市门头沟区为例[J].国土资源科技管理(05):8-11.

陈东景,徐中民,程国栋,等,2001.中国西北地区的生态足迹[J].冰川冻土(02):164-169.

陈国阶,方一平,陈勇,等,2007.中国山区发展报告——中国山区聚落研究[M].北京:商务印书馆.

陈军伟,孔祥斌,张凤荣,等,2006.基于空间洛伦茨曲线的北京山区土地利用结构变化[J].中国农业大学学报(04):71-74.

陈雪明,2004.洛杉矶城市空间结构的历史沿革及其政策影响[J].国外城市规划(01):35-41.

陈宇琳,2007.阿尔卑斯山地区的政策演变及瑞士经验评述与启示[J].国际城市规划(06):63-68.

储胜金,许刚,2004.浙北山区土地利用与生态保护的冲突与协调机制研究——以天目山自然保护区为例[J].长江流域资源与环境(01):24-29.

崔功豪,武进,1990.中国城市边缘区空间结构特征及其发展——以南京等城市为例[J].地理学报(04):399-411.

邓玮皓,孙向阳,2006.北京山区土地资源合理利用与区域经济发展浅析[J].林业调查规划(05):41-44.

丁声俊,2005.瑞士农业补贴的目标、范围与实施[J].世界农业(06):31-34.

董鉴泓,2004.中国城市建设史[M].3版.北京:中国建筑工业出版社.

杜红亮,陌百明,刘盛和,2007.山区土地利用统筹的途径研究——以北京山区为例[J].资源科学,29(2):117-123.

范海生,陈秀万,李京,等,2000.南方典型山区土地利用变化GPS野外测量方法——以攀枝花仁和区为例[J].山地学报(04):353-359.

费孝通,1998.乡土中国 生育制度[M].北京:北京大学出版社.

冯健,周一星,2004.郊区化进程中北京城市内部迁居及相关空间行为——基于千份问卷调查的分析[J].地理研究(02):227-242.

符素华,段淑怀,李永贵,等,2002.北京山区土地利用对土壤侵蚀的影响[J].自然科学进展

(01):110-114.

甘敬,2007.关停废弃矿山的生态修复对策——基于北京山区的调查与思考[J].林业经济(12):29-31.

甘敬,胡涌,2006.北京山区公益林生态补偿的理论与实践[J].北京林业大学学报(社会科学版)(01):55-58.

高圭,常磊,刘世海,2003.山区小流域综合治理可持续发展指标体系及其评价初探[J].水土保持通报(04):72-74.

高伟明,梁彦庆,黄志英,等,2006.基于GIS的山区土地利用变化研究——以石家庄西部山区为例[J].安徽农业科学(12):2917-2918.

高云峰,2005.北京山区多功能性问题研究[J].宏观经济研究(01):51-53.

顾朝林,1995.中国大城市边缘区研究[M].北京:科学出版社.

郭春娥,陈新,2005.天津中心城区边缘区空间发展规划研究[J].城市(05):41-43.

郭升选,2006.生态补偿的经济学解释[J].西安财经学院学报(06):43-48.

郭秀锐,杨居荣,毛显强,2003.城市生态足迹计算与分析——以广州为例[J].地理研究(05):654-662.

何春阳,史培军,陈晋,等,2002.北京地区城市化过程与机制研究[J].地理学报(03):363-371.

贺庆棠,1988.林业气象学的研究与进展[J].北京林业大学学报(01):60-65.

洪惠坤,陈智,王生,等,2006.山区土地利用模式的初步探讨——以重庆市璧山县为例[J].现代农业科技(11):168-169,171.

黄立洪,柯庆明,林文雄,2005.生态补偿机制的理论分析[J].中国农业科技导报(03):7-9.

霍华德,2009.明日的田园城市[M].金经元,译.北京:商务印书馆.

矶村英一,1988.城市问题百科全书[M].哈尔滨:黑龙江人民出版社.

江雪明,2007.城市边缘区居住空间扩展理论分析[J].建材与装饰(中旬刊)(10):16-18.

姜广辉,张凤荣,孔祥斌,等,2006.北京山区建设用地扩展空间分异分析[J].地理研究(05):905-912.

姜广辉,张凤荣,王玮,等,2006.北京山区建设用地扩展的景观表现[J].水土保持通报(03):109-112,121.

姜广辉,张凤荣,吴建寨,等,2006.北京山区建设用地扩展及其与耕地变化关系研究[J].农业工程学报(10):88-93.

焦必方,2004.伴生于经济高速增长的日本过疏化地区现状及特点分析[J].中国农村经济(08):73-79.

金其铭,1988.农村聚落地理[M].北京:科学出版社.

卡逊,2018.寂静的春天[M].吕瑞兰,李长生,译.上海:上海译文出版社.

黎景良,后斌,2008.基于栅格空间数据的粤北山区土地可持续利用评价[J].测绘通报(01):40-43.

黎景良,后斌,危双峰,等,2007.基于DEM的广东省山区土地利用变化分析[J].测绘通报(06):53-57.

李和平,李金龙,2004.城市边缘区发展的理念、管理制度与规划方法[J].重庆建筑大学学报

(03):1-5.

李红,张凤荣,孙丹峰,等,2005.北京西部山区1999年生态足迹计算与可持续性分析[J].农业工程学报(S1):207-211.

李克国,2000.生态环境补偿政策的理论与实践[J].环境科学动态(02):8-11.

李良厚,李吉跃,付祥建,2007.太行山低山区农村土地生态利用优化研究——以鹤壁市郊区为例[J].河南农业科学(01):62-65.

李廷芳,1996.地域系统理论与北京山区优化开发研究[J].地理研究(02):92-99.

李祥妹,刘键,钟祥浩,2004.基于市民旅游倾向的都市近郊旅游业发展——以武汉市洪山区为例[J].乐山师范学院学报(02):27-30.

李兴稼,2005.北京山区生态农业的功能定位、模式与评价指标体系[J].北京社会科学(01):41-45,86.

李旭旦,1986.人文地理学论丛[M].北京:人民教育出版社.

刘畅,2013.巴塞罗那城山地公园形态研究[D].北京:清华大学.

刘健,2002.巴黎地区区域规划研究[J].北京规划建设(01):67-71.

刘晶岚,宋维明,邢红,2006.北京山区生态林补偿项目管理机制研究[J].林业经济(10):55-57,65.

刘薇,陈孟平,魏巍,2007.北京山区发展循环农业问题探讨[J].中国农学通报(01):148-151.

罗吉斯,伯德格,1988.乡村社会变迁[M].王晓毅,王地宁,译.杭州:浙江人民出版社.

罗菊春,2006.抚育改造是森林生态系统经营的关键性措施[J].北京林业大学学报(01):121-124.

蒙吉军,蔡运龙,2001.海南岛山区土地的持续利用评价——以琼中、通什为例[J].山地学报(03):253-257.

邱国锋,2002.山区土地资源合理利用与区域可持续发展研究——以梅州市为例[J].经济地理(03):363-367.

饶传坤,2007.日本农村过疏化的动力机制、政策措施及其对我国农村建设的启示[J].浙江大学学报(人文社会科学版)(06):147-156.

萨缪尔森,2001.萨缪尔森辞典[M].北京:京华出版社.

沈满洪,杨天,2004.生态补偿机制的三大理论基石[N].中国环境报,03-02.

沈茂英,2006.山区聚落发展理论与实践研究[M].成都:巴蜀书社.

施昆山,2001.当代世界林业[M].北京:中国林业出版社.

宋书灵,王薇薇,2007.北京山区县产业结构可持续发展研究[J].北京农学院学报(04):50-53.

宋晓华,2006.北京山区森林资源的旅游开发与保护[J].北京农业职业学院学报(03):38-41.

苏平,党宁,吴必虎,2004.北京环城游憩带旅游地类型与空间结构特征[J].地理研究(03):403-410.

孙久文,罗标强,2007.北京山区资源环境的生态承载力分析[J].北京社会科学(06):53-57.

田文江,2003.郊区城市化机理与发展战略研究[D].武汉:武汉理工大学,2003.

田志会,2007.北京山区旅游气候舒适度的定量评价[C]//中国农学会农业气象分会、中国农业科学院农业环境与可持续发展研究所.2007农业环境科学峰会论文摘要集.北京:

中国农学会农业气象分会、中国农业科学院农业环境与可持续发展研究所.

田志会,郑大玮,刘云,等,2006.北京山区小流域土地利用行为调查分析[J].中国水土保持(07):36-38.

王伟,2004.城郊耕地的持续利用研究——以山东济南市为例[J].小城镇建设(02):43-45.

王伟,郑新奇,2003.济南南部山地开发对构建生态城的影响探析[J].国土与自然资源研究(02):13-14.

王秀兰,包玉海,1999.土地利用动态变化研究方法探讨[J].地理科学进展(01):83-89.

王云才,郭焕成,2002.沟谷生态经济区的创意与景观规划设计——以北京市西部山区的规划实践为基础[J].山地学报(02):141-149.

王云才,杨丽,郭焕成,2006.北京西部山区传统村落保护与旅游开发利用——以门头沟区为例[J].山地学报(04):466-472.

魏竹琴,2002.城市边缘区社会环境的问题及对策研究——以南京市栖霞区为例[J].现代城市研究(03):41-46.

吴元,2004.瑞士政府如何支持和鼓励旅游业[N].中国旅游报,2004-06-04.

吴志强,1999.百年现代城市规划中不变的精神和责任[J].城市规划(01):27-32.

武进,马清亮.1990,城市边缘区空间结构演化的机制分析[J].城市规划(02):38-42,64.

谢高地,鲁春霞,成升魁,等,2001.中国的生态空间占用研究[J].资源科学(06):20-23.

谢守红,宁越敏,2005.中国大城市发展和都市区的形成[J].城市问题(01):11-15.

邢忠,魏皓严,2003.城镇化进程中城市边缘区的理性分期推移[J].城市发展研究,10(06):53-59.

徐长春,熊黑钢,秦珊,等,2004.新疆近10年生态足这及其分析[J].新疆大学学报(自然科学版),21(2):181-185.

徐坚,周鸿,2005.城市边缘区(带)生态规划建设[M].北京:中国建筑工业出版社.

徐文荣,吴国炎,姜承柄,等,2003.山区发展都市型农业的途径与对策[J].中国农技推广(03):14-15.

徐中民,程国栋,张志强,2001.生态足迹方法:可持续性定量研究的新方法——以张掖地区1995年的生态足迹计算为例[J].生态学报(09):1484-1493.

许宗生,2007.济南市土地利用战略研究[D].济南:山东大学.

杨凯,曾永年,历华,2007.湘西山区土地利用变化及其生态环境效应研究——以张家界市永定区为例[J].水土保持通报(06):178-183.

杨吾扬,江美球,1982.地理学与人地关系[J].地理学报,37(02):206-215.

殷文杰,2007.大城市郊区发展的理论与实践探索[D].上海:华东师范大学.

岳东霞,杜军,巩杰,等,2011.民勤绿洲农田生态系统服务价值变化及其影响因子的回归分析[J].生态学报,31(9):2567-2575.

岳东霞,李自珍,惠苍,2004.甘肃省生态足迹和生态承载力发展趋势研究[J].西北植物学报,24(3):454-463.

曾刚,王琛,2004.巴黎地区的发展与规划[J].国外城市规划(05):44-49.

曾万涛,2008.城市边缘区:城乡统筹、城乡一体化的核心部位[J].湖南城市学院学报(03):36-39.

张本昀,喻铮铮,刘良云,等,2008.北京山区植被覆盖动态变化遥感监测研究[J].地域研究与开发(01):108-112.

张兵,1998.城市规划实效论[M].北京:中国人民大学出版社.

张成军,赵威,王存禄,2001.兰州近郊山区适宜的经济林果树种及发展措施[J].甘肃农业科技(09):30-32.

张京祥,2005.西方城市规划思想史纲[M].南京:东南大学出版社.

张克锋,周文华,张军连,等,2006.北京山区林地转化过程分析[J].林业经济问题(01):27-29,34.

张庭伟,2001.1990年代中国城市空间结构的变化及其动力机制[J].城市规划(07):7-14.

张文忠,孟斌,吕昕,等,2004.交通通道对住宅空间扩展和居民住宅区位选择的作用——以北京市为例[J].地理科学(01):7-13.

张志强,徐中民,程国栋,等,2001.中国西部12省(区市)的生态足迹[J].地理学报(05):598-609.

赵东娟,齐伟,赵胜亭,等,2008.基于GIS的山区县域土地利用格局优化研究[J].农业工程学报(02):101-106.

赵磊,陈焕伟,徐振君,等,2007.基于GIS的北京市不同地类规模分布特征分析[J].山东农业大学学报(自然科学版)(01):97-102.

赵明华,韩荣青,2004.地理学人地关系与人地系统研究现状评述[J].地域研究与开发,(05):6-10.

赵其国,2000."三S"技术在持续农业与山区土地利用中的应用[J].土壤(01):2-6.

赵其国,周生路,吴绍华,等,2006.中国耕地资源变化及其可持续利用与保护对策[J].土壤学报(04):662-672.

郑艳婷,2003.我国半城市化地区界定的指标体系及其特征值研究[D].南京:中国科学院地理科学与资源研究所.

中国生态补偿机制与政策研究课题组,2007.中国生态补偿机制与政策研究[M].北京:科学出版社.

周超,张安明,2006.山区土地利用的生态效益评价研究——以重庆市黔江区为例[J].安徽农业科学(15):3847-3849.

周连第,胡艳霞,李红,等,2006.北京山区特色农业资源现状及开发对策[J].中国农业信息(11):6-8.

周一星,1995.城市地理学[M].北京:商务印书馆.

朱连奇,钱乐祥,刘静玉,等,2004.山区农业土地利用模式的设计[J].地理研究(04):479-486.

宗跃光,周尚意,张振世,等,2002.北京城郊化空间特征与发展对策[J].地理学报(02):135-142.

Asian Development Bank,1996. Emerging Asia: changes and challenges.[J]. Bangladesh Development Studies, 24(1/2):103-129.

BRONWYN, 2001. The rural-urban 'digital divide' in New Zealand: fact or fable? [J]. Prometheus, 19(3): 231.

CASTELEIN A, DINH T T V, MEKOUAR M A, et al, 2006. Mountains and the law: emerging trends[J]. Fao Legislative Study,75(1).

CHARLES PERRINGS, CARL FOLKE, C S HOLLING, et al, 1997. Biodiversity loss: economic and ecological issues[M]. Cambridge: Cambridge University Press.

CLARK C, 1940. The conditions of economic progress[M]. London: MacMillan and Co., Limited.

COOK, 1999. Rural-urban migration rates and development: a quantitative note[J]. Review of Urban & Regional Development Studies,11(1): 63-75.

Département fédéral del'économie, 2000. Rapport agricole 2000: l'agriculture sur la voie de la durabilité, Press release, Berne. www.admin.chl.

ERWIN W Stucki, Olivier Roque, Martin Schuler, et al, 2004. Content and impacts of mountatin polides switzerland[M/OL].[2007-04-10].http://eroupa.eu.int/comn/regional_policy/sources/docgener/studies/study_en.htm.

FOLKE C, JANSSON A, LARSSON J, 1997. Ecosystem Appropriation by Cities[J]. Ambio, 26(3):167-170.

Friedmann, 1966. Regional development policy: a case study of Venezuela [M]. Cambridge: The MIT Press.

GOULD W T S, 1982. Rural-urban interaction in the Third World[J]. Area, 14(4):334.

HABERL H, ERB K H, KRAUSMANN F, 2001. How to calculate and interpret ecological footprints for long periods of time: the case of Austria 1926～1995[J]. Ecological Economics, 38(1):25-45.

HE J M, LI H X, WANG Q, 2002. Rural tourism in China—a case study of nongjiale in the Chengdu metropolitan area[J]. Mountain Research and Develop-ment,24 (3).

HIMAMOWA, FRANZ H, HOLLING C S, 1974. Alpine areas workshop, May 13-17 [J]. IIASA Collaborative Paper.

HOWARD E, 1898. Tomorrow: a peaceful path to real reform[M]. London: Swan Sonnenschein & Co., Ltd.

HUDSON F S, 1970. A geography of settlements [M]. Estover, Plymouth: MACDONALD & EVANS LTD.

HUDSON J C, 1969. A location theory for rural settlement[J]. Annals of the Association of American Geographers, 59(2):365-381.

ICIMOD, 1998. Environment, culture, economy, and tourism: dilemmas in the Hindu Kush-Himalayas[J].Issues in Mountain Development (3).

ICIMOD, 1998. Poverty-environment resource degradation links: questioning the basic premises[J].Issues in Mountain Development (1).

IVES J D, MESSERLI B, 1990. Progress in theoretical and applied mountain research, 1973～1989,and major future needs[J].Mountain Research and Development, 10(2): 101-127.

JACKSON K T, 2004. The neighborhoods of Brooklyn[M].[S.l.]: The Yale University

Press.

KENNETH LYNCH, 2004. Rural-urban interaction in the developing world[M]. New York: Routledge.

KOHL J G, 1841. Der Verkehr und die Ansiedelungen der Menschen in ihrer Abhängigkeit von der Gestaltung der Erdoberfläach[M]. Arnold.

LIPTON M, 1970. Interdisciplinary studies in less developed countries[J]. The Journal of Development Studies, 7(1):5-18.

LOH J, 2002. Living planet report 2002. World Wide Fund for Nature International (WWF), UNEP World Conservation Monitoring Centre, Redefining Progress[J]. Switzerland: Center for Sustainability Studies.

MATTHIAS WINIGER, 1983. Stability and instability of mountain ecosystems definitions of human systems[J]. Mountain Research and Development, 3(2): 103-111.

MEADOWS D, MEADOWS D L, RANDERS J, et al, 1972. The limits to growth[M]. [S.l.]: Universe Books.

MITCHELL J G, 2001. Urban sprawl[J]. National Geographic, 200(1):48-73.

MORMONT, 1987. The emergence of rural struggles and their ideological effects[J]. International Journal of Urban and Regional Research (7): 559-575.

PERROUX F, 1955. Note sur la notion de "pôle de croissance"[M]. Economie Appliquée.

PRYOR R J, 1968. Defining the rural-urban fringe[J]. Social Forces, 47(2):202-215.

ROMANDO, 1995. National parks policy and mountain depopulation: a case study in the Abruzzo region of the central Apennins, Italy [J]. Mountain Research and Development, 15(2): 121-132.

RONDINELLI, EVANS, 1983.Integrated regional development planning: linking urban centers and rural areas in Bolivia[J]. World Development,11(1).

SAMUELSON, PAUL A, 1954. The pure theory of public expenditure[J]. The Review of Economics and Statistics, 1954, 36(4):387-389.

SOROKIN P A, 1959. Social and cultural mobility[M]. New York: The Free Press: 99-145.

TAAFFE E J, 1974. The spatial view in context[J]. Annals of the Association of American Geographers, 64(1):1-16.

VALENTINE G, 2001. Social geographies,space and society[M].New York: Routledge.

VIRGO, SUBBA, 1994. Land-use change between 1978 and 1990 in Dhankuta district, Koshi Hills, eastern Nepal [J]. Mountain Research and Development, 14 (2): 159-170.

VOS, MEEKES, 1993. Trends in European cultural landscape development: perspectives for a sustainable future[J].Landscape and Urban Planning(46): 3-14.

WACKERNAGEL M, ONISTO L, BELLO P, et al, 1997. Ecological footprints of nations[R].Commissioned by the Earth Council for the Rio+5 Forum. Toronto:

International Council for Local Environmental Initiatives: 4-10.

WACKERNAGEL M, ONISTO L, BELLO P, et al, 1999. National natural capital accounting with the ecological footprint concept[J]. Ecological Economics, 29(3): 375-390.

WACKERNAGEL, LEWAN, HANSSON, 1999. Evaluating the use of natural capital with the Ecological footprint: Applications in Sweden and subregions[J]. AMBIO, 28(7): 604-612.

WACKERNAGEL, REES, 1995. Our ecological footprint: reducing human impact on the earth[M]. Gabriola Island, BC. and Philadelphia, PA: New Society Publishers.

后 记

我国是山地大国,山地、丘陵超过国土面积的 2/3,由于军事、建设的需要,历史上许多大城市近郊均为山地,如北京、济南、南京、广州、杭州、石家庄等。随着城市的扩展,大城市逐渐向近郊山区发展,近郊山区一方面从建设条件上"限制"城市的进一步扩张,另一方面也从自然资源、生态服务功能方面为城市发展提供支持。由于山区自身条件以及历史、社会的原因,山区往往成为贫穷的代名词。而经济发展的冲动又往往忽视近郊山区环境保护与资源可持续利用,从而造成近郊山区生态系统的破坏,更加剧了近郊山区发展的负担。在生态文明背景下,关注大城市近郊山区保护和发展是实现都市区协调发展的重大挑战。

济南南部山区地处鲁中山地北缘,地形复杂,低山、丘陵、山间盆地、洼地和冲沟等地貌形态交错分布,总体呈现山地—丘陵—山间平原明显的多层性地貌阶梯格局。"南控"是济南长期以来实行的保护性政策。济南南部山区既是城市的近郊区,面临城市扩展的压力,具有明显的城市特征,又是城市的生态屏障,保留着明显的乡村特性,承担保护生态环境的功能。如何在保护中实现该地区社会经济和谐发展,使其既满足"大城市近郊"的发展需求,又满足"近郊山区"特殊保护的需要,成为济南都市地区协调发展的难点。中国传统城市选址的山水观使许多大城市都面临近郊山区保护与发展问题,这既是空间规划问题,也是经济、社会、文化、生态问题,彼此之间相互联系。只有注重各方面利益的协调,才能保证大城市近郊山区的整体、可持续发展。

济南南部山区保护与发展规划富有挑战,历时多年,缘起于 2007 年在北京清华城市规划设计研究院承接济南市南部山区(东片)保护与发展规划。随后在 2009 年东南大学承担了住房城乡建设部科技计划项目《济南市新世纪科学发展城市规划集成研究》子课题《和谐导向的大城市近郊山区保护与发展研究》,开展东片和西片整体研究。笔者数次到实地调研和感受,每每离开总觉意犹未尽。

笔者有幸得到江苏高校优势学科建设工程二期项目、江苏省科技支撑计划项目(BE2014706)、国家科技支撑计划(2015BAL02B01)、国家自然科学基金(51578129)、高等学校博士学科点专项科研基金 200900921 20001 的资助,依托住房城乡建设部科技计划项目,指导学生完成毕业设计,在实践和理论探索基础上总结提升。

在此感谢北京清华城市规划设计研究院袁昕、林文祺等同仁的指导,同济大学吴承照等同行在工作中的支持,感谢尤方璐等同学的无私帮助。发展与保护是矛盾的统一体,本书还很不成熟,疏漏之处在所难免,希望同行斧正。

熊国平

2019 年 11 月